EX LIBRIS
SCHMITZ GUNTHER

Arno Schmidt · Briefe I

ARNO SCHMIDT
DER BRIEFWECHSEL MIT
ALFRED ANDERSCH

Mit einigen Briefen von und an
Gisela Andersch, Hans Magnus Enzensberger,
Helmut Heißenbüttel und Alice Schmidt

Herausgegeben
von Bernd Rauschenbach

EINE EDITION DER
ARNO SCHMIDT STIFTUNG
IM HAFFMANS VERLAG

DER BRIEFWECHSEL
ARNO SCHMIDT / ALFRED ANDERSCH
ERSCHEINT ALS BAND I DER
ARNO-SCHMIDT-BRIEF-EDITION
HERAUSGEGEBEN VON DER
ARNO SCHMIDT STIFTUNG

GESAMTREDAKTION
BERND RAUSCHENBACH

FRONTISPIZ:
ALFRED ANDERSCH UND ARNO SCHMIDT
AM 18. MÄRZ 1964 IN BERLIN ANLÄSSLICH
DER VERLEIHUNG DES FONTANE-PREISES
AN ARNO SCHMIDT

1.–4. TAUSEND, HERBST 1985

GESTALTUNG UND PRODUKTION:
URS JAKOB, HAFFMANS VERLAG AG, ZÜRICH
SATZ: FARBENDRUCK WEBER, BIEL
HERSTELLUNG: MÜHLBERGER, AUGSBURG
ISBN 3 251 00028 4

Inhalt

Frankfurt, 6. September 1952

1. Alfred Andersch an Arno Schmidt

Sehr geehrter Herr Schmidt!

Entschuldigen Sie bitte, daß ich erst heute dazu komme, Ihnen unser Stuttgarter Gespräch zu bestätigen. Ich war außerordentlich erfreut, Sie dort zu treffen und noch mehr darüber, gleich zwei Arbeiten von Ihnen mitnehmen zu können, die ich inzwischen mehrmals gelesen habe.

Wie ich Ihnen schon sagte, bringt die Frankfurter Verlagsanstalt unter dem Titel »Studio Frankfurt« eine Buchreihe heraus (sie wird von mir herausgegeben), die ausschließlich wesentliche Arbeiten neuer deutscher Autoren bringen wird und zwar nicht nur der sogenannten schönen Literatur, sondern auch Werke der Politik, der Geistes- und Naturwissenschaften und der bildenden Kunst. Die Reihe stellt sich die Aufgabe, wirklich neue Kräfte mit einem erheblichen verlegerischen Risiko zu edieren. In dieser Reihe möchte ich Ihre beiden Arbeiten zu einem Band vereinigt herausbringen. Der Verlag hat sich dieser meiner Absicht angeschlossen und wir werden also, falls Sie uns Ihr Einverständnis dazu mitteilen, das Buch herausbringen. Wie ich Ihnen schon in Stuttgart mitteilte, arbeitet der Verlag bei den Publikationen dieser Reihe nicht mit einem der üblichen Tantiemen-Verträge, sondern mit einem Pauschal-Honorar von DM 1.500.–, für die erste Auflage, die gewöhnlich 3000 Stück beträgt. Eine finanzielle Regelung dieser Art ist für den Autor weit günstiger; wird einer der Bände dann ein ausgesprochener Verkaufserfolg, sodaß weitere Auflagen hergestellt werden müssen, so tritt ein Anteilsvertrag an die Stelle des Pauschal-Honorars für die erste Auflage. In Ihrem Falle schlagen wir vor, daß wir Ihnen den Betrag von DM 1.500.– in 6 Monatsraten von je DM 250.– bezahlen, die mit dem 1. Oktober beginnen sollen. Allerdings verbindet der Verlag damit die Bitte, ihm die Option auf Ihre nächsten Arbeiten zu gewähren, das heißt, ihm Ihre nächsten Werke als erstem anzubieten. Entnehmen Sie diesem Wunsch des Verlags bitte das hohe Interesse, das er an Ihrer Arbeit nimmt.

Als Erscheinungstermin für Ihr Buch habe ich das Frühjahr 1953 vorgesehen, also etwa die Monate März oder April.

Ich wäre Ihnen sehr verbunden, wenn Sie mir nunmehr Ihr endgültiges Einverständnis übermitteln würden. Bitte tun Sie das an meine Privatadresse: Burg Kerpen Kreis Daun/Eifel, wo ich die größere Zeit des Monats anzutreffen bin.

Für heute verbleibe ich mit den besten Grüßen

Ihr Alfred Andersch

Brief A4, 1 S., auf Papier der Frankfurter Verlagsanstalt, diktiert, B.
Stuttgarter Gespräch : Laut Alice Schmidts Tagebuch hatten sich Arno Schmidt und Alfred Andersch bei einem Treffen Schmidts mit Martin Walser am 19.8.52 im Süddeutschen Rundfunk Stuttgart kennengelernt: Andersch habe Schmidt um eine Erzählung von etwa 100 Seiten für die Frankfurter Verlagsanstalt gebeten; Schmidt, der einen Verleger für ›Die Umsiedler‹ und ›Alexander‹ suchte, überreichte Andersch sofort beide Manuskripte.

2. Arno Schmidt an Alfred Andersch

Kastel, den 8. IX. 1952

Sehr geehrter Herr Andersch :

Vielen Dank für Ihren Brief vom 6. IX. 52, mit dem Sie mir unser Stuttgarter Gespräch bestätigen.

Ich bin mit den von Ihnen genannten Bedingungen durchaus einverstanden, und bitte um baldige Zusendung des Vertrages. – Wichtig ist mir vor Allem auch, daß mein Buch dann wirklich im nächsten Frühjahr erscheinen wird. –

Zur Textredaktion noch dieses :

Ich lege Ihnen 3 Blätter bei. Das erste soll den Gesamttitel darstellen (ich habe mich entschlossen, das Büchel doch »Die Umsiedler« zu nennen; es ist das heißere Problem und der aktuellere Titel; auch soll die Reihenfolge der beiden Erzählungen diese sein : zuerst die »Umsiedler«, dann der »Alexander«). Der Untertitel »Zwei Prosastudien etc....« gibt kalt und kurz den eigentlichen Zusammenhang der beiden Geschichten an, diesmal nämlich vom rein Technischen, vom Schriftsteller, her – daß mit der kühlen Definition dann die glühenden Histörchen in einem gewissen Gegensatz stehen schadet gar nichts, ist vielleicht sogar eine Pikanterie mehr. // Das zweite Blatt gibt eine Art Widmung; sorgen Sie bitte dafür, daß auch daran nichts geändert wird; selbst die Zahlen vorn sind beizubehalten. // Das dritte Blatt gibt dann die Titelseite der ersten Erzählung; oben römisch I drüber, und das Motto klein unten rechts hin. (Der »Alexander« erhält dann römisch II). // Ans Ende des Buches würde ich empfehlen, ein Blatt »Inhalt« o.ä. zu stellen, mit den Seitenzahlen. Das kann aber auch allenfalls wegbleiben; entscheiden Sie das bitte.

(Die beiden ersten Seiten des MS der »Umsiedler« können Sie dann also herausnehmen, da die ja durch das eine neue Blatt ersetzt werden).

Ich bin den ganzen Monat über hier zu erreichen, und wahrscheinlich im Oktober auch noch. –

Senden Sie mir also bitte recht bald den Vertrag, damit ich über das Schicksal des nächsten Buches beruhigt bin, und mich in aller Sorglosigkeit dem nächsten Kurzroman zuwenden kann. (Er wird »Der Faun« heißen, und etwa 200–250 Seiten umfassen; das ist etwas viel für mich, und es wird Mühe machen und längere Zeit in Anspruch nehmen). –

Für heute verbleibe ich mit den besten Grüßen

Ihr Arno Schmidt.

Noch einmal meinen besten Dank für Ihre freundliche Vermittlung !

Briefdurchschlag A4, 1 S., Postscriptum handschriftlich, B.
Untertitel / Widmung / Motto : Alle drei nur in der Erstausgabe, nicht mehr in ›Rosen & Porree‹ enthalten. Der Untertitel lautete: 2 prosastudien (kurzformen zur wiedergabe mehrfacher räumlicher verschiebung der handelnden bei festgehaltener einheit der zeit). Die Widmung war ein 50zeiliges Gedicht für Martin Walser. Das Motto der ›Umsiedler‹ lautete: ›elender, dir allein ist nicht dein vaterland teuer?‹ – ›ja, beim himmel ! auch mich kostet es tränen genug!‹

3. Alfred Andersch an Arno Schmidt

Burg Kerpen, 11.9.52

Sehr geehrter Herr Schmidt,

über Ihren Brief vom 8.9. freue ich mich sehr. Ich hoffe, daß es uns gelingt, Ihre Arbeiten ein wenig besser zu präsentieren, als es Rowohlt bisher möglich war. Zunächst erscheinen Sie ja in der Ihnen von mir mündlich geschilderten ›studio frankfurt‹-Reihe, über deren Inhalt Sie in Kürze ein Prospekt unterrichten wird. Im September/Oktober erscheinen vier Bände, darnach folgt, noch vor Weihnachten, eine Arbeit von Heinrich Böll, und dann sind Sie dran, sodaß mit dem Erscheinen Ihres Buches vielleicht schon im Februar 1953 gerechnet werden kann.

Der Verlag wird nunmehr den Vertrag aufsetzen und ihn durch mich an Sie weitergeben. Ich habe Ihre Wünsche dem Verlag mitgeteilt.

Auch ich hätte Ihnen vorgeschlagen, den Band »Die Umsiedler« zu nennen und die Titelstudie voranzustellen, und so werden wir es auch halten. Gegen den Titel erhebt Herr Prof. Kogon, (der Leiter der Frankfurter Verlagsanstalt) gewisse Einwände. Er meint, dieser Titel treffe nicht ganz den Inhalt, bei dem es sich nicht so sehr um eine Schilderung der Umsiedler im Allgemeinen, als um eine Darstellung der Situation des »geistigen Menschen« im Prozeß der Umsiedlung handele. Ich selbst plädiere für den von Ihnen gewählten lapidaren Titel. Selbstverständlich sichern wir Ihnen den buchstabengetreuen Abdruck des Manuskriptes zu.

Die mir übersandten drei Titel- und Widmungsblätter nehme ich zum Manuskript. Für die Ziffer »2« vor »Prosastudien« darf ich doch das Wort »zwei« wählen?

Der Vertrag wird auch die von mir schon angekündigte Optionsklausel enthalten. Wir erwarten mit großer Spannung neue Arbeiten von Ihnen, als nächste also den »Faun«. Bei dieser Gelegenheit darf ich Sie anregen, zu überlegen, ob nicht eine Möglichkeit besteht, im Laufe der nächsten 1 bis 2 Jahre Ihre bei Rowohlt erschienenen Erzählungen aus diesem Verlag herauszulösen, was ja ohne weiteres möglich wäre, wenn Rowohlt die Bände nicht neu auflegt. Damit wäre dann eine geschlossene Präsentation Ihrer kürzeren Arbeiten in einem gewichtigen Bande möglich. Dies ist zunächst nur eine Idee von mir, über die ich mit der Frankfurter Verlagsanstalt noch garnicht gesprochen habe.

Ich darf Sie ferner bitten, falls Sie einmal kürzere Arbeiten, vielleicht sogar publizistische Dinge haben (ich erinnere mich gewisser Ansätze zu – meist polemischer – Publizistik aus dem Manuskript »Wundertüte«), diese den »Frankfurter Heften« zur Veröffentlichung anzubieten und zu diesem Zwecke an Herrn Dr. Walter M. Guggenheimer, c/o Redaktion der Frankfurter Hefte, Frankfurt/Main, Schaumainkai 53 zu senden. Als Cheflektor der Frankfurter Verlagsanstalt ist Herr Dr. Guggenheimer übrigens mit mir zusammen der wesentliche Initiator des Interesses, das der Verlag an Ihrer Arbeit nimmt.

Mit herzlichen Grüßen verbleibe ich Ihr Alfred Andersch

Brief A4, 2 S., auf Papier der Frankfurter Verlagsanstalt, B.
Rowohlt : Im Rowohlt Verlag waren von Arno Schmidt bislang zwei Bände erschienen: ›Leviathan‹ (1949) und ›Brand's Haide‹ (1951). ›Die Umsiedler‹ hatte Rowohlt am 26. 6. 52 abgelehnt.
studio frankfurt : Die ersten Bände dieser von Alfred Andersch herausgegebenen und von Gisela Andersch gestalteten Reihe waren: Ruth Landshoff-Yorck, ›Das Ungeheuer Zärtlichkeit‹; Richard Ott, ›Das amerikanische Tagebuch des Richard Ott‹; Ilse Schneider-Lengyel, ›September-Phase‹; Ernst Schnabel, ›Ein Tag wie morgen‹; Heinrich Böll, ›Nicht nur zur Weihnachtszeit‹; Arno Schmidt, ›Die Umsiedler‹.
Wundertüte : Eine Zusammenstellung fiktiver Briefe Arno Schmidts, die nach einer Ablehnung durch den Rowohlt Verlag unveröffentlicht blieb. Einiges aus der ›Wundertüte‹ hat Schmidt in ›Schwarze Spiegel‹ und ›Aus dem Leben eines Fauns‹ wiederverwandt: die Briefe an den Völkerbund, an Klopstock und George R. Stewart und den ›Achamoth‹-Titel.

4. Alfred Andersch an Arno Schmidt

Frankfurt, 30. IX. 1952

Sehr geehrter Herr Schmidt!
Heute übersende ich Ihnen beigeschlossen den Vertragsentwurf der Frankfurter Verlagsanstalt. Ich habe Ihrem Wunsch entsprechend auf Ihr Schreiben vom 16. IX., das Datum auf den 26. X. abgeändert. Falls Sie mit dem Vertrag einverstanden sind, bitte ich Sie, die beiden Durchschläge direkt an die Frankfurter Verlagsanstalt zu Händen von Herrn Dr. Walter M. Guggenheimer zu übersenden. Ich bin nämlich den ganzen Oktober

über auf Reisen und wenn die unterschriebenen Verträge bei mir zu Hause liegen bleiben, kommt die am 1. Oktober beginnende Zahlung von monatlich DM 250.– nicht ins Rollen. Sollten Sie Abänderungsvorschläge haben, so bitte ich Sie, diese gleichfalls Herrn Dr. Guggenheimer mitzuteilen. Das Original bleibt in Ihrem Besitz. Das Ihrem Brief beiliegende Manuskriptblatt werde ich Ihren Anweisungen entsprechend ins Manuskript einfügen.

Ich danke Ihnen für Ihr Vertrauen und verbleibe mit den besten Grüßen Ihr Alfred Andersch

Brief A4, 1 S., auf Papier der Frankfurter Verlagsanstalt, diktiert, B.

5. Alfred Andersch an Arno Schmidt

Hamburg, den 23. 1. 1953

Sehr verehrter lieber Herr Schmidt!

Die beigefügte Kopie eines Briefes von mir an Herrn Nunnemann, den Hersteller der Frankfurter Verlagsanstalt, und an Herrn Dr. Guggenheimer unterrichtet Sie über den Stand der Angelegenheit Ihres Buches. Sie ersehen alles übrige daraus. Bitte, entschuldigen Sie, daß ich in der Zwischenzeit gar nichts von mir habe hören lassen. Ich bin aber im Laufe Dezember nach Hamburg umgezogen und der damit zusammenhängende Trubel hat verhindert, daß ich selbst die notwendigsten Dinge erledigt habe. Bei der Zusammenstellung des Manuskriptes habe ich mich ganz an Ihre Anweisungen gehalten.

Mit den besten Grüßen Ihr Alfred Andersch

Brief A4, 1 S., auf Papier der Frankfurter Verlagsanstalt, diktiert, B.
beigefügte Kopie : In dem Briefdurchschlag gleichen Datums heißt es u. a.:
Mit Notiz vom 17. 11. 52 teilten Sie mir mit: ›möchte Sie aber darauf aufmerksam machen, daß eine Reihe technischer Einrichtungen nötig sein werden, und zwar bis ins Orthographische (also etwa nicht zusammengeschriebene Wörter etc.).‹
Ich habe mir daraufhin das Manuskript nocheinmal sehr gründlich angesehen. Es ist bis in die kleinste Interpunktion hinein so konzis gearbeitet, daß es für den Satz des Manuskriptes nur eine einzige Regel gibt: sich mit peinlicher Genauigkeit an die Vorlage halten! Selbst Dinge, die dem Setzer völlig verrückt vorkommen werden, müssen manuskriptgetreu wiedergegeben werden. (Beispiel: die Ziffer 2 vor ›Prosastudien‹ auf der Titelseite darf nicht etwa in das Wort »Zwei« umgesetzt werden.)

6. Arno Schmidt an Alfred Andersch

Verehrter Herr Andersch !

Vielen Dank für Ihren Brief; ich erwarte also die Korrekturfahnen, und werde sie jedesmal postwendend wieder zurücksenden. –

Vor 14 Tagen habe ich der Frankf. Verlagsanstalt nun das MS eines meiner Bücher »Aus dem Leben eines Fauns« vorgelegt. Ich habe es –

Ihrer Entscheidung natürlich unpräjudizierlich – Ihnen gewidmet : Sie sind als Erster für mich eingetreten, und haben mir auch mit den »Umsiedlern« wieder fortgeholfen : ich bitte Sie also aufrichtig, die Widmung anzunehmen. Sollten Sie das MS bei Ihrem Aufenthalt in Ffm. auch durchsehen, dann werten Sie bitte vor allem die sprachliche Seite; ich glaube, in dieser Beziehung ist der »Faun« doch besser und konzentrierter als »Brands Haide« geworden. Vor allem sorgen Sie doch dafür, daß ich recht bald die Entscheidung des Verlags darüber bekomme; Sie wissen ja, daß sich mein bißchen Ruf bisher auf magere 350 Prosaseiten gründet, und daß ich nun unbedingt bald wieder etwas vorzeigen muß; und der »Faun« ist gar nicht so schlecht. Ich will Ihnen im Vertrauen sagen, daß sich in der Zwischenzeit bereits 2 Verleger an mich um ein MS gewandt haben; ich könnte also den »Faun« wahrscheinlich rasch genug verkaufen, wenn ich nur die Entscheidung von Frankfurt hätte. Lange warte ich auch nicht mehr; ich bin meiner vertraglichen Verpflichtung nachgekommen; aber warten kann ich nicht mehr lange. –

Ohlstedt kenne ich von früheren Schulausflügen ins Alstertal (ich bin ja geborener Hamburger); gedenken Sie nun für immer dort wohnen zu bleiben? – Wie wär's, wenn wir eine Dichterkolonie in Kanada gründen würden?? (Im Ernst!!) Deutschland würde dadurch alle unerwünschte »unruhige Köpfe« los, und wir hätten endlich Ruhe. –

Außerdem sind Sie einer der wenigen Männer in unserer Literatur, und ich habe Ihre »Kirschen« mit hellem Vergnügen gelesen :

handschriftlicher Briefentwurf, 9,6 × 15,4 cm, 2 S. plus 1 Zettel 7,3 × 5,4 cm, B.
als Erster : In der ›Bücherstunde‹ des Hessischen Rundfunks hatte Alfred Andersch am 3. 1. 50 den ›Leviathan‹ unter der Überschrift »Ein Genie!« besprochen; das Manuskript der Sendung ist bislang nicht aufgefunden.
2 Verleger : Aus der Verlagskorrespondenz im Bargfelder Archiv nicht mehr zu eruieren.
Ohlstedt : Am 15. 12. 52 war Alfred Andersch nach Hamburg-Ohlstedt gezogen.

7. Alfred Andersch an Arno Schmidt

Hamburg-Ohlstedt, 6. II. 53

Lieber Herr Schmidt,
ich hoffe, Sie haben nichts dagegen, wenn wir mit der gegenseitigen Verehrung Schluß machen und uns wie vernünftige Menschen anreden.

Darüber, daß Sie mir Ihr neues Buch widmen, habe ich mich sehr gefreut. Ich danke Ihnen sehr und akzeptiere. Aber meine Verdienste um Ihr Werk sind sehr gering – dieses wirkt durch sich selbst, wie Sie aus der nun anlaufenden Reaktion der Verleger ersehen. Nur hat Rowohlt – entschuldigen Sie, wenn ich das sage – effektiv nichts für Sie getan; drucken lassen aber hätten Sie sich mindestens bei 20 anderen auch.

Verehrter Herr Andersch!

Vielen Dank für Ihren Brief; ich möchte also die Korrekturbogen, und werde sie jedesmal postwendend wieder zurückschicken. – ~~[illegible]~~ Vor 14 Tagen habe ich der Frankf. Verlagsanstalt nun das MS meines neuen Buches "Aus dem Leben eines Fauns" angeboten. Ich habe es – Ihren ~~[illegible]~~ [illegible] natürlich nur nachträglich – Ihnen gewidmet: Sie sind also schon für mich eingetreten, und haben mir auch mit dem "Verschweigen" nicht fortgeholfen: ich bitte Sie also, [illegible] die Widmung anzunehmen. Sollten Sie das MS ~~[illegible]~~, die Ihnen Aufsatzstellen in Ihren [illegible] durchgesehen, ~~[illegible]~~ ~~[illegible]~~ [illegible] ~~[illegible]~~ ~~[illegible]~~ machen Sie bitte alle die sprachlichen Seiten; ich glaube, in dieser Beziehung ist der "Faun" auch besser ~~[illegible]~~ und eingeschränkter als "Brand's Haide" geworden. Sie sollten sagen Sie doch bitte, daß ich nicht bald ~~[illegible]~~ die Geschäftsführung der Verlags

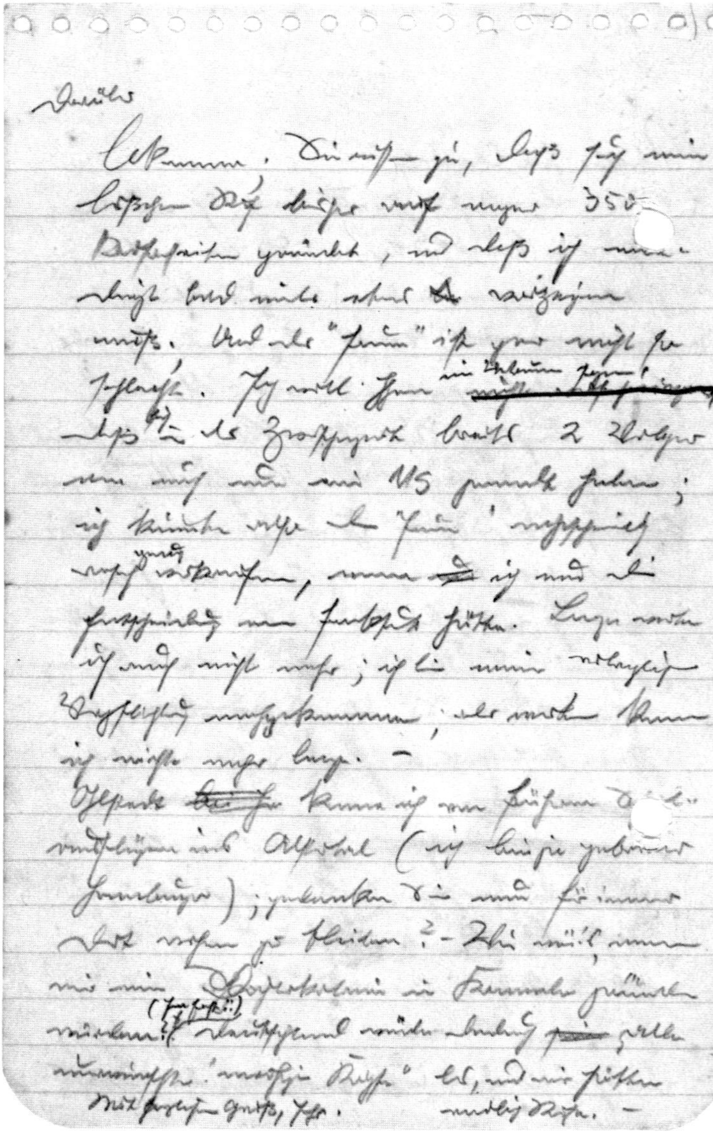

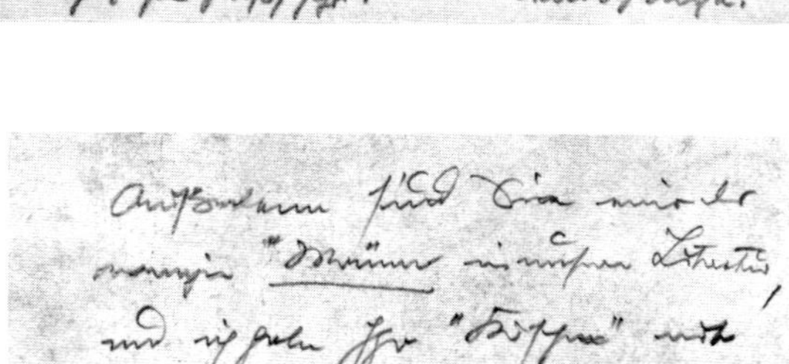

Ich müßte Ihnen nun eine Schilderung der Persönlichkeiten Kogons und Guggenheimers geben, um Ihnen zu erklären, daß ich die Frankfurter Verlagsanstalt für den optimalen Verlag für Sie halte. Das könnte ich nur mündlich. Der Anschein organisatorischer Konfusion, den Sie manchmal von dort erhalten werden, ist nur der Widerschein wirklich überragender Intelligenz. Außerdem aber sind diese Leute wirklich fair den Autoren gegenüber. Sie müssen dem Verlag, an den Sie durch Option gebunden sind, etwas mehr als 14 Tage oder 4 Wochen Zeit lassen; ich fahre übermorgen für eine Woche nach Frankfurt und hoffe, die Sache dann klären zu können. Persönlich halte ich es für notwendig, daß K. und G. einmal direkt mit Ihnen konferieren.

Daß Sie die »Kirschen« mögen, bedeutet mir mehr, als das Urteil der meisten anderen Leute. Und ich bin in der Verlagsfrage glatt egoistisch; ich möchte gerne mit Ihnen zusammen in einem Verlag erscheinen. Ihr Band wird auch der wichtigste in der studio-Reihe, die Sie wohl sehr kritisch durchgesehen haben werden; ich selbst bin garnicht zufrieden damit, aber der Versuch als solcher ist sehr wichtig. Ich arbeite auch an dem Projekt einer neuen literarischen Vierteljahreszeitschrift, damit das »Geist«-Monopol solcher Senilismen wie des »Merkur« und der »Neuen Rundschau« endlich gebrochen wird. Ihre Mitarbeit daran wird sehr wichtig sein.

Vorläufig bin ich gegen Kanada. Auf jeden Fall werde ich Deutschland nicht kampflos räumen, und wenn, dann gehe ich nach Paris oder Rom.

Herzliche Grüße Ihres Alfred Andersch

Brief A4, 1 S., B.

8. Alfred Andersch an Arno Schmidt

Frankfurt, 10. 2. 1953

Bin in Frankfurt stopp Spreche morgen nachmittag mit Kogon stopp Grüße Alfred Andersch

Telegramm, B.

9. Alfred Andersch an Arno Schmidt

Hamburg, den 18. 2. 1953

Lieber Herr Schmidt!

Gestern erhielt ich Kopie eines Schreibens von Herrn Prof. Kogon an Sie. Es tut mir ganz außerordentlich leid, daß die Frankfurter Verlagsanstalt Ihr Buch nicht bringen wird und nachträglich bedaure ich natürlich ein wenig, daß ich Ihnen so dazu geraten habe, es dort erscheinen zu lassen. Ich habe persönlich noch nicht mit Herrn Prof. Kogon sprechen können, da ich aus Frankfurt abreiste, ehe er Ihr Manuskript gelesen hatte. Entschuldigen Sie also bitte, daß ich dabei mitgewirkt habe, daß eine Verzögerung bei der Unterbringung des Manuskriptes entstand. Sollten Sie einmal ein Exemplar übrig haben, so würde ich mich sehr freuen, es lesen zu können, damit ich mir selbst einmal ein Urteil bilden kann.

Mit den besten und etwas melancholisch gestimmten Grüssen

Ihr Alfred Andersch

Brief A5, 1 S., auf Papier der Frankfurter Verlagsanstalt, B.
Schreiben von Prof. Kogon : Vermutlich Brief Kogons vom 14. 2. 53, in dem er Arno Schmidt mitteilt, daß er – bei aller persönlicher Wertschätzung des ›Faun‹ – die Frankfurter Verlagsanstalt nicht als den geeigneten Verlag für solche Literatur ansehe. Trotz der Ablehnung wird die Optionsklausel auf weitere Werke ausdrücklich beibehalten.

Hamburg-Ohlstedt, 25. 3. 1953

10. Alfred Andersch an Arno Schmidt

Lieber Herr Schmidt,

die ›Gruppe 47‹ hält vom 22.–24. Mai, also an Pfingsten, ihre diesjährige Frühjahrstagung ab und zwar in Mainz, also einem für Sie sehr günstig gelegenen Ort. Ich möchte Sie im Namen der Gruppe sehr herzlich dazu einladen. Ich könnte mir denken, daß es auch für Sie ganz interessant ist, einmal ein paar Kollegen kennenzulernen; in größeren Zeitabständen läßt sich so etwas ertragen. Man wünscht sich auch sehr, daß Sie dort etwas vorlesen, und ich bitte Sie daher, nicht ganz ohne eigene Arbeiten dort hinzukommen. Sie können sich ja am ersten Tag den Laden einmal ansehen und dann selbst entscheiden, ob Sie das tun wollen oder nicht. Bitte, geben Sie mir doch an meine Hamburger Adresse Bescheid, ob Sie kommen können und wollen, damit ich dann Herrn Dr. Heist, der die Tagung organisiert, entsprechende Nachricht wegen Quartier usw. geben kann. Falls Sie knapp bei Kasse sind, so besteht auch die Möglichkeit der Freifahrt und des freien Aufenthaltes dort. Darüber würde Ihnen dann Herr Dr. Heist schreiben.

Ich bin mit herzlichen Grüßen Ihr Alfred Andersch

Brief A4, 1 S., B.

Hamburg, den 25. 8. 1953

11. Alfred Andersch an Arno Schmidt

Lieber Herr Schmidt!

Haben Sie herzlichen Dank für die Widmung Ihres neuen Werkes; ich freue mich wirklich sehr darüber. Meine Verdienste um Ihre Arbeit sind so geringfügig, daß ich durch eine solche Widmung geradezu zu Ihrem Schuldner werde.

Den »Faun« habe ich mit großer Spannung gelesen. Ihre Kraft der sprachlichen Invention ist einfach bewunderungswürdig, auch die Art wie Sie in Ihrer pointillistischen Technik ein Ganzes schaffen. Die antireligiöse Polemik setzen Sie, finde ich, nicht tief genug an; eigentlich ist das mehr die Selbstdarstellung eines anti-christlichen Affekts als ein echter denkerischer Angriff. Übrigens spricht das eigentlich für das Buch, denn dieser Affekt ist im Grunde wichtiger und interessanter als eine antitheologische Abhandlung.

Bitte, schicken Sie mir doch recht schnell Ihr neues Manuskript. Wenn es sich im Umfang eignet, bin ich gern bereit, Ihnen einen weiteren Studien-Band einzuräumen (die Zustimmung des Verlags vorausgesetzt). Ein solcher Band könnte frühestens Anfang 1954 erscheinen, könnte also, je nachdem wie Sie zum Arbeiten kommen, auch noch weitere Manuskripte aufnehmen, falls das jetzt Vorliegende [im Umfang] nicht ausreicht. Aber ich wäre Ihnen sehr dankbar, wenn Sie mir die Priorität einräumen würden.

Mit Dank und herzlichen Grüßen verbleibe ich

Ihr Alfred Andersch

Brief A4, 1 S., auf Papier der Frankfurter Verlagsanstalt, diktiert, B.
neues Manuskript : Vermutlich ›Seelandschaft mit Pocahontas‹.

12. Alfred Andersch an Arno Schmidt

Hamburg-Ohlstedt, 14. 9. 1953

Lieber Herr Schmidt,

beigefügt Kopie meines heutigen Briefes an Guggenheimer, aus dem Sie alles Nötige ersehen. Rowohlt wird ja doch wohl Sieger bleiben, aber ich möchte jedenfalls alles getan haben, was in meiner Macht stand.

Herzliche Grüße Ihres Alfred Andersch

PS. Mich würde übrigens Ihre Meinung zu Einband und Druck der »Umsiedler« interessieren – auch wenn Sie damit garnicht einverstanden wären!

Brief A4, 1 S., Postscriptum handschriftlich, B.
beigefügte Kopie : In dem Briefdurchschlag gleichen Datums heißt es u. a. :
Ich habe ›Seelandschaft mit Pocahontas‹ inzwischen gelesen und teile Schmidts in seinem Brief enthaltene Meinung über die Arbeit. Fast unmerklich wird Schmidts Prosa etwas zusammengebundener und epischer. Nach wie vor halte ich Schmidt für das größte deutsche Sprachereignis seit Jahrzehnten – die Holthusen'sche These von einem Joyce-Epigonen [in: H.E. Holthusen, Bärendienst für Arno Schmidt, Deutsche Zeitung vom 8. 12. 51. Siehe auch Anderschs Aufsatz: Die Kunst ist kein Schulzimmer, Frankfurter Hefte VII, 1952.] ist einfach blödsinnig und böswillig; gegen den faszinierenden Verräter Benn legitimiert und rettet Schmidt vielmehr gerade den deutschen Expressionismus (Schmidt ist wahrscheinlich unübersetzbar!).
Hier liegt die absolute verlegerische Verpflichtung, die erfüllt werden sollte, trotz der antireligiösen Polemik Schmidts. Ich neige übrigens dazu, mein Urteil zu revidieren, daß es sich nur um die Selbstdarstellung eines antireligiösen Affektes handele; es steht schon eine

echte Überzeugung dahinter. Aber Schmidts Atheismus ist demjenigen Nietzsches verwandt (ich meine: in der Struktur) – es ist also ein religiöser Atheismus. Hinter Schmidts räsonnierendem Aufklärungs-Helden steht eine Landschaft, die die pure Offenbarung ist. Und sein Räsonnement hat Größe – es macht ihn, in vollständiger Einheit mit seiner expressiven Wucht – zum bedeutendsten Sprecher des antirestaurativen Geistes in Deutschland. Schmidt muß sich notwendig antichristlich gebärden in einer Welt, der der tödlich-eiskalte Adenauer als ›christlicher Staatsmann‹ präsentiert wird. Wenn Adenauer das Christentum ist, dann ist es allerdings mit dem Christentum vorbei. Gegen diese mögliche Verwechslung sollte aber gerade ein katholischer Verlag Arno Schmidt als Ärgernis präsentieren.
Diese Sache ist brandeilig. Ich möchte ›Seelandschaft‹ gerne in die studio-Reihe stellen, als einen der beiden Bände, die nächstes Jahr erscheinen. [...] Finanzielles Risiko ist keines dabei, wenn man Anfang nächsten Jahres richtig kalkuliert – ein Arno Schmidt-Band findet heute immer eine gesicherte Zahl von Abnehmern. Allerdings müßte man dem Autor DM 1000.– Vorschuß anbieten, vielleicht wieder in Raten zahlbar. Das ist außergewöhnlich, aber der Autor ist auch ganz, ganz außergewöhnlich, und ihn zu verlegen, ist einfach ein Ruhmesblatt. Bitte, führen Sie also immediat eine Entscheidung herbei und telegrafieren Sie dann A.S. Oder besser noch, fahren Sie mal hin, damit Rowohlt nicht zuvorkommt.

13. Alfred Andersch an Arno Schmidt

Hamburg-Ohlstedt, 10. 11. 1953

Lieber Herr Schmidt,

ich hatte heute eine plötzliche Eingebung, die mir befahl, die studio-Reihe auf eigene Faust, ohne Bindung an einen Verlag, weiter zu machen. Seitdem ich Kogons Brief an Sie gelesen hatte, war es mir klar, daß ich die Sache nicht innerhalb der Frankfurter Verlagsanstalt weiterführen konnte, und am besten überhaupt unabhängig von jedem Verlag.

Ich selbst habe kein Vermögen, sondern nur meine Rundfunkeinnahmen. Aber ich möchte doch den Versuch wagen, daraus (und vielleicht findet man hin und wieder einen Mäzen) 2 bis 3 Bände pro Jahr zu finanzieren. Für die Selbstkosten wird es reichen. Auslieferung an den Buchhandel dann über einen Verlag mit gutem Vertriebsnetz.

Unter diesem Aspekt könnte ich »Seelandschaft mit Pocahontas« nebst Anhang als ersten Band zum Frühjahr herausbringen – und nun halte ich mir selbst den Daumen, daß Sie die Sache noch nicht vergeben haben, und falls doch, daß Sie alles wieder rückgängig machen und das Manuskript mir anvertrauen. Denn ich muß die Reihe natürlich mit einem Glanzstück eröffnen!

Finanziell kann ich Ihnen natürlich nicht mehr anbieten als eine Abrechnung vom verkauften Stück bei 10% vom Ladenpreis. Es käme darauf an, daß Sie hier Ihren Namen einem Unternehmen leihen, das vielleicht ein frischer Luftzug im stickigen Mief des deutschen Verlagswesens sein wird. Vielleicht geht mir ja schon nach drei Bänden die Puste aus, aber riskiert will ich's doch haben.

Ich warte mit solcher Spannung auf Ihre Antwort, daß ich Sie bitte, mir eine Eilkarte zu schicken.

Herzlichst Ihr   Alfred Andersch

Brief A4, 1 S., B.
Kogons Brief : Vermutlich Brief vom 5. 11. 53, in dem Kogon seine Ablehnung von ›Seelandschaft mit Pocahontas‹ mit dem »sexuellen Aggregatzustand« der Erzählung begründet – die anti-christliche Polemik hätte er hinnehmen können.

14. Arno Schmidt an Alfred Andersch

Kastel, den 13. 11. 53

Verehrter Herr Andersch !

Als ich Ihren Brief eben vor 5 Minuten überflog, hätte ich mich am liebsten wie Rumpelstilzchen mitten entzwei gerissen : vor 8 Tagen habe ich zähneknirschend bei Rowohlt, dem Groben, Verständnislosen – der, wie billig, auch diesmal die »Berechnungen« gestrichen hat – unterschrieben ! Habe unterschrieben, da auch Kiepenheuer, obwohl er die »Pocahontas« noch gar nicht gesehen hatte, so albern tat, daß ich's nicht erst weiter bei ihm versuchen mochte. – Hätten Sie Ihren Entschluß nur damals gefaßt, als Sie die »P« in der Hand hielten : ich hätte Sie Ihnen weißgott ohne Vorschuß mit beiden Fäusten hingehalten, und wenn ich das ganze Winterhalbjahr wieder – wie schon einmal – nur von Eicheln hätte leben müssen !! –

Jetzt ist nichts mehr zu machen ! Rowohlt=Ledig gibt gerade Ihnen das Stück niemals heraus : wenn ich mir zurückrufe, mit was für Abscheu er Sie im November 52, als ich in Hamburg war, nannte, Sie und die Reihe, bin ich überzeugt, daß das unmöglich ist. Außerdem will ich ihn, der ohnehin nichts von mir hält, im Augenblick nicht zum völligen Bruch treiben, denn ich muß mir sofort wieder durch Übersetzungen die Zeit zur eigenen Produktion sichern; und Andere geben mir garantiert auch nichts ! –

Ein schwacher Trost : ich habe ihm keine Option auf meine kommenden Sachen erteilt ! Und bin im Augenblick bereits wieder mit einer neuen »antiken« Geschichte, »K o s m a s, oder vom Berge des Nordens« beschäftigt (das Thema reift seit Jahren, vgl. »Schwarze Spiegel«, S. 159); Zeit : Herbst und Winter 541 n.C.; Ort : ländliche Gegend vor Byzanz; Themenkreise : das Weltbild des Kosmas = das der ersten Christen (das aber bei eifrigen Theologen bis 1400 gegolten hat !); das absinkende Heidentum (und seine letzten »Untergrundbewegungen«); etc. etc. – Der Haken dabei ist nur der : ich kann nicht sagen, wann (und vielleicht nicht einmal, ob !) es fertig wird; ich muß noch lange Material sammeln; und falls das Glück mir eine Übersetzung bescheren sollte, schalte ich die natürlich ganz kalt ein, und lasse Kosmas Kosmas sein, das verspreche ich Ihnen : sonst kann ich nichts im Augenblick tun ! – – (Ich darf gar nicht darüber nachdenken ! : was für ein prächtiges Bändchen hätte das bei uns werden können ! Und R. bringts natürlich erst im Herbst ! – Na, egal; und schreiben Sie bitte auch nichts mehr davon : ich ärgere mich bloß !). –

Aber daß Sie einen solchen Gedanken schon faßten, hat mir imponiert ! Wenn ich Ihnen allerdings raten darf : lassen Sie's ! Sie sehen ja selbst ganz deutlich, wohin Deutschland treibt, und treiben will : ein solcher Verein ist es nicht wert, daß sich ein Mann wie Sie in erhebliches finanzielles Risiko darum stürzen will, von der Arbeit und dem Ärger, die so ein Unternehmen mit sich bringt, noch gar nicht zu reden. –

Es tut mir leid, daß ich Ihnen keine bessere Nachricht geben kann; ja, nicht einmal Ihnen anderes anzubieten vermag; noch schlimmer : Ihnen nicht einmal Hoffnung auf kommendes Neues machen kann – es ist tatsächlich ausgesprochenes Pech : Sie können nichts dafür, und ich sogar noch weniger ! – Schreiben Sie mir aber bitte wieder, ob Sie Ihren Plan weiter verfolgen wollen und können : das war ein böser Tag heute !! –

Mit bestem Gruß, Ihr : Arno Schmidt.

Briefentwurf A4, 2 S., B.

15. Alfred Andersch an Arno Schmidt

Hamburg-Ohlstedt, 21. 11. 1953

Lieber Herr Schmidt,

seien Sie nicht allzu traurig, daß es mit der Herausgabe von ›Pocahontas‹ in meiner Reihe nicht geklappt hat – wir bleiben ja in Verbindung. Und wenn Ledig das macht, so ist das ja auch ganz schön; Rowohlt ist ja – von dem komischen Oberlehrer Suhrkamp abgesehen – tatsächlich der einzige Verlag mit so etwas wie literarischem ›Pfiff‹ in der Bundesrepublik.

›Professor‹ Kogon ist meine Absage schwer in die Knochen gefahren. Er schrieb mir drei freundliche Seiten, auf denen er mich zu halten versucht. Ich schrieb ihm zurück, es gäbe dafür einen Test: Herausgabe des ›Kosmas‹ in der Reihe, ganz egal, was und wie Sie sich darin über das Christentum auslassen werden. Ich bin gespannt auf die Antwort.

Nun etwas ganz anderes: Unabhängig davon, ob und wie und bei wem die Reihe weiter erscheinen wird, habe ich vor, so schnell wie möglich eine unregelmäßig erscheinende, etwa 8 Seiten starke Zeitschrift im Flugblatt-Stil herauszubringen, nur kritische, scharf-polemische Beiträge zur Literatur, Kunst und Musik. [Bitte übrigens um Diskretion.

Sie sind der Erste, dem ich das schreibe oder sage.] So ein Blättchen ist ganz billig in der Herstellung und wird, wie ich Ihnen versichere, wenn es richtig gemacht wird, Wunder wirken. (Nebenbei: ein Mißverständnis: ich will garnichts für die Deutschen tun – wenn ich sowas mache, dann nur, weil es mir persönlich Spaß macht; ich habe einfach eine publizistisch-polemische Ader, die sich irgendwie Luft machen muß.)

Nun also: für die erste Nummer erbitte ich mir als Haupt- und Prunkstück Ihre ›Berechnungen‹. Da Ledig sie nicht haben will, soll er leise weinend vor dem Blatt sitzen. Es wäre auch die richtige Plattform dafür. Schicken Sie mir bitte möglichst schnell das Manuskript? Damit ich kalkulieren lassen kann.

Ich garantiere Ihnen, daß Sie sich in dem Blättchen in bester Umgebung befinden werden. Bitte, geben Sie Ihre Einwilligung, Ihr großartiges Manuskript dort zu drucken!

Übrigens habe ich noch keinen Titel für das Flugblatt. Falls Ihnen etwas Passendes einfällt, so schreiben Sie es mir.

Herzliche Grüße, Ihr Alfred Andersch

P.S.: Übrigens: schlagen Sie doch Herrn Ledig vor, meine Frau solle den Umschlag für ›Pocahontas‹ malen. Sie hatte sich schon sehr darauf gefreut, Ihre Idee ausführen zu können. Und es wäre ein ›Ledig-Test‹!

Brief A4, 1 S., B.

16. Alfred Andersch an Arno Schmidt

Hamburg, den 16.12.1953

Lieber Herr Schmidt!

Ich war 14 Tage auf Reisen, deswegen ist Ihre Korrespondenz liegengeblieben.

Zunächst vielen Dank für die »Berechnungen« und für den Zusatz zu den Berechnungen. Das ganze Manuskript wird in der geplanten Zeitschrift kommen (wenn sie kommt, d.h. nicht an finanziellen Fragen scheitert). Übrigens wird sie heißen: »Der Rabe«, Untertitel: »Nachrichten für Städtebewohner«.

Auch die kurze Notiz von Kreuder werde ich darin mit Vergnügen bringen, weil sie mit Verve geschrieben ist. Persönlich meine ich, daß Kreuder einem grotesken Mißverständnis unterliegt, wenn er ausgerechnet Sie als Anti-Realisten bezeichnet.

Nun noch etwas Wichtiges. Ich habe vergangenen Freitag mit Kogon in Frankfurt gekämpft und das Ergebnis ist folgendes: die studioreihe geht weiter. Wir bringen nächstes Jahr drei Bände in der bisherigen Art und einen dicken Sammelband. Einer der drei Bände ist für den »Kosmas« reserviert. Ich bin mit Kogon zu folgendem Kompromiß gekommen: falls er persönlich aus religiösen Gründen den »Kosmas« ablehnen muß, gesteht er mir trotzdem die Publikation in der Reihe zu, wird aber in einem Aufsatz in den Frankfurter Heften erklären, warum die Verantwortung dafür bei mir und nicht bei ihm als Verleger liegt. Ich bitte Sie, mir zu glauben, daß hier ein echter Gewissenskonflikt vorliegt, nicht eine rabulistische Dialektik oder das, was man sich vulgär als Jesuitismus vorstellt. Im übrigen gehört Kogon wirklich zu Ihren tiefsten und aufrichtigsten Bewunderern. Er gerät geradezu in Ekstase, wenn das Gespräch auf Ihre Sprache und Ihren Stil kommt. Und vermutlich würden Sie bei ihm im Gespräch das finden, was Sie bei allen Kritikern vermissen, nämlich exaktes, nahezu mathematisches Verständnis für das, was Sie wollen.

Sehr herzliche Grüße   Ihr Alfred Andersch

Brief A4, 1 S., auf Papier der Frankfurter Verlagsanstalt, diktiert, B.
Notiz von Kreuder : Vermutlich ›Kurznotiz zu einem Kurzroman‹, Rezension von ›Aus dem Leben eines Fauns‹, in: Augenblick, Heft 2, 1. Jg. 1955.

17. Alfred Andersch an Arno Schmidt

Hamburg-Ohlstedt, 24. Januar 54

Lieber Herr Schmidt,

Ihr Manuskript ist gestern bei mir eingegangen und wird sofort gelesen werden. Ich werde es dann sofort an den Verlag weitergeben und dabei auch alle Ihre sonstigen Wünsche energisch vertreten.

Herzliche Grüße,   Ihr Alfred Andersch

Brief A5, 1 S., diktiert, B.
Ihr Manuskript : ›Kosmas oder vom Berge des Nordens‹

18. Alfred Andersch an Arno Schmidt

Hamburg-Ohlstedt, 27. Januar 54

Lieber Herr Schmidt,

Der ›Kosmas‹ ist noch großartiger als der ›Faun‹ und in allen Teilen gelungen. Wie Ihnen z.B. die seelische Umwandlung der weiblichen Figur am Ende gelingt, das ist zauberhaft – eine Ihrer bedeutendsten Leistungen. Oder der Traum vom Felsen-Weltall! Aber es hat keinen Zweck, Einzelheiten heraus zu pflücken. Macht Sie das, was Ihnen mit der deutschen Sprache gelingt, nicht eigentlich doch ein wenig der Metaphysik geneigter, als Sie es in Ihrem Text zugeben wollen? Aber das ist ein Thema für mündliche Erörterungen, die uns vielleicht einmal gelingen werden.

Gleichzeitig mit diesem Brief an Sie, geht das Manuskript an die Frankfurter Verlagsanstalt ab. Es durchläuft dort den Weg von Guggenheimer zu Kogon. Ich habe ebenso höflich wie ultimativ um eine Erledigungsfrist pro oder contra bis zum 10. Februar gebeten. Wir müssen ja ein paar Tage zugeben, da es sein kann, daß Herr Professor Kogon sich auf einer seiner zahlreichen Reisen befindet. Ich habe ferner darum gebeten, Ihnen sogleich einen Vorschuß zu geben, falls man sich zur Annahme entschließt. Hoffentlich gelingt es diesmal. Kogon ist dezidierter katholischer Christ. Ich weiß nicht, wie er sich zu der Sache stellen wird.

Falls der Band in der Studio Reihe kommen kann, werden darin auch die ›Berechnungen‹ erscheinen.

Guggenheimer habe ich sogleich wegen des Fouqué-Manuskriptes geschrieben.

Auch, was die Übersetzungen betrifft, habe ich noch einmal und dringend in Frankfurt angefragt.

Leider kenne ich in meinem Bekanntenkreis niemanden, der Romantiker-Handschriften sammelt. Ich werde mich hier in Hamburg jedoch einmal an Herrn Hauswedell wenden: er ist ja der berühmteste Buchantiquar Deutschlands. Vielleicht interessiert er sich für Ihre Sammlung, vielleicht weiß er auch jemanden.

Das Manuskript geht im gleichen Karton, in dem es mir geschickt wurde, an die Frankfurter Verlagsanstalt weiter – Ihre Zeichnung ist ausgezeichnet und muß selbstverständlich im Buch reproduziert werden.

Sehr herzliche und bewundernde Grüße,

Ihr, Alfred Andersch

PS. Beim Lesen kam mir der Gedanke, ob es nicht doch vielleicht bei diesem Buch notwendig sein wird, im Anhang einen kleinen Index der griechischen, lateinischen und sonstigen Wörter mit beigefügten Übersetzungen zu geben. Ich, der ich nahezu ohne klassische Bildung bin, kann mir viele Ausdrücke einfach nicht übersetzen. Aber vielleicht ist das ein Vulgarisierungs-Vorschlag, der Ihnen zuwider ist. – Und dann noch eins: Auf Seite 71 schreiben Sie: ›Wenn's besser werden wird?!: Wenn alle Menschen bis 20 in die Schule müssen, und der Religionsunterricht wegfällt!‹ na, und ist es besser geworden? Die gleich danach folgende Stelle mit der Erklärung für ›Landschaft, Intellekt, Eros‹ führt dann freilich gleich in eine andere Dimension.

Brief A4, 2 S., diktiert, B.
Ihre Sammlung : Während seiner Arbeiten an der Fouqué-Biographie war Arno Schmidt in den Besitz einer Anzahl von Fouqué-Handschriften gelangt, die er Mitte der fünfziger Jahre aus finanziellen Gründen zu verkaufen suchte. Nachdem sich bei mehreren Hauswedell-Auktionen keine Interessenten fanden, erwarb das Deutsche Literaturarchiv in Marbach die Sammlung (vgl. Brief Nr. 56).
Ihre Zeichnung : Darstellung des Kosmas'schen Weltbildes; vgl. ›Kosmas‹ EA S. 95, R&P S. 279.
Seite 71 : EA S. 65, R&P S. 248.

Hamburg, den 8. 2. 1954

19. Alfred Andersch an Arno Schmidt

Lieber Herr Schmidt!

Vielen Dank für die neue Fassung der »Berechnungen«. Ich habe sie noch nicht gelesen. Sie dürfen aber versichert sein, daß dieser endgültige Text in den Band kommen wird.

Bei dieser Gelegenheit bitte ich Sie, sich folgendes zu überlegen: im Rahmen der studio-frankfurt-Reihe kommt im Herbst ein dicker Sammelband heraus, der eine Art Querschnitt durch die gegenwärtige neuere Literatur in Deutschland legen soll. Ich hätte gern etwas von Ihnen in diesem Band und habe schon gedacht, ob man nicht die »Berechnungen« darin veröffentlichen könnte. Der Band wird sehr beachtet werden und Sie würden sich darin in bester Gesellschaft befinden. Bitte, sagen Sie mir Ihre Meinung.

Beigeschlossen ein Brief von Dr. Guggenheimer mit der Bitte um Rückgabe. Die Sache mit dem »Kosmas« steht also sehr günstig bei der Frankfurter Verlagsanstalt; andererseits hat die Bitte von Dr. Guggenheimer um etwas mehr Spielraum für die Entscheidung ihre Berechtigung. Bitte, entscheiden Sie also nicht gleich am 10. negativ, wenn ich Ihnen bis dahin noch nichts Endgültiges sagen kann.

Herr Böll, mit dem ich gut befreundet bin – er ist ein fabelhaft anständiger Kerl und ein ausgezeichneter Schriftsteller – ist Lektor vom Kiepenheuer-Verlag, und wenn er bei Ihnen anfragt, so hat das immer Hand und Fuß. Ihm können Sie jederzeit Vertrauen schenken. Der Verlag Kiepenheuer ist sehr gut. Schreiben Sie doch einmal Böll, ob Kiepenheuer Ihnen nicht einmal eine Übersetzung anvertrauen will.

Herzliche Grüße Ihr Andersch

Brief A4, 1 S., auf Papier der Frankfurter Verlagsanstalt, diktiert, B.
neue Fassung : In Arno Schmidts Nachlaß fanden sich nur wenige Bruchstücke einer früheren, wohl knapper gehaltenen Fassung der ›Berechnungen I‹.
Böll : Am 8. 1. 54 hatte Heinrich Böll Arno Schmidt brieflich um die Mitarbeit an einer von ihm im Kiepenheuer & Witsch Verlag geplanten Anthologie gebeten. Da Schmidt keinen Beitrag in der gewünschten Länge (2–15 Seiten) bereit hatte, mußte er absagen. (Böll war übrigens nicht Lektor, schrieb aber gelegentlich Gutachten für Kiepenheuer & Witsch.)

paris, 18. 2. 1954

20. Alfred Andersch an Arno Schmidt

lieber herr schmidt,

ich bin bis ca. 3. märz in paris und bitte Sie, mir hierher zu antworten. ich habe vergangenen montag mit kogon in frankfurt konferiert und möchte Ihnen darüber berichten, damit Sie Ihre entscheidung treffen können.

kogon hatte Ihr manuskript am montag zur hälfte gelesen, guggenheimer ganz. guggenheimer hat ein im ganzen günstiges lektoratsurteil abgegeben – theologische bedenken bestehen wahrscheinlich nicht. dafür umso größere finanzielle bei kogon, der sich anscheinend in prekärster finanzlage befindet und für die studio-reihe keinen pfennig mehr riskieren möchte. (solche 'matters' bitte ich Sie, anderen verlagen gegenüber vertraulich zu behandeln.) kogon will, rund heraus, den band (kosmas) nicht als band wagen, weil er glaubt, höchstens tausend stück davon verkaufen zu können, sondern möchte die erzählung gerne in den großen sammelband im herbst aufnehmen. er bietet einen vorschuß von dm. 500.–, zahlbar in 5 monatsraten von dm. 100.–. als herausgeber bin ich verpflichtet, Sie darauf aufmerksam zu machen, daß Sie damit den ›kosmas‹ für 500.– weggeben, denn mehr honorar wird bei einer aufnahme in einen solchen sammelband garnicht herauskommen. (natürlich können Sie später den ›kosmas‹ nochmal für sich verlegen.) – ich verhehle Ihnen nicht, daß mit Ihrem entscheid für mich das zustandekommen des bandes steht und fällt. die lage ist für mich die: es sollen dieses jahr nur drei studio-bände herauskommen. einer davon sollte der ›kosmas‹ werden. der wegfall des ›kosmas‹ bringt auch die beiden anderen zu fall, denn nur der ›kosmas‹ gäbe der reihe gewicht und mitte, die anderen beiden könnten Ihren band nur flankieren. kogon hat also mit diesem entscheid praktisch den fortgang der studio-reihe gekillt, ob absichtlich oder unabsichtlich kann ich nicht beurteilen. ohne weitere fortsetzung der reihe aber nun einen großen sammelband herauszugeben, dazu habe ich, unter uns gesagt, wenig lust – ich verspreche mir davon keine große literaturpolitische wirkung. wenn Sie aber der veröffentlichung in dem sammelband zustimmen, dann würde ich ihn, um des ›kosmas‹ willen, herausbringen – der band wäre dann eine art schwanengesang der studio-frankfurt-reihe. – wenn Sie nein sagen, dann schreiben Sie doch bitte das sofort mit kopie für mich an kogon und fordern Sie Ihr manuskript zurück (ich rate Ihnen dann sehr zu einem versuch bei witsch). sollten Sie überraschenderweise ja sagen, so ist Ihr manuskript für den sammelband, der dann erscheinen wird, angenommen, und ich werde sofort mit kogon verhandeln, daß er schnellstens mit den zahlungen beginnt.

Sie ahnen garnicht, wie sehr Sie hier in paris unter den connoisseurs im gespräch sind. sprach gestern abend lange mit françois erval, dem feuilleton-redacteur von ›samedi soir‹ und engem mitarbeiter von sartre über Sie. erval ist einer Ihrer ganz besonderen bewunderer. ich erzählte ihm von den ›berechnungen‹ und er möchte sie gerne für ›les temps modernes‹ (die Sartre-zeitschrift) haben. haben Sie noch eine kopie der endgültigen fassung? übrigens betrachtet er die übersetzungsschwierigkeiten als nicht so gravierend.

ich treffe hier in ein paar tagen mit einem schweizer verleger zusammen, der angeblich an einer fortsetzung der studio-reihe interessiert ist. ich werde ihn nachdrücklich auf Sie aufmerksam machen und ihm sagen, daß Sie eine wirkliche verlagsbeziehung brauchen. hoffentlich nützt's was.

lassen Sie bald von sich hören und betrachten Sie diesen brief bitte als vertraulich gegenüber der frankfurter verlagsanstalt.

herzliche grüße Ihres alfred andersch

Brief A4, 2 S., B.
Witsch : Im April 1954 sandte Arno Schmidt ›Kosmas‹, ›Seelandschaft mit Pocahontas‹ und ›Berechnungen I‹ an den Verlag Kiepenheuer & Witsch; unter Hinweis auf das finanzielle Risiko beim Verlegen solcher Art Literatur bekam Schmidt am 1. 6. 54 eine Absage.

21. Alfred Andersch an Arno Schmidt

paris, 26. II. 1954

lieber herr schmidt,

ich glaube, ich habe etwas wirklich gutes für Sie. der schweizer verleger heißt peter schifferli, zürich, susenbergstr. 50 und hat den verlag der arche, zürich. ein junger verlag, ein junger verleger, und einer der besten im deutschen sprachgebiet. autoren: benn, bernanos, borchardt, greene, joyce, jünger, le fort, katherine mansfield, henry miller, ezra pound, steinbeck, waugh, wolfe etc. bitte, schicken Sie ihm doch sogleich den ›kosmas‹, er will ihn bringen, zusammen mit den ›berechnungen‹, wenn es ein ›echter‹ schmidt ist, worüber ich ihn beruhigt habe. ich fragte ihn, ob er Ihnen einen vorschuß zahlen könnte, worauf er sofort zusagte – das müssen Sie dann, wenn er annimmt, mit ihm direkt verhandeln, ich habe ja keine funktion für seinen verlag. hoffentlich wird's was, das ist eine wirkliche chance, ich wollte, ich hätte für mich selbst einen solchen verleger.

Ihr goethe-zitat in bezug auf Ihre beziehung zu frankreich erstaunt mich. wissen Sie denn nicht, daß ›brands haide‹ hier erscheinen wird, beim verlag ›de noel‹? der hat schon vor längerer zeit die rechte von rowohlt erworben, das erscheinen zieht sich natürlich noch etwas hin, weil die übersetzung von arno schmidt natürlich größere schwierigkeiten macht als die von, sagen wir, alfred andersch.

überhaupt – Ihre defaitistischen tendenzen! Sie werden den teufel tun und wehrmachtsangestellter werden. Sie werden mit uns siegen oder untergehen! ich betrachte Sie als einen aktivposten in der resistance, auch wenn Sie das, wegen Ihrer allzu splendiden isolation, noch nicht bemerkt haben.

wenn Sie mir antworten, schreiben Sie mir bitte nach hamburg, weil ich nächste woche wieder zurückfahre.

herzliche grüße Ihres alfred andersch

Brief A4, 1 S., B.

22. Alfred Andersch an Arno Schmidt

Zürich, den 21. Juni 1954

Lieber Herr Schmidt,

Ihr Brief vom 3. 6. erreichte mich nach ziemlichen Irrwegen – ich bin seit einem Vierteljahr nicht in Deutschland – in Zürich. Also: die studio-Reihe geht bei der Frankfurter Verlagsanstalt bestimmt nicht weiter, da diese sich seit Monaten am Rande des Konkurses hinschleppt. Ich muß in den nächsten Wochen juristisch lavieren, damit ich die Reihe aus dem Konkurs heraushalte. Verschiedene Verleger sind auf die »Bonbons« in dieser Reihe scharf. Als »Bonbons« werden betrachtet:

1.) Arno Schmidt, Die Umsiedler

2.) Hildesheimer / Henze, Das Ende einer Welt

3.) Ingeborg Bachmann, Die gestundete Zeit

4.) Heinrich Böll, Nicht nur zur Weihnachtszeit

Schifferli z.B. möchte, wenn es mir gelingt, diese 4 Titel aus dem Zusammenbruch Kogon herauszuholen, die Reihe, von mir geleitet, in seinem Verlag weitermachen. Ich replizierte sofort: und dann auch Arno Schmidt, Kosmas + Pocahontas? Er: ja. Haben Sie Worte? Diese Katholen sind einfach unbezahlbar.

Ich weiß nicht, wie dieses ganze Tohuwabohu ausgehen wird. Am liebsten würde ich einen eigenen Verlag, Buchclub o.ä. machen. Und ich würde als erstes einen großen Arno-Schmidt-Band bringen mit ›Umsiedler‹, ›Alexander‹, ›Pocahontas‹, ›Kosmas‹, ›Berechnungen‹. Aber ehe alles geklärt ist, vergehen natürlich Monate. Ich fahre Anfang Juli nach Hamburg zurück und unternehme dann zusammen mit einer Juristin, die nötigen Schritte. –

Seien Sie bitte nicht zu pessimistisch. Sie sind ein großer Autor und Sie werden gedruckt werden – das gibt es garnicht, daß Ihre Arbeiten nicht herauskommen. Je stärker die Widerstände jetzt, umso.... aber ich will keine Gemeinplätze vor Ihnen dreschen.

Sie hören aus Hamburg von mir. (Desch! Fürchterliche Vorstellung – Sie bei Desch!)

Herzliche Grüße Ihres Alfred Andersch

handschriftlicher Brief A5, 4 S., auf Papier des zürcher Hotels Urban, B.
Desch : Am 15.6.54 hatte Arno Schmidt ›Kosmas‹, ›Seelandschaft mit Pocahontas‹ und ›Berechnungen I‹ an den Kurt Desch Verlag gesandt. In einem ausführlichen Brief vom 31.7.54 erhielt Schmidt eine im wohlwollenden Ton gehaltene, aber entschiedene Absage.

23. Alfred Andersch an Arno Schmidt

Hamburg-Ohlstedt

Lieber Herr Schmidt,

meinen flüchtigen Zeilen aus Zürich lasse ich heute eine weitere Information folgen:

Leider ist die Frankfurter Verlagsanstalt an ihrem Ende angelangt, d.h. es ist über die das Vergleichsverfahren eröffnet worden. Ich stehe augenblicklich in Verhandlungen mit der Vergleichsverwaltung mit dem Ziel, die gesamten Rechte an der »studio-frankfurt-reihe« an mich zu ziehen. Nach Abschluß dieser Verhandlungen wird sich für mich die Frage ergeben, ob ich auf eigene Rechnung die Reihe in Form eines Buchclubs o.ä. fortführe, oder ob ich dafür einen Verlag gewinne. Auf jeden Fall werde ich im Interesse der Autoren versuchen, zu verhindern, daß die Reihe, wie man im Buchhandeljargon sagt, »verramscht« wird.

Ernsthafter Interessent für die Weiterführung ist, wie ich Ihnen vertraulich mitteile, der Ihnen ja bekannte schweizer Verleger Schifferli (Verlag »Die Arche«). Herr Schifferli trägt mir an, die literarische Verantwortung für die Herausgabe bestimmter Autoren in seinem Verlag zu übernehmen, deren Edition er selbst aus katholischen Glaubensgründen nicht verantworten will. Dazu gehören natürlich in erster Linie Sie. Falls ein derartiger Vertrag zwischen Herrn Schifferli und mir zustandekäme, würde ich Ihnen den Vorschlag machen, einen Band herauszubringen, der enthält:

»Die Umsiedler«,
»Alexander«,
»Pocahontas«,
»Kosmas«,
»Berechnungen«,

gegebenenfalls noch weitere Arbeiten, falls Sie inzwischen welche geschrieben haben. Ich bitte Sie, mir zu sagen, ob Sie grundsätzlich mit einem Band dieses Inhalts einverstanden wären, der unter meiner Herausgeberschaft im Verlag von Herrn Schifferli erscheinen würde. Sie müßten aber dabei berücksichtigen, daß die gesamten Überleitungsverhandlungen bei der augenblicklichen Situation der Frankfurter Verlagsanstalt eine Frist von ca. drei Monaten erfordern, bis zu deren Ablauf Sie sich gedulden müßten.

Wie gesagt, ist die Möglichkeit Schifferli nur eine, aber die im Augenblick greifbarste Möglichkeit aus den zahlreichen Variationen, die sich aus dem Ende der F.V.A. ergeben können. Ich würde mich natürlich sehr freuen, wenn es zu dem von mir skizzierten Band kommen würde.

Bitte lassen Sie mich doch wissen, was Sie inzwischen unternommen haben. Ich verbleibe mit herzlichen Grüßen Ihr Alfred Andersch

Brief A4, 1 S., am oberen Rand handschriftliche Notiz von AS: »15.7. eingeg. / geantw. 8.8.«, B.

Hamburg, 10.8.1954

24. Alfred Andersch an Arno Schmidt

Lieber Herr Schmidt, vielen Dank für Ihren Brief vom 8. – Mit Schifferli und der Studio-Reihe wird es nichts, dafür aber wahrscheinlich mit einem anderen, ganz neuen Verlag. Ich hoffe, daß die ganze Chose bis Ende August geklärt ist und ich dann im Laufe September die Frage der Verwertung Ihrer neuen Manuskripte innerhalb der Reihe klären kann.

Persönlich glaube ich nicht, daß in der Frankfurter Verlagsanstalt Ihre Fouqué-Biographie erscheinen kann; es ist aber möglich, daß Guggenheimer eine ganz andere Möglichkeit für Sie weiß. – Wegen Übersetzungsarbeiten will ich mich, auch beim NWDR, weiter umhören. (Übrigens bin ich ja aus allen redaktionellen Ämtern bei allen Radiostationen herausgegangen und schreibe ›nur‹ noch, zur Zeit an einem Manuskript, das ich auf die Bühne bringen möchte, einer Kombination aus Gesprochenem, Gesang und Ballett, einer Art neapolitanischem Bilderbogen mit tieferer Bedeutung. Gerne möchte ich mich mit Ihnen mal mündlich unterhalten, und nun höre ich sogar, daß Sie reisen! Auch mal nach Hamburg?

Herzlichst Ihr Alfred Andersch

Postkarte, B.

NWDR : Der Nordwestdeutsche Rundfunk bestand vom 26.9.45 bis Ende 1955, danach teilte er sich in NDR und WDR.

neapolitanischer Bilderbogen : Laut Auskunft von Gisela Andersch war ›Piazza San Gaetano‹ ursprünglich als Ballett zu einer Musik von Hans Werner Henze geplant.

Hamburg-Ohlstedt, 11.10.1954

25. Alfred Andersch an Arno Schmidt

Lieber Herr Schmidt,

Hinsichtlich der Weiterführung der studio frankfurt-Reihe hat sich noch immer nichts Entscheidendes ereignet. Doch kann ich Ihnen stattdessen die Mitteilung machen, daß ich ab sofort die Herausgabe einer großen literarischen Vierteljahreszeitschrift vom Format und Umfang der »Neuen Rundschau« übernehmen werde.

Ich möchte, wenn möglich, bereits in Heft 1 entweder »Pocahontas« oder »Kosmas« abdrucken, wenn es nicht anders geht, dann in Fortsetzung über zwei Hefte weg. Ich hoffe, daß Sie mir die beiden Arbeiten sofort nach Erhalt dieses Briefes übersenden können. Ich möchte sie auch dem Verlag, der die Zeitschrift herausbringt, und den ich aus geschäftlichen Gründen im Augenblick noch nicht nennen darf, zur Buchveröffentlichung vorschlagen, sodaß ich nunmehr fast hoffe, daß diese beiden Erzählungen von Ihnen noch nicht anderweitig plaziert worden sind. Wenn dies der Fall wäre, bitte ich Sie um Aufgabe des betreffenden Verlages, damit ich mich mit diesem wegen des Erwerbes der Vorabdrucksrechte in Verbindung setzen kann.

Über das Honorar, das bei dem Zeitschriftenabdruck anfällt, kann ich Ihnen heute noch nichts sagen, da die Kalkulation der Zeitschrift noch nicht abgeschlossen ist. Wesentlich ist für mich, daß ich gleich zum Start eine Arbeit von Ihnen erhalte, damit Aufgabe und Ansprüche der Publikation von Anfang an eindeutig gekennzeichnet sind.

Bitte schicken Sie mir doch die beiden Manuskripte mit wendender Post und auch, falls irgendwelche juristischen Schwierigkeiten bestehen; selbstverständlich drucke ich sie nicht ehe letztere geklärt sind. Die erste Ausgabe der Zeitschrift erscheint bereits am 15. Januar 1955.

Mit herzlichen Grüßen verbleibe ich Ihr Alfred Andersch

Brief A4, 1 S., B.
Vierteljahreszeitschrift : Im Luchterhand Verlag gab Alfred Andersch von 1955 bis 1957 die Zeitschrift ›Texte und Zeichen‹ heraus. Der juristische Loseblattsammlungen veröffentlichende Verlag wollte mit diesem Unternehmen seine neugegründete literarische Abteilung unterstützen. Nach 16 Nummern mußten ›Texte und Zeichen‹ ihr Erscheinen einstellen – die finanziellen Verluste schienen dem Verleger nicht länger tragbar.
Aufgabe : recte Angabe.

Hamburg Bergstedt 18. 10. 54, 11⁰⁰

26. Alfred Andersch an Arno Schmidt

Drahtet ob Erscheinen Pocahontas oder Kosmas in Zeitschrift Januar möglich stop Honorar für einmaliges Vorabdrucksrecht DM 400 stop Falls ja erbitte dringend Manuskripte stop Zähle auf Sie Andersch

Telegramm, B.

18. 10. 54, 11ʰ 40ᵐ

27. Arno Schmidt an Alfred Andersch

Sendung heute abgegangen Schmidt

handschriftlicher Telegramm-Entwurf, auf Rückseite von Nr. 26, B.

Kastel über Saarburg, den 18. 10. 54

28. Arno Schmidt an Alfred Andersch

Lieber Herr Andersch !

(Heute erst erhalte ich Ihren Brief – ich lege zum Beweis meiner Unschuld Ihren, nach Saarbrücken gerichteten Umschlag mit bei; er war also zunächst im Ausland, und dann bei diversen Kastels der Umgebung zur Ansicht – bitte künftig, vor allem wenn's schnell gehen soll, genau die obige Anschrift angeben : stellen Sie sich vor, er wäre ganz verloren gegangen !) –

Daß Ihre neue Zeitschrift erscheinen wird, freut mich sehr : das wird also voraussichtlich die letzte Chance; anschließend brüllt dann die neue deutschere Generation wieder auf.

Ich will gern dabei sein : Anbei die MS von »Pocahontas« und »Kosmas« (bitte umgehend richtigen Empfang bestätigen !), die ich noch nicht anderweitig vergeben habe. – Ich bin zwar eigentlich gegen jedwede Veröffentlichung in Zeitschriften; gebundene Bücher, als Einzelwesen, sind später eben doch leichter auffindbar, leben länger; ich weiß das aus meinen jahrzehntelangen literaturgeschichtlichen Arbeiten. Aber ich will hier – buchstäblich »weil Sie es sind« ! – die Ausnahme machen; jedoch unter 2 Bedingungen :

1.) Sie müssen zuerst die »Pocahontas« bringen.
2.) Jedes Stück muß ungekürzt als Ganzes (also nicht in Fortsetzungen !) erscheinen.

Sie wissen ja selbst, daß meine Geschichten so sorgfältig ausgewuchtet sind, das Ganze immer so auf eine Gewaltdosis berechnet ist, daß wir die beiden Polypen, den roten und den antik=gemusterten, einfach nicht zerschneiden können ! – (Im Gegensatz zu wirklichen Mollusken, ich weiß). Es wäre barbarisch, und hieße noch mehr ins Leere gesprochen, wenn dann erst nach einem Vierteljahr, wo doch Alles längst vergessen ist, die nächste Injektion kommt.

Eng gedruckt, im Zeitungsformat, läßt sich dergleichen ja unglaublich komprimieren : ich habe vorhin genau berechnet, daß z.B.

auf der sechsspaltigen Seite einer großen Tageszeitung;
bei 160–170 Zeilen pro Spalte;
pro Seite also 1.000 Zeilen :

die ganze »Pocahontas« auf 4 (vier = ein Doppelblatt !) solcher Seiten unterzubringen wäre ! Lassen Sie sie doch so setzen, und legen Sie überhaupt jedem neuen Heft Ihrer Zeitschrift ein solches enggedrucktes Beiblatt bei, das dann jedesmal 1 oder 2 umfangreichere Erzählungen enthalten könnte. Meinethalben verwenden Sie für mich das elendeste Papier; und versuchen Sie's nur bei einer Nummer : wenn das Publikum durchaus eine solche Beilage ablehnen sollte, können Sie's ab Nr. 2 ja wieder lassen. Aber ich muß, wenn schon alle Jubeljahre einmal etwas von mir erscheint, mir wenigstens einige Wirkung garantieren können.

Also das ist die conditio sine qua non; wenn es sich nicht machen läßt, geben Sie die Stücke bitte umgehend wieder an mich zurück. – Ich kann Ihnen auch für später (oder bald, wie Sie's haben wollen !) kleinere Sachen anbieten : eine neue Fassung der »Berechnungen«; Material aus der alten »Wundertüte« (die Sie, glaube ich, doch auch kennen ?); auch habe ich ein Dutzend schöner Artikel von je 100–200 Maschinenzeilen, mit Sachen, die jedes Herz, den »Studienrat in Uns«, erfreuen müssen : etwa, wer die wirkliche »Undine« war, usw. – alles auf Grund von der Forschung bisher noch nicht berührten Urkunden= und Archivmaterials. (Falls Sie dergleichen nicht in Ihr Programm aufgenommen haben :

sagen Sie mir doch bitte, ob die Frankfurter Hefte noch erscheinen, und wenn ja, geben Sie mir die Anschrift mit).

Die in Aussicht gestellte Buchausgabe wäre mir sicher auch recht; nur müßte ich in menschlich absehbarer Zeit Genaueres erfahren.

Bei dem Wort »Honorar« kann man natürlich nur schwelgerisch lächeln : wenn Sie mir (natürlich die Annahme der »Pocahontas« auf die angegebenen Bedingungen vorausgesetzt) noch dieses Jahr was Namhaftes schicken könnten, wäre es mir ungemein lieb; wir leben seit Januar wieder einmal von 120 Mark monatlich. – Sollte es jedoch Schwierigkeiten machen, oder gar die Sache selbst gefährden, kann ich auch warten.

(Bitte recht vorsichtig mit dem MS der »Pocahontas« : ich habe an einigen Stellen, z.B. S. 63, Zettelchen auf den Rand geklebt, und auch sonst etwa 20 Zeilen verändert; ansonsten ist die Schöne so bezaubernd wie früher : bringen Sie's doch auf einem solchen Zeitungs=Doppelblatt : das kann man dann zusammenfalten, und in den »Faun« dazu legen; der Gedanke gefällt mir zu gut ! Es wäre doch sadistisch, das lange Mädchen zu halbieren ! – Falls Sie schwanken sollten, lesen Sie's noch einmal, in einem Zuge, abends oder die Seiten 62–64 des Kosmas !).

(Persönliches : Material zu einem neuen Kurzroman wäre wieder beisammen. Ich bin aber geistig zur Zeit derartig geknickt – ich fabriziere Zeitungsartikel, für den »Hamburger Anzeiger«; primum vivere – daß ich den Dreck vielleicht auch als großen Kehrichthaufen liegen lasse. : Wenn Sie allerdings jetzt die beiden Sachen nehmen, und – welch Wort – honorieren : dann fange ich doch noch mit der Niederschrift an : welche Verantwortung Sie jetzt tragen ?!) –

Geben Sie mir bitte recht bald Bescheid; auch wenn sich's auf keinen Fall machen läßt, hätte ich, wie schon oben angedeutet, doch allerlei andere leidliche Beiträge zu bieten, die ich Ihnen dann zur Auswahl vorlegen möchte. – Zunächst einmal schönen Dank, daß Sie überhaupt an mich gedacht haben, und

herzlichen Gruß, Ihr : Arno Schmidt.

Und nun fahr zu, Schwager Postillion !

Brief A4, 2 S., M.
enggedrucktes Beiblatt : Der im Bargfelder Archiv erhaltene Entwurf zu diesem Brief hat hier folgende Variante: »Mein Vorschlag : legen Sie doch jedem Heft Ihrer Zeitschrift grundsätzlich ein solches eng gedrucktes Beiblättchen bei, das jedesmal eine oder zwei umfangreiche Erzählungen enthalten könnte ! So könnte sich der Leser nach Belieben die hervorbringende Dichtung vom kritisch=polemischen Teil trennen. (Und Ihre alte Idee von einem »Buchclub« ginge zusätzlich in Erfüllung !). – Natürlich verstehen Sie das Alles weit besser als ich; und ich will Ihnen ja auch nur schmackhaft machen, daß meine armen Sachen als Einheit auftreten müssen; es wäre doch zu jämmerlich, wenn das lange Mädchen halbiert erschiene ! «
Studienrat in Uns : Variante im Entwurf: »Weiterhin habe ich mich entschlossen, die wegen ihres unsinnigen Umfangs doch wohl nirgends unterzubringende Fouqué=Biographie auszuschlachten; da sind Sachen drin, die jedes Herz, den Studienrat in uns Allen, erfreuen müssen : etwa, wer das Urbild der »Undine« eigentlich war, oder dergleichen ! «
Seiten 62–64 : EA S. 66–69, R&P S. 249–252 (Traum vom Felsenweltall).

29. Alfred Andersch an Arno Schmidt

Hamburg-Ohlstedt, 20. 10. 1954

Lieber Herr Schmidt,

vielen Dank für Ihren Brief und die beiden Manuskripte. ›Pocahontas‹ kommt in einem Stück und in edler Schrifttype und Satzanordnung, obgleich Ihr Vorschlag mit der Beilage im Zeitungsformat manches für sich hat. Aber wir haben das momentan noch nicht nötig, sondern werden einstweilen noch repräsentativ-arrogant auftreten; das ist ja das einzige, was den Deutschen imponiert. – Also, wie gesagt: Ihre conditiones sind selbstverständlich angenommen.

Die Zeitschrift wird ›Texte und Zeichen‹ heißen, vierteljährlich herauskommen, 144 Seiten dick sein. Da ich heute abend für eine Woche nach München muß, kann ich dem Verlag (Hermann Luchterhand, Neuwied und Berlin) erst nächste Woche schreiben, was soviel heißt wie: den ›Kosmas‹ hinschicken, auf die ›Pocahontas‹ aufmerksam machen (diese geht im Manuskript-Konvolut der Zeitschrift an die Druckerei in Berlin), und Dampf machen. – Vor ein paar Tagen sagte mir Wolfgang Weyrauch, er sei dabei, Sie und Ledig-Rowohlt wieder zusammen zu bringen. Es wird also vielleicht ein Geriß um Sie entstehen.

Von der Möglichkeit Ihrer ständigen Mitarbeit an der Zeitschrift bin ich elektrisiert! Bitte, schicken Sie mir alles: die Neufassung der ›Berechnungen‹, die Artikel über Archivarisches, das Material aus der ›Wundertüte‹ – ich bin an allem interessiert (na, das ist gar kein Ausdruck!) und werde mich zu allem äußern. Und schicken Sie mir bitte die Dinge mit wendender Post!

Selbstverständlich wird honoriert! Das wäre ja nochmal schöner! Hoffentlich gelingt es mir, das Honorar für ›Pocahontas‹ noch im alten Jahr flüssig zu machen – exakt versprechen kann ich Ihnen das noch nicht. Aber ich werde alles dafür tun.

Mit Dank und herzlichem Gruß, Ihr Alfred Andersch

Brief A4, 1 S., B.

30. Arno Schmidt an Alfred Andersch

Kastel, den 25. 10. 54

Lieber Herr Andersch !

Vielen Dank für Ihr Schreiben; ich resümiere noch einmal, damit keinerlei Mißverständnis auftreten kann :

1.) Sie bringen also gleich im ersten Heft die komplette »Pocahontas«. (Wie wird es eigentlich mit dem Korrekturenlesen ?! : ich möchte doch wenigstens eine davon selbst haben; ehe ein Setzer dahin gebracht werden kann, alle meine whims widerspruchslos, und ohne auf Schritt und Tritt Fehler des Autors »auszubessern«, präzise wiederzugeben, vergeht gewöhnlich einige Zeit. – Also, wenn sich's irgend machen läßt, schicken Sie die Fahnen, oder den Umbruch her; ich lese über Nacht, und Sie haben's 2 Tage später wieder da !). Dann : bringen Sie die Widmung an Bense doch auch mit, evtl. in kleinerer Type auf der Rückseite des Titelblättchens – oder meinen Sie, wir lassen sie weg, für die Buchausgabe ? Aber das können Sie in letzter Instanz selbst entscheiden !
Weiterhin : Ich hoffe, Sie können mir von diesem ersten Heft 10 (zehn) Freiexemplare herschicken ? Abgesehen von den 2 Handexemplaren habe ich eine Anzahl (bürgerlicher) Bekannter, die das Stück sehen müssen : da wirbt es auch gleich für die Zeitschrift selbst weiter.

2.) »Kosmas« : ich sehe noch nicht ganz klar, was mit dem bei Ihnen wird. – Wollen Sie ihn späterhin einmal auch als Vorabdruck in Ihrer Zeitschrift bringen ? Oder haben Sie ihn dem Verlag nur vorgelegt, um ihn zur Buchausgabe anzuregen ? (Ich muß hier ganz klar sehen, denn ansonsten hätte ich eventuell eine andere Möglichkeit zum Vorabdruck : über Dr. Walser hatte mir Prof. Hans Bender anbieten lassen, ein »Schmidt=Sonderheft« zu machen). –
Die Buchausgabe wäre mir – leidliche Bedingungen vorausgesetzt – schon recht. Aber »Leidliche Bedingungen« : das heißt bei mir zunächst : ein Vorschuß ! Ich bin nicht geldgierig; aber Sie wissen ja,

wie ich hier lebe; ich kann buchstäblich meine Versuchsreihen oft halbejahrelang nicht weiterführen, weil ich für dürftigsten Sold die schnödesten Brotarbeiten machen muß ! Das Material für 2 neue »scharfe« Sachen liegt da, und ich komme nicht zur Formung, und werde (die Gefahr besteht !) den Stoffen noch völlig entfremdet, wenn ich nicht im nächsten Jahr leidlich ruhig daran bosseln kann. Das setzt aber wiederum voraus, daß ich 2.000 Mark irgendwie zusammenkratze – das ist ja wohl nicht unverschämt, soviel hat meines Wissens jeder Arbeitslose im Jahr ! –

Aber schreiben Sie dem Verlag bitte, daß er mir bald Bescheid gibt.

3.) Ich lege Ihnen die gültigen »Berechnungen I« bei. (Ich gab die Nummer, weil ich mir die Möglichkeit von Fortsetzungen vorbehalten will); ich hoffe, mein Verfahren wird dadurch ausreichend klar erläutert. Bringen Sie es aber, wenn nur irgend möglich !, dann bestimmt in Nr. 2 Ihrer Zeitschrift ! (Eigentlich gehört es, Sie wissen es wohl noch, zusammen mit »P.« und »K.« in einen Band, und zwischen diese).

4.) Ich lege Ihnen, wie versprochen, 7 Proben kleinerer Essays mit bei :

a) »Undine« : sehr wichtig ! Absolutes literaturgeschichtliches Neuland ! Entdeckung einer neuen »Großen Geliebten« der Weltliteratur !

b) »Pape« : »Hainbund« ist ja auch noch ein Begriff; Pape aber völlig verschollen. Ich habe viel Arbeit, kirchenbücherische, daran gewendet (kenne auch die letzten lebenden Nachkommen des Dichters), und hänge zumal an dem geographischen Lebensraum Papes. Ist also auch wichtig !

c) »Anton Reiser« : als nötiger Hinweis auf den Mann gedacht.

d)–g) : ein Quodlibet. Stoßen Sie sich aber nicht an den Titeln, (ursprünglich für Tageszeitungen gedacht; sind jedoch zu umfangreich geworden, und viel zu »solide«.)

Die Sache über die bekannte »Prinzessin von Ahlden« z.B. beruht auf eifrigem Urkundenstudium im hannoverschen Staatsarchiv, und längerem Aufenthalt an Ort und Stelle.

Es kann natürlich auch sein, daß c)–g) nichts für Sie sind : nehme ich gar nicht übel ! Aber für a) und b) möchte ich submissest gebeten haben; mir liegt auch persönlich viel daran. –

Nun die Kardinalfrage : wann könnten Sie die beiden (a und b) bringen ? Wenns nach mir ginge, zusammen mit den »Berechnungen« im zweiten Heft. Oder aber beide zusammen unter dem Obertitel »Zwei Kurzbiographien« im dritten ?

Geben Sie mir aber auch hier bitte bald Bescheid; ich muß, wie ich schon »andeutete« fürs künftige Jahr Alles zusammenkratzen. Wenn Sie es erst 1956 sollten bringen wollen oder können : schicken Sie mir's bitte gleich wieder her ! Ich kann diese beiden Stücke wahrscheinlich auch anderweitig plazieren – und Sie sollen deswegen nicht schlechter dabei fahren : von der Sorte kann ich noch allerlei machen. – (Die Wundertüte sehe ich demnächst noch weiter durch.)

5.) Nun noch ein merkwürdiges älteres Produkt : »Massenbach kämpft um Europa« : Der M. kam beim Fouqué häufig vor; ich wurde auf ihn aufmerksam; der Stoff fiel reichlich an – und ich, nur um den Materialhaufen loszuwerden, sagte 1947 in ein paar Tagen meiner Frau den ganzen Szenensalat im Auf- und Abgehen in die Maschine an. Der Wert liegt hier völlig im Material, nicht in der Verarbeitung; ich habs nur so hingesprudelt. Nun ist allerdings das Material so ungeheuerlich interessant, gerade heute, in den Tagen des westlichen Europa, daß man auf den Mann durchaus hinweisen müßte. Diese »Historische Revue« ist so präzise gearbeitet, daß Massenbachs Worte und Sentenzen wörtlich aus seinen – sehr rar gewordenen – Büchern entnommen sind; also für die historische Genauigkeit verbürge ich mich !
(Oder kennen Sie's gar schon ? Ich weiß im Augenblick nicht mehr, ob es nur Marek gesehen hat, oder Sie auch ?)
Aber vielleicht können Sie wenigstens 1 oder 2 Szenen daraus abdrucken ? Ich schriebe dann ein kleines, zwanzigzeiliges Biogramm Massenbachs als Vornotiz hinzu. (Nur nehmen Sie nicht die Szene vom »Rheinübergang bei Oppenheim« : die ist schon mal in einer Zeitung abgedruckt worden. Wenn das allerdings nicht stört, können Sie auch die verwenden). Es ist natürlich eine Zumutung für Sie, sich durch den ungelenken, alla prima verfertigten, Dialog hindurchzuwursteln; aber ich wollte Ihnen auch einmal eine Probe meiner früheren Zeitvertreibe geben. –

Zum Schluß : Sehen Sie bitte alles durch, und antworten Sie mir möglichst rasch auf diesen Brief; was Sie auf keinen Fall brauchen werden, wie gesagt sogleich zurück – ich weiß, ich bin brutal; aber ich muß versuchen, zumindest eine der neuen Kleintrilogien schreiben zu können ! – Nehmen Sie mir deshalb bitte mein Drängen nicht übel.

Gruß, Ihr : Arno Schmidt.

Nachschrift : Ein Hinweis noch : Sie sind nun Einer der ganz Wenigen, die überhaupt wissen, daß die weltberühmte »Undine« ein historisches

Urbild hatte. Geben Sie die Sachen deshalb bitte nicht aus der Hand, falls Sie sie nicht bringen können; und überhaupt Niemandem weiter zu lesen. Es ist Stoff und Novitätenwert genug für eine Doktorarbeit! (Nun birgt zwar meine Fouqué-Biographie massenhaft dergleichen, aber ich bin bereits einmal, wenn auch nur in einer Nebensache, von einem federflinken Journalisten um die Priorität einer Entdeckung geprellt worden. Also bitte auf keinen Fall weitergeben!) – Die Stammtafeln sind das Ergebnis mühevollster Kleinarbeit, und müssen in beiden Fällen, da hier ganz neue Familien zum ersten Male literarisch bedeutsam auftauchen, mit gegeben werden. (Außerdem vollenden gerade derartige methodisch=wahnsinnige Züge das Bild des verrückten Schmidt; mit einerseits dem Traum vom Felsenweltall und der roten Skylla in Worcestertunke, und andererseits der Kurvenlehre der »Berechnungen«, nach der das Wasserpärchen seine Hypozykloidenschlingen in seiner Kreiswelt beschreibt – also bringen Sie's bitte mit!) Sch.

Brief A4, 2 S., Postscriptum auf A5, 1 S., M.
Widmung an Bense: 44zeiliges Gedicht für Prof. Max Bense, T&Z 1, S. 9/10.
Undine: ›Undine stammt aus Niedersachsen‹; vgl. Brief Nr. 47.
Pape: ›Der Letzte des Hainbundes: Samuel Christian Pape‹
Anton Reiser: ›Der arme Anton Reiser‹
Prinzessin von Ahlden: ›Die gefangene Königin‹

31. Alfred Andersch an Arno Schmidt

Hamburg-Ohlstedt, 30. 10. 1954

Lieber Herr Schmidt,
Infolge einer fast einwöchigen Reise nach München komme ich erst jetzt dazu, Ihnen für Ihre Manuskripte und Ihren Brief vom 25. 10. zu danken. Ich erwidere diesen Brief wie folgt:

1.) Pocahontas. Ich bringe im ersten Heft die komplette Arbeit. Sie wird in dem rund 150 Seiten umfassenden Heft etwa 1/3 Raum einnehmen. Im gleichen Heft bringe ich außerdem im Anschluß an Pocahontas »Berechnungen I«. Ich hoffe, beide Arbeiten bereits im Laufe der nächsten Woche zum Absetzen nach Berlin schicken zu können, sodaß Sie rechtzeitig Korrekturen vornehmen können. Die Korrekturen erbitte ich an mich zurück, da in diesem Fall, im Gegensatz zu meiner Studio-Frankfurt-Reihe, der Verkehr ausschließlich zwischen Autor und Herausgeber stattfindet. – Zu der neuen Fassung der »Berechnungen« beglückwünsche ich Sie sehr. – Selbstverständlich erhalten Sie 10 Freiexemplare. – Da ich Herrn Prof. Bense gut leiden kann, werde ich versuchen, die Widmung mit hereinzunehmen, obwohl es bei einer Zeitschriften-Veröffentlichung ungewöhnlich ist.

2.) Kosmas. Ich lege Kopie meines heutigen Briefes an den Verlag bei, aus der Sie genau ersehen können, was ich mit Kosmas angefangen habe.
3.) Kleinere Arbeiten. Ich möchte im zweiten Heft, das am 15. April erscheint, »Undine« bringen und behalte das Manuskript aus diesem Grunde hier. Von den übrigen Manuskripten habe ich mir die Titel notiert. Da die Zeitschrift ja nur vierteljährlich erscheint, kann ich mich hinsichtlich dieser Arbeiten, so leid es mir tut, nicht binden. Ich werde sie von Fall zu Fall anfordern, falls sie nicht inzwischen anderswo erschienen sind.
4.) »Massenbach kämpft um Europa« habe ich noch nicht lesen können. Ich bitte darum, es noch mindestens 14 Tage hier behalten zu dürfen, denn ich stecke jetzt natürlich schrecklich in der Arbeit.
5.) Denkbar heftig interessiert bin ich nach wie vor an der »Wundertüte«. Ich wäre Ihnen sehr dankbar, wenn ich das Konvolut so schnell wie möglich bekommen könnte.

Entschuldigen Sie bitte die Dürre dieser Zeilen, aber ich habe mich schon in dem Brief an den Verleger über Sie völlig ausgegeben. Ich hoffe, Sie wissen, wie sehr ich Ihnen verbunden bin.

Mit freundlichen Grüßen   Ihr Alfred Andersch

Brief A4, 1 S., B.
Brief an den Verleger : In dem Durchschlag des Briefes an Eduard Reifferscheid heißt es u. a.: Beigeschlossen übermittle ich Ihnen das Manuskript »Kosmas oder vom Berge des Nordens« des Autors Arno Schmidt, von dem ich im ersten Heft die Erzählung »Seelandschaft mit Pocahontas« bringe. [...]
Ich hielte es für eine grobe Fahrlässigkeit innerhalb meiner Tätigkeit für Sie, wenn ich Sie nicht darauf aufmerksam machen würde (was durch diesen Brief geschieht), daß hier die einmalige Gelegenheit für einen Verleger besteht, einen Autor zu bringen, den ich, wenigstens was seine Bedeutung für eine Erneuerung der deutschen Sprache betrifft, für geradezu einzigartig halte, mag man zu dem, was er mit seiner Sprache ausdrückt, stehen wie man will.
Der Fall Arno Schmidt liegt so:
Rowohlt hat drei Bücher von ihm gebracht, die Schmidt einen großen Namen gemacht haben, die aber nicht eigentlich »gegangen« sind, teilweise, weil sie noch in Vorwährungsreform-Ausstattung erschienen sind, teils aus der bekannten Abneigung des Publikums gegen schmale Erzählungsbände, teils wegen des außerordentlichen Anspruchs, den die Lektüre an den Leser stellt. Die Verbindung zwischen Rowohlt und Arno Schmidt ist dann abgerissen, weil Arno Schmidt den Verlegern, denen er seine Arbeiten anbietet, stets kurzbefristete Termine stellt, d.h. die in schöngeistigen Verlagen übliche schöngeistige Schlamperei einfach nicht mitmacht. Er kann sie auch nicht mitmachen, weil er sich in geschäftlich äußerst bedrängter Lage befindet und aus diesem Grunde jeweils ganz klar sehen muß, ob er in der Lage ist, weiter zu arbeiten oder nicht. Wenn Arno Schmidt schreibt, daß er mit seiner Familie von monatlich DM 120.– lebt, dann stimmt das. Ich persönlich schätze den präzisen Umgangsstil Arno Schmidts sehr und wünschte mir, man könnte mit allen Autoren so exakt verkehren. [...]
Was ich Ihnen empfehlen möchte, ist folgendes: Den Erwerb des Bandes »Die Umsiedler« aus der Liquidationsmasse der Frankfurter Verlagsanstalt, die Hinzunahme der »Seeland-

schaft« und des »Kosmas«, die noch nicht veröffentlicht sind und weiter die Hinzunahme einer neuen Trilogie, an der Herr Schmidt arbeitet und die Zusammenfassung all dieser Arbeiten zu einer umfangreichen, in jeder Hinsicht großen Präsentation dieses Autors. Hand in Hand damit müßte ein finanzielles Arrangement gehen, das Herrn Schmidt für die Monate bis zum Erscheinen dieses Bandes, ein finanzielles Minimum sichert und das ich, bei der Bescheidenheit seiner Ansprüche, für durchaus erfüllbar halte.

32. Alfred Andersch an Arno Schmidt

Hamburg-Ohlstedt, 27. 11. 1954

Lieber Herr Schmidt,

heute möchte ich Ihnen über meine Bemühungen, für Sie einen Verleger zu finden, berichten.

Zunächst: Luchterhand möchte im Augenblick nicht, da sein Verlag erst anläuft und er jetzt nicht mehr riskieren möchte, als er mit der Zeitschrift, mit einer Saint-John Perse-Auswahl und anderen Dingen sowieso schon riskiert hat. Er bleibt aber an Ihnen interessiert, und der Inhaber des Verlages schrieb mir, er wolle sogar einmal zu Ihnen fahren, mit mir zusammen – vielleicht läßt sich das einmal verwirklichen, wenn ich in den Westen komme.

Nun habe ich noch einen Versuch unternommen und Ihr Kosmas-Manuskript dem Claassen-Verlag in Hamburg gegeben. Bitte, lassen Sie mir für die Verhandlung mit diesem Verlag noch 10 Tage Zeit – ich vertrete auch bei Claassen das Projekt eines Bandes, der die ›Umsiedler‹, den ›Alexander‹, die ›Pocahontas‹, den ›Kosmas‹ und eine neu zu schreibende Trilogie, die Ihnen zu finanzieren wäre, enthält – also eine fette Arno Schmidt-Repräsentation.

Heute den ›Massenbach‹ zurück. Eine fast sensationelle Entdeckung, die Sie da gemacht haben – aber in der vorliegenden Form, – wieder aus Rentabilitätsgründen –, kaum druckfähig. Es wäre das Material für einen faszinierend geschriebenen biografischen Essay à la Stefan Zweig (bringen Sie mich nicht um deswegen, ich meine natürlich nur die äußere Form, Länge und allgemeine Anlage) – etwas, was Sie sich angesichts Ihrer stupenden historischen Kenntnisse überhaupt einmal überlegen müßten; nur müßten Sie sich für dieses Genre eine ebenso eigentümliche Form schaffen, wie für Ihre Erzählungen.

Denken Sie doch bitte gelegentlich an die »Wundertüte«! Ich könnte mir denken, daß da allerlei Material für die Zeitschrift drinsteckt. – Die ersten Fahnenkorrekturen der ›Pocahontas‹ erhalten Sie so schnell wie möglich. Ich hoffe auch, daß ich Ihnen das Honorar dafür noch vor Weihnachten loseisen kann.

Herzliche Grüße Ihres Alfred Andersch

Brief A4, 1 S., B.

9. 12. 54

33. *Alfred Andersch an Arno Schmidt*

Lieber Herr Schmidt,

anbei der erste Teil der Korrekturen! Schicken Sie bitte erst zurück, wenn Sie den Rest erhalten haben.

Herzlichst Ihr Alfred Andersch

handschriftlicher Brief A5, 1 S., B.

Hamburg-Wohldorf, 13. 12. 54

34. *Alfred Andersch an Arno Schmidt*

Beigeschlossen übersenden wir Ihnen zwei kurze Vereinbarungen über Ihre Beiträge in No. 1/1. Jahrgang unserer Zeitschrift in dreifacher Ausfertigung. Wir bitten Sie, 2 Exemplare dieser Vereinbarung, mit Ihrer Unterschrift versehen, an die oben angegebene Adresse der Redaktion zurückzusenden.

Mit freundlichen Grüßen!

Andersch TEXTE UND ZEICHEN Redaktion

Bitte, schicken Sie die Verträge mit wendender Post retour. Sie erhalten das Honorar sofort nach Eingang der unterschriebenen Vereinbarungen beim Verlag. Herzlichst Ihr Alfred Andersch

hektographiertes Formular der T&Z-Redaktion, A5, 1 S., maschinenschriftliches Postscriptum, B.
Honorar : Laut Brief des Luchterhand Verlages an Arno Schmidt vom 25. 1. 55 betrug das Honorar für den einmaligen Abdruck von ›Seelandschaft mit Pocahontas‹ und ›Berechnungen I‹ 460 DM.

Hamburg, 22. 12. 54

35. *Alfred Andersch an Arno Schmidt*

Wo bleiben Korrekturen und Verträge Andersch

Telegramm, B.

Hamburg-Ohlstedt, 26. 12. 54

36. *Alfred Andersch an Arno Schmidt*

Lieber Herr Schmidt,

die Fahnen gehen morgen nach Berlin. Die von Ihnen beanstandeten Dinge werden repariert – eigentlich finde ich aber, daß die Sache noch glimpflich abgegangen ist, wenn ich da an die Korrektur des Druckers der Frankfurter Verlagsanstalt denke! Eine wirklich präzise Wiedergabe Ihrer Manuskripte ist sowieso nur in Annäherungswerten erreichbar! Diese möglichst hoch zu halten, werde ich besorgt bleiben.

Das Geld erhalten Sie immediat vom Verlag.

»Irgendein Turiner Verlag« – das ist Einaudi, mein Lieber, der großartigste Verlag in Europa! Lassen Sie sich von denen mal den

Katalog schicken! Ich hatte im Sommer in Zürich mit Dr. Foa, der ihn [den Verlag, nicht den Katalog!] macht, über Sie gesprochen, aber er hatte den Braten auch schon ohne mich gerochen. Congratulazioni!

Ich werde Anfang Januar nocheinmal und endgültig mit Dr. Claassen sprechen. Wenn er noch immer schwankt (er schwankt nämlich), nehme ich ihm das Ms. ab und schicke es Ihnen zurück. In der Zeitschrift bringe ich Ihre Erzählungen in regelmäßigen Abständen. Da es sich dabei um Ungetüme handelt, kann ich nur alle drei, vier Hefte eine bringen. Das darf Sie nicht abhalten, sie anderweitig zu situieren, wenn Sie können, bzw. wenn ich mal gerade nicht kann. Wie ich den »Merkur« und die »Akzente« und die »Neue Rundschau« kenne, werden sie jetzt auch mal einen Arno Schmidt »wagen«, in the long run gehts ja nun nicht mehr anders – daß sich eines Tages die ganze intellektuelle Meute auf Sie stürzen wird, das kann ich nicht verhindern. Und wie ich Herrn Holthusen, den SS-Freiwilligen von 1933, kenne, wird er's dann schon immer gesagt haben. Im Augenblick kann ich nicht auf den ›Kosmas‹ optieren, so leid es mir tut, vielleicht traut sich doch keiner, ihn zu bringen, dann melde ich mich nach einiger Zeit wieder. Für alle Ihre neu entstehenden Sachen bitte ich aber um Priorität des Angebots.

Vor allem aber erbitte ich Ihre polemische, zeitkritische, rezensierende oder auch lobende Mitarbeit an dem Periodicum. Bitte, sehen Sie sich das Blättchen einmal an – vor allem die Marginalien-Spalten, Sie werden dann ahnen, worauf es mir ankommt. Das ist auch der Grund, warum ich immer und immer wieder nach der ›Wundertüte‹ frage.

›Berechnungen I‹ folgen in Kürze. Ich habe die Fahnen selbst noch nicht da – die Leute in Berlin lassen sich Zeit.

Freundliche Grüße zum neuen Jahr! Wenn ich jetzt nicht die Zeitschrift zu machen hätte, würde ich mich schnellstens aus Deutschland absetzen, so muß man noch eine Weile aushalten, bis sie wieder marschieren. Ihr Alfred Andersch

Brief A4, 1 S., B.
Einaudi : 1965 erst erschien in der Übersetzung von Emilio Picco ein Sammelband bei Einaudi mit den Stücken ›Gadir‹, ›Enthymesis‹, ›Alexander‹ und ›Kosmas‹.

37. Alfred Andersch an Arno Schmidt

27. 12. 1954

Hier die »Berechnungen I« mit der Bitte, sie mir mit wendender Post zu retournieren. Ihr Alfred Andersch

handschriftlicher Brief A5, 1 S., B.

Hamburg-Ohlstedt, 2. Februar 1955

38. Alfred Andersch an Arno Schmidt

Lieber Herr Schmidt,

vielen Dank für den Brief gegen Neumann. Ich finde ihn ausgezeichnet und möchte ihn gern bringen. Allerdings kann ich jetzt noch nicht übersehen, in welches Heft ich ihn einschieben kann, da ich im nächsten Heft schon die »Undine« nehme (Ihre Manuskripte haben ja immer eine kapitale Länge!).

Es wäre mir also lieb, wenn Sie mir die Sache einfach einige Zeit überlassen könnten, was Sie hoffentlich nicht abhalten wird, mir weitere Dinge zu schicken, die Ihnen so mit der Zeit unter die Finger kommen. Als Redakteur hat man gern Arbeiten zur Auswahl, zumal die Verfertigung einer Zeitschrift zu einer gewissen Kompositionstechnik führt. Es passen dann sehr oft und überraschend Dinge, bei denen der Autor selbst nicht übersehen kann, wie gut sie passen.

Ich bin sehr gespannt auf Ihre Meinung über das erste Heft von TEXTE UND ZEICHEN. Leider ist der Druckerei eine Panne passiert, indem sie in den »Berechnungen I« das Wort ›nachstehend‹ nicht in das Wort ›umstehend‹ verändert hat, wie ich es angegeben hatte. Dadurch muß der Leser einen Augenblick lang nach der Tabelle suchen. Aus typographischen Gründen war uns der unmittelbare Anschluß der Tabelle an die Textstelle, in der sie erwähnt wird, nicht möglich.

Ihre Meinung zu den übrigen Beiträgen des Heftes wäre mir sehr interessant. Ihr Gesamturteil bitte ich möglichst gnädig zu fassen. Ich mußte diese Zeitschrift ja binnen 6 Wochen aus dem Boden stampfen.

Bei dieser Gelegenheit bitte ich Sie, mir mitzuteilen, ob Sie Lust haben, für das Blatt Bücher zu besprechen. Falls Sie grundsätzlich zustimmen, würde ich mir erlauben, Ihnen dazu Vorschläge zu machen.

Herzliche Grüße Ihres Alfred Andersch

Brief A4, 1 S., B.
Neumann : ›Offener Brief an W. Carl Neumann‹; vgl. Brief Nr. 49.

Hamburg-Ohlstedt, 8. Februar 1955

39. Alfred Andersch an Arno Schmidt

Lieber Herr Schmidt,

Sie haben in der ostpreußischen Dichterin Edith Mikeleitis ungeheure Ideen-Assoziationen ausgelöst und dafür müssen Sie eigentlich büßen.

Ich wäre Ihnen dankbar, wenn Sie den Brief der Dame in irgendeiner Form beantworten würden. Dichter müssen ihre Gemeinde pflegen.

Unabhängig davon muß ich Ihnen sagen, daß Ihre Geschichte kolossal eingeschlagen hat. Es war durchaus richtig, einmal eine Arbeit von Ihnen in einer Zeitschrift zu bringen. Sehr überraschend ist für mich, daß mehrere meiner Freunde und Bekannten beim lauten Vorlesen der POCAHONTAS auf den Geschmack gekommen sind.

Freundliche Grüße Ihres Alfred Andersch

Brief A4, 1 S., B.
Brief der Dame : Weder Brief noch Antwort konnten im Bargfelder Archiv gefunden werden.

40. Alfred Andersch an Arno Schmidt

Hamburg-Ohlstedt, 10. Februar 1955

Lieber Herr Schmidt,

herzlichen Dank für Ihren soeben hier eingegangenen Brief vom 7. 2. Ich wollte Ihnen gerade schreiben, und zwar in folgender Angelegenheit:

Ich bitte Sie sehr herzlich, mich von Ihrer Auflage zu Ihrem UNDINE-Artikel, die gesamte Verwandtschaftstafel der Familie von Breitenbauch publizieren zu müssen, zu entlasten.

Immer wieder, wenn ich Ihr Manuskript zur Hand nehme, stört mich dieser Anhang, der in eine Zeitschrift wie TEXTE UND ZEICHEN eben doch nicht hineingehört. Im Rahmen dieser Zeitschrift ist das, wie Sie selbst seinerzeit geschrieben haben, eine »systematische Verrücktheit«.

Ich glaube Ihrem Aufsatz wird eher ein Dienst erwiesen, wenn wir ihn ohne diese ausschweifende Fußnote drucken. Dabei bewegen mich auch praktische Fragen, denn es würden dadurch erhebliche Satzkosten entstehen. Ich bitte Sie jedenfalls, in dieser Frage zwischen Ihren und meinen Absichten einen Kompromiß zuzulassen.

Dazu, daß Bense jetzt auch eine Zeitschrift macht, muß ich Ihnen gratulieren, lieber Herr Schmidt. Ich freue mich jedenfalls sehr, daß der KOSMAS nun auch gedruckt wird. Wenn ich noch daran denke, wie sehr Sie im Prinzip gegen Zeitschriftenveröffentlichungen waren – und nun erfolgt wahrscheinlich gerade von den Zeitschriften her Ihre Durchsetzung!

Ich habe mich aber vor Thomas Mann nicht verbeugt, sondern ich halte ihn wirklich für den bedeutendsten Künstler des Westens in deutscher Sprache. In dieser Frage bin ich so kompromißlos wie Sie es in allen Fragen zu sein pflegen. Was ein »anaërober Bursche« ist, weiß ich nicht und ich bitte Sie auch nicht, es mir zu erklären; ich bin gegenüber Beleidigungen Thomas Mann nun einmal hochempfindlich und schlage deshalb vor, das Thema zwischen uns nicht zu berühren. Sie werden überhaupt gemerkt haben, daß ich in meinen Briefen an Sie grundsätzlichen Fragen ausgewichen bin; bei meinem akuten Zeitmangel ist das einfach eine Frage der schriftstellerischen Sauberkeit. Im Grunde warte ich seit Jahren auf eine persönliche Begegnung mit Ihnen, die es mir erlauben würde, Ihnen einige solcher Fragen zu stellen, die mich beim Lesen Ihrer Schriften und beim Schreiben der meinigen bewegen.

Inzwischen kann ich nichts tun als Ihnen von Zeit zu Zeit salutieren.

Herzlichst verbleibe ich Ihr Alfred Andersch

PS. Bitte schicken Sie mir doch die Adresse von Alfred Döblin.

Brief A4, 2 S., B.
systematische Verrücktheit : Vgl. Brief Nr. 30.
Bense Zeitschrift : Im Agis Verlag (Krefeld – Baden-Baden) gab Max Bense 1955 bis 1957 die Zeitschrift ›Augenblick‹ heraus; ›Kosmas‹ erschien im März 1955 als ›Augenblick-Supplementband 1‹.
Thomas Mann : Vgl. Anderschs Aufsatz ›Mit den Augen des Westens (Thomas Mann als Politiker)‹, T&Z 1, S. 85–100.

41. Arno Schmidt an Alfred Andersch

Kastel, den 10. 2. 55

Lieber Herr Andersch !

Anbei ein neuer – ja, Essay ist ein zu dickes Wort für solchen Husarenritt. Da der Aufsatz, wenn Sie es recht bedenken, eben Ihr neues Unternehmen aufs höchste feiert, und sozusagen historisch rechtfertigt, würde ich vorschlagen, ihn möglichst schnell zu lanzieren. Sollten Sie ihn nicht rasch bringen können; oder der lockeren Form wegen (oder weil Sie die darin aufgestellten Behauptungen für allzuverwegen halten) für ungeeignet ansehen, geben Sie ihn bitte wieder rasch her, damit ich ihn sogleich anderswo zu lanzieren versuchen kann : es kommt ja uns Beiden propagandistisch zugute ! –

Eine Frage noch, die Sie, in Hamburg wohnhaft, sicher klären können : aus einem Heftchen von 1952 ersehe ich, daß damals monatlich »Hamburger Hefte« erschienen (damalige Anschrift: Hamburg 13, Mittelweg 33) : könnten Sie feststellen, ob die noch erscheinen, und Honorar zahlen ? Ich hätte (als geborener Hamburger, und fleißiger Benutzer der Urkundenbestände des dortigen Staatsarchivs) einige leckere Hamburgensien für ein solches Spezialunternehmen. – Denken Sie doch bitte daran, und geben Sie Bescheid,

Ihrem Arno Schmidt.

Brief A5, 1 S., M.
neuer Essay : ›Die aussterbende Erzählung‹

42. Alfred Andersch an Arno Schmidt

Hamburg, 16. Februar 1955

Lieber Herr Schmidt,

vielen Dank für Ihre rasche Antwort. Die genealogische Tabelle zur UNDINE vernichte ich nicht, sondern reiche sie Ihnen anbei zurück. –

Döblin bekommt ein Heft. – Mit gleicher Post als Drucksache schicke ich Ihnen einige Prospekte der Zeitschrift. – Es wäre mir sehr lieb, wenn Sie Kreuder sagten, daß es mich freuen würde, von ihm etwas vorgelegt zu bekommen. Ich möchte aber die Möglichkeit haben, es ablehnen zu können. Kreuder hat jahrelang einen gehässigen Kampf gegen die Realisten geführt, oder das, was er für Realismus hält. Jetzt scheint er selbst entdeckt zu haben, daß er damit, ohne es zu wollen, die Geschäfte der Reaktion besorgt hat. Das ist mein Einwand gegen ihn. Auch in seinem kurzen, begeisterten Hinweis auf Sie, den ich immer noch bei mir habe, begrüßt er Sie als Anti-Realisten – ein groteskes Mißverständnis. Das ist mein sachlicher Einwand gegen ihn, der mich nicht abhält, ihn als Künstler sehr zu schätzen. – Das Ms. des KOSMAS müßte eigentlich schon wieder bei Ihnen sein.

Vor einigen Tagen hatte ich eine Unterredung mit Heinz Ledig-Rowohlt, bei der das Gespräch auch auf Sie kam. Ich hatte den Eindruck, daß er nicht abgeneigt wäre, das Kriegsbeil zwischen Ihnen und seinem Verlag zu begraben, vorausgesetzt daß Sie ihm einige Zugeständnisse machen, d.h. dem Verlag die Möglichkeit geben, Ihre Manuskripte in normaler Frist zu beurteilen und Briefe nicht unbedingt binnen 24 Stunden beantworten zu müssen. Auf die Gefahr hin, mir den Undank beider Contrahenten zuzuziehen, möchte ich mich bereit erklären, zum Träger einer Verständigung zwischen Ihnen und Rowohlt zu werden. Mich leitet dabei nur der Gedanke, Ihnen wieder eine Veröffentlichungsmöglichkeit zu verschaffen, wobei ich die Erfahrung in Betracht ziehe, die ich machen mußte, daß Rowohlt (wenn man von der inzwischen verkrachten Frankfurter Verlagsanstalt absieht) der einzige Verlag ist, der das Wagnis unternommen hat und im Prinzip bereit ist, es weiter zu wagen.

Herzliche Grüße Ihres Alfred Andersch

Brief A4, 1 S., auf Papier der Redaktion T&Z, B.
Undine : Vgl. Anmerkung zum Brief Nr. 47.

43. Arno Schmidt an Alfred Andersch

L. H. A. !

Dank für Ihre letzte Sendung; auch das MS des »K« ist von Claassen wieder hierhergegeben worden. –

Ihre Ausführungen betr. Ernst Kreuder treffen genau ins Schwarze : das war auch der Kardinalpunkt unserer Auseinandersetzungen während seines Besuches. Ich werde ihm aber mit Ihrer Erlaubnis raten, einen Beitrag zur Prüfung Ihnen vorzulegen.

Daß Sie mit Herrn Ledig über mich gesprochen haben, ist dankenswert; allerdings liegen die Dinge nicht ganz so harmlos=niedlich zwischen ihm und mir, wie sie dort scheinbar dargestellt werden. Der eigentliche Grund ist vielmehr, daß – ich muß es jetzt zu Ihrer Aufklärung, und zur historischen Richtigstellung des Falles kurz belegen – daß man in Hamburg meine Bücher stets abgelehnt hat !

Hier die Belege :

1.) Beim »Leviathan« waren die Lektorenurteile zwiespältig; man entschloß sich zögernd; als ich, Unschuld vom Lande, erwähnte, daß ich damit vielleicht einen Literaturpreis gewinnen könnte, lächelte man amüsiert. – Ein Jahr danach beschied man mich, ob und wann ein neues Buch von mir erscheinen könnte, wisse man noch nicht.

2.) Im Oktober 1950 rief man mich urplötzlich nach Hamburg : das erste, was ich auf Ledigs Schreibtisch sah, war Herrn Weyrauchs Lektorenurteil über »Brands Haide« : abgelehnt ! – Dennoch schloß Ledig den neuen Vertrag (500 Mark »warf« er aus, wie auch für den Leviathan; ich Narr schwamm in Seligkeit) : 5 Tage später beglückwünschte er mich telegrafisch zum Mainzer Literaturpreis ! : Er hatte es längst gewußt; denn wie ich längst vermutete und Kreuder mir erst hier bestätigte, hatte dieser ihn bereits viele Wochen vorher davon benachrichtigt. Darum also.

3.) Ich sandte anschließend »Schwarze Spiegel« ein : man schrieb mir, unter der Tripelallianz Marek, Ledig, Weyrauch, einstimmig : die Geschichte habe keinen Schluß (sic!) und zwar so, daß das ihre Veröffentlichung in Frage stelle ! Ich verlangte sofort das MS zurück : darauf kam mit Eilbrief die Annahme.

4.) Ich sandte die »Umsiedler« ein. Man lehnte glatt ab : »weniger gelungen«; »wir müssen von einer Veröffentlichung abraten«, und riet mir endlich rund heraus, doch endlich einmal etwas Neues zu schreiben. Besonders zeichnete sich Herr Marek, ein bekannter Kompilator, aus, der mich unverschämt ins Gesicht den Schmidt nannte, »der einst den Leviathan schrieb«. Daraufhin brach ich die Korrespondenz ab; Sie wissen ja, wer das Buch dann brachte !

5.) Nach diesem ersten derben Schuß vor den Bug, rief mich Ledig nach Hamburg, und erklärte sich bereit, das nächste Buch zu bringen, und dafür 1000 Mark zu zahlen. Ich mußte es vertragsgemäß zunächst der Frankfurter anbieten; als diese es dann abgelehnt hatten, erhielt es Rowohlt; er war diesmal gewitzigt und reizte mich nur wenig – und es ist ja schließlich auch nicht das schlechteste Buch, was in seinem Verlag erschien. Bei diesem Aufenthalt erfuhr ich die alles illustrierende Tatsache meiner dortigen Wertschätzung : Rowohlt (senior) war im (damals) vergangenen Sommer 4 Stunden in Kastel gewesen, einem Ort von 450 Einwohnern, in dem zufällig auch sein Autor mit Frau wohnt : und er hatte es nicht für nötig befunden, auch nur shake-hands zu machen ! Sogar mein Buchhändler im benachbarten Saarburg war besucht worden, und erzählte mir spöttisch davon ! –

6.) Die »Seelandschaft« nahm er an; verschob allerdings zweimal unnötig ihr Erscheinen; das letzte Mal gar um ein halbes Jahr; worauf ich sie ihm wieder abnahm.

7.) Den »Kosmas«, den ich ihm zuletzt vorlegte, lehnte er wieder glatt ab; das Buch hatte wieder »einen überaus zwiespältigen Eindruck« gemacht – und außerdem mokierte er sich darüber, daß ich es erst wiederum der Frankfurter vorgelegt hatte : wozu ich ja vertraglich verpflichtet war ! : An diesem Vertrage aber trug ja niemand anders als er die Schuld, durch seine strikte und schnöde Ablehnung der »Umsiedler« !

– – – – –

Entschuldigen Sie bitte, daß ich Sie mit diesen stänkerischen Einzelheiten belästigt habe, aber ich war es mir selbst schuldig, den Vorwurf, ich hätte lediglich wie ein verzogenes Bübchen wegen verspäteter Post geschmollt, zu berichtigen (Was meine Ungeduld bei Briefen anbelangt, ist das so : ich werde wild, wenn man mir versprach : »In 3 Wochen erhalten Sie Bescheid« – und ich habe dann nach 6en noch nichts ! Während ich lammfromm und geduldig geblieben wäre, hätte man mir von Anfang an »6 Wochen« gesagt : so ist das !).

Wahrscheinlich ändert sich jetzt auch bei Ihnen die Vorstellung vom Großen Rowohlt, dem Förderer und Entdecker, dem verständnisvollen Beurteiler kühner literarischer Experimente etwas : wer mich ständig abgelehnt hat, und mir für 3 bei ihm erschienene Bücher so viel zahlte, wie Sie mir für eines, quantitativ viel dünneres, gaben : sollte ich zu dem »Vertrauen« haben oder mich »betreut« fühlen ?! –

Verstehen Sie mich völlig recht : ich habe nunmehr einige Erfahrungen mit Verlegern gesammelt, und bin im Geschäftsverkehr nicht mehr der reine Tor von vor 10 Jahren ! Wenn Rowohlt wieder ein Buch von mir bringen will – : ich bin im Augenblick frei, und für Geld durchaus zu haben.

Wenn er inzwischen gelernt hat, seinen Lektorenurteilen im Falle Schmidt zu mißtrauen; und mir Platitüden erspart, wie damals, als er dröhnend Cerams »Götter, Gräber usw« schwenkte und mir mitleidig riet : »Hier: sowas müssen Se ma schreim ! « : da kamen ich und er mir so albern vor ! Wenn er also geneigt sein sollte, was Namhaftes dran zu wenden – warum nicht; aber es eilt : heute, mit Ihrem Brief zusammen, habe ich eine sehr ehrenvolle Aufforderung von Hans Henny Jahnn erhalten, an einer neuen literarischen Reihe der Mainzer Akademie mitzuarbeiten : der »Sammler« liegt fertig in der Schublade, ich brauche ihn nur einzupacken. – – – – –

Noch einmal : vergeben Sie mir die Beanspruchung Ihrer Zeit; aber Sie hatten sich einmal mit der Sache befaßt, und durften nicht nur durch die Brille der Biberstraßenleute sehen. –
(Den neuen Artikel werden Sie ja unterdessen erhalten haben !)

Dank und Gruß, Ihr :

Briefentwurf A4, 2 S., B.
Claassen : Der Claassen Verlag hatte das von Alfred Andersch eingereichte Manuskript des ›Kosmas‹ am 14. 2. 55 an Arno Schmidt zurückgesandt.
Mainzer Literaturpreis : Am 14. 1. 55 war Arno Schmidt und vier weiteren Autoren je ein Fünftel des mit 10.000 DM dotierten (nur einmal vergebenen) Literaturpreises der Mainzer Akademie der Wissenschaften und der Literatur übergeben worden. Schmidt erhielt die Auszeichnung für ›Leviathan‹.
5.) nächstes Buch : ›Aus dem Leben eines Fauns‹, erschienen im August 1953.
Aufforderung von Jahnn : Laut einem Brief Jahnns an Schmidt vom 12. 2. 55 wollte die Literatur-Klasse der Mainzer Akademie eine »Neue Reihe« herausgeben, die »wesentliche Arbeiten lebender Autoren« ohne Rücksichten auf Publikumserfolge bringen sollte.
der Sammler : Arbeitstitel des ersten Teils von ›Das steinerne Herz‹; vgl. Brief Nr. 45.
Biberstraßenleute : Vom November 1952 an war der Sitz des Rowohlt Verlages Biberstraße 14 in Hamburg 13.

44. Alfred Andersch an Arno Schmidt

Hamburg, 25. Februar 1955

Lieber Herr Schmidt,

vielen herzlichen Dank für Ihr neues Manuskript über den Tod der Erzählung, das fulminant geschrieben ist, und mit dem Sie gerade mir aus dem Herzen sprechen. Ich akzeptiere es für TuZ selbstverständlich mit Freuden. Es wird spätestens in der dritten Nummer kommen. Vermutlich wird es aber schon in der zweiten Nummer stehen.

Einige christliche Buchhändler im Rheinland sind über die POCAHONTAS aus dem Häuschen geraten. Die Seite 11 vor allem hat es ihnen angetan. Sie scheuen sich auch gar nicht vor netten kleinen Boykott-Drohungen. Mein Verleger wollte, daß ich ihnen Arno Schmidt erkläre; das habe ich abgelehnt und ihm stattdessen den Entwurf eines klotzigen Drohbriefes geschickt. Dies nur zu Ihrer Information, damit Sie nicht denken, Ihre Geschichte bliebe ganz ohne Wirkung.

In ein paar Zeitungen haben auch ein paar Nazis entsprechend reagiert. Es gibt aber auch sehr gute und kluge Stimmen in den Gazetten und in Briefen an mich.

Genauso, wie Sie mir schreiben, habe ich mir die Angelegenheit ›Rowohlt‹ vorgestellt. Ich glaube Ihnen jedes Wort. Die Situation bei Rowohlt hat sich, soweit mein Einblick reicht, insofern verändert, als Heinz Ledig inzwischen nahezu Alleinherrscher geworden ist. »Väterchen« sitzt im Allgäu und ist schwer krank und Marek ist für Jahre nach Amerika entschwunden. Ich bitte Sie nun, sich zu überlegen, ob Sie mir nicht einen 10-Zeilen Brief schreiben wollen, den ich Ledig zeigen kann, damit das Gespräch zwischen Ihnen und ihm in Gang kommt.

Kann man übrigens den SAMMLER nicht schon lesen? Ich sichere Ihnen schnellste Rücksendung zu.

Was die Mainzer Akademie betrifft, das ist natürlich ehrenvoll, aber die Leute haben, soviel ich weiß, überhaupt kein Geld.

Hans Henny Jahnn: Ich schätze ihn sehr und halte ihn für einen großen Mann, aber seine Prosa geht in vielen Passagen von »Perrudja« leider von der Größe in den puren Krampf über. Und der »Neue Lübecker Totentanz« ist einfach indiskutabel. Das »Holzschiff« ist allerdings ein Meisterwerk. Doch damit komme ich schon wieder auf ein Thema, das besser aufs Mündliche zu verschieben ist.

Herzliche Grüße Ihres Alfred Andersch

Brief A4, 2 S., auf Papier der Redaktion T&Z, B.
Seite 11 : Der Beginn der Erzählung; R&P S. 9/10.

45. Arno Schmidt an Alfred Andersch

Kastel, den 1. 3. 1955

Lieber Herr Andersch !

Dank für Ihren Brief; ich freue mich, daß Sie die »Aussterbende Erzählung« bringen wollen, und noch mehr, daß die vorgetragenen Thesen mit Ihren Ansichten übereinstimmen.

Daß Christen und Nazis, also Thron & Altar, auf die »Seelandschaft« schimpfen, habe ich nicht anders erwartet : da müßte ich auch merkwürdiges Zeug geschrieben haben, um aus der Ecke Applaus zu erhalten ! –

Der angedrohte Boykott dagegen ist geschäftlich durchaus ernst zu nehmen. Wenn sich in den nächsten Monaten laut Bundestagsbeschluß programmäßig erst wieder »die Germanen erheben«, (und »der Erdball erbeben« wird, wie der stolze Kriegsreim lautete), sehe ich mit höllischem Amüsement dem Schlimmsten entgegen. (In Irland müßte sichs recht smaragdgrün=neutral leben und lästern lassen : wenn die Bundesregierung nur einen Funken Menschenverstand hätte, würde sie uns einen Freifahrschein hinüber schenken – das wäre doch noch ein Gedanke ! I will arise and go now....).

Ich habe noch ein paar Dutzend ganz billiger literarhistorischer Quodlibets für Tageszeitungen (nichts für Sie; sondern wirklich schlechteste Tagelöhnerarbeit !) : könnten Sie mir etwa die Anschriften einiger solcher Redaktionen angeben, von denen Sie positiv wissen, daß man mir dort wohl will (oder besser, nicht allzu übel) ? – Mit der »Hannoverschen Presse« habe ich glücklich Kontakt bekommen; brauche aber natürlich mehrere solche Stellen. –

Zuerst dachte ich auch, daß die Mainzer Akademie kein Geld hätte; inzwischen hat mich aber Kreuder belehrt, daß sie jetzt offiziell in den Landesetat von Rheinland=Pfalz aufgenommen ist, und allein die literarische Sektion über 40.000 Mark verfügt. Auch Jahnn bestätigte mir, daß für die neuen Hefte »normales Autorenhonorar« gezahlt werden soll; umsomehr, als sich dabei ein großer deutscher Verlag aktivst beteiligt – lachen Sie mit mir : es ist Rowohlt, Hamburg !! Jetzt kann also die groteske Situation eintreten, daß mich R. zwar nicht mehr in seinem Verlag dulden will (wie sollte auch einem Schmidt nachtrauern, wer Slezak und Bronnen hat ?!) – sein überflüssiges Geld mir aber hinten herum doch vielleicht wieder zufließt, seine Vertriebsorganisation mich doch wieder ächzend verteilen muß ?! – (Die gewünschten »zehn neutralen Zeilen« lege ich getrennt mit bei : Sie dürfen Ledig=Rowohlt getrost das ganze Blatt vorlegen. – Ich komme mir vor, wie der Kater Murr, bei dem man ja auch die offizielle Vorrede von der »unterdrückten« unterscheiden muß; achkinnerdewelt !). – Den »Sammler« lege ich Ihnen mit bei – zögernd; denn es ist ja nur das erste Drittel des neuen Kurzromans (der zur Zeit den Arbeitstitel »Das steinerne Herz« führt; Teil II heißt etwa »Ozon=Line« und spielt in Ostberlin, wo ich im vergangenen Jahr einige Zeit gewesen bin). Urteilen Sie also (Sie sind wieder der Erste, der das MS überhaupt sieht) bitte noch nachsichtig; das Ganze wirkt dann weit gewichtiger als diese Exposition !

(Allerdings bin ich wieder in der unseligen Lage, daß die Niederschrift dieses zweiten Teils nur durch den Vorabdruck des ersten finanziert werden kann ! Wenn ich doch nur einmal 2 oder 3 Jahre in aller Ruhe auf 1 Buch wenden könnte; noch vermöchte ich etwas Lesenswertes zusammen zu bringen ! Aber so liegt halt immer der Knüttel beim Hunde; – nun, das Leben wird auch so vergehen.) –

Herzliche Grüße, Ihr : Arno Schmidt.

Brief A4, 1 S., M.

Bundestagsbeschluß : Mit der Ratifizierung der Pariser Verträge durch den Bundestag am 27. 2. 55 und den darauf folgenden Grundgesetzänderungen nahmen die Pläne zur Wiederbewaffnung der BRD immer konkretere Züge an, bis am 7. 7. 56 eine Zweidrittel-Mehrheit des Bundestages die Einführung der allgemeinen Wehrpflicht beschloß.

Irland : Zu Schmidts Auswanderungsplänen nach Irland vgl. Brief Nr. 113.
Zuerst dachte ich auch : Dieser Absatz ist von Arno Schmidt am linken Rand durch eine geschweifte Klammer und den handschriftlichen Zusatz »vertraulich ! « markiert worden.
Ostberlin : Schmidts waren laut Tagebuch von Alice Schmidt vom 28.7. bis 6.8.54 bei ihrer Mutter in Ostberlin.

46. Arno Schmidt an Alfred Andersch

Kastel, den 1.3.1955

Lieber Herr Andersch !
Dank für Ihren Brief; ich freue mich, daß Sie die »Aussterbende Erzählung« bringen wollen, und noch mehr, daß die vorgetragenen Thesen mit Ihren Ansichten übereinstimmen. –

Den »Sammler« lege ich Ihnen zur kurzen Kenntnisnahme mit bei – zögernd zwar; denn es ist ja erst der 1. Teil des neuen Kurzromans (der den endgültigen Titel »Das steinerne Herz« führen wird; der zweite Teil heißt wahrscheinlich »Ozon=Line«, und spielt in Ostberlin, wo ich im vergangenen Jahr einige Wochen war.) – Sie sind der Erste, der das MS sieht; urteilen Sie bitte noch nachsichtig : das Ganze wird weit gewichtiger, als diese Exposition ! – (Der »Sammler« wird vielleicht in einer Reihe der Mainzer Akademie erscheinen). –

Ihrer Anregung, eine klärende Aussprache mit Herrn Ledig=Rowohlt herbeizuführen, stehe ich unschlüssig gegenüber. Ich würde mich ungern noch einmal solchen Ablehnungsserien aussetzen, wie ich sie von dort erfuhr; ich meine immer : so gut wie Slezak oder Bronnen waren die »Umsiedler« oder »Kosmas« doch wohl auch ! Die von Ihnen erwähnten personellen Veränderungen könnten – vielleicht ?? – das Vorzeichen zu einer zweiten besseren Periode der Zusammenarbeit abgeben; aber ich bin doch sehr skeptisch geworden. Natürlich habe ich, das muß und will ich Ihnen zugeben, Herrn Ledig=Rowohlt erst dreimal, und im Ganzen höchstens 6 Stunden lang, gesprochen, und kann schon deshalb nicht über seine wirkliche Einstellung mir gegenüber abschließend urteilen; aber...........

Eine ganz offene Frage an Sie, Herr Andersch : sind Sie ganz restlos davon überzeugt, daß man mich in der Biberstraße schätzt ?! – Ich zumindest bedürfte erst überzeugender Beweise ! (Da sich bei Kaufleuten die Schätzung eines Menschen nur in Geld ausdrücken läßt, müßten es bei »Königlichen Kaufleuten« freilich königliche Beträge sein : Hic Rhodus ! – – Ein Scherz, für den in diesem grausigen Leben ja kein Platz zu viel sein kann). –

Vom »Kosmas«, der Ende dieses Monats erscheinen wird, erhalten Sie selbstverständlich ein Exemplar; cela va sans dire ! –

Herzliche Grüße, Ihr Arno Schmidt.

Brief A4, 1 S., M.

1. 3. 1955

47\. *Alfred Andersch an Arno Schmidt*

Lieber Herr Schmidt,
hierfür bitt' ich Sie um rasches Korrekturlesen und Rücksendung an mich!

Gleich am Anfang müssen Sie doch noch irgendetwas machen. Dieses »...aus der Oper« usw. versteht kein Mensch, wenn Sie nicht dazu setzen: »tönt's aus dem Radio« oder etwas ähnliches. Innerhalb einer Ihrer Erzählungen müssen Sie das von Ihren Lesern verlangen können, nicht aber im ansonsten rein deskriptiven Aufsatz.

Dabei weiß ich noch nicht einmal, ob ich die Arbeit noch ins Heft 2 hereinbekomme! Aber ich werde alles dafür tun.

Ihr Alfred Andersch

Brief A5, 1 S., B.
Arbeit in Heft 2: Arno Schmidts Aufsatz ›Undine stammt aus Niedersachsen‹ – (um den es sich hier handelt) – ist nie in ›Texte und Zeichen‹ erschienen. Er wurde am 1. 12. 56 von der ›Hannoverschen Presse‹ veröffentlicht – ohne Alfred Anderschs Änderungsvorschlag, aber auch ohne die in den Briefen Nr. 30, 40 u. 42 erwähnte genealogische Tabelle.

Hamburg, 9. März 1955

48\. *Alfred Andersch an Arno Schmidt*

Lieber Herr Schmidt,
vielen Dank für Ihren Brief vom 1. 3. Das beigefügte Schreiben gebe ich bei der nächsten Gelegenheit Herrn Ledig.

Bevor ich im einzelnen auf Ihren Brief antworte, muß ich Ihnen sagen, daß DER SAMMLER Ihrem Brief nicht beilag. Ich vermute, daß er getrennt kommt.

Herzliche Grüße Ihr Alfred Andersch

Brief A4, 1 S., auf Papier der Redaktion T&Z, diktiert, B.

Hamburg, 21. März 1955

49\. *Alfred Andersch an Arno Schmidt*

Lieber Herr Schmidt,
heute muß ich etwas mir und Ihnen recht Unangenehmes tun, Ihnen nämlich Ihren ›Brief an Neumann‹ zurückgeben, weil ich vorläufig doch nicht dazu komme, ihn in TuZ zu bringen. Er ist im Verhältnis zu seinem Gegenstand zu lang. Ich kann nicht in der Zeitschrift 12–15 Seiten für die Polemik mit einem fast schon vergessenen Übersetzer opfern in einer Zeit, in der sich viel dringendere, aktuelle, polemische Themen stellen. Nehmen Sie mir das bitte nicht übel.

Ich verbleibe mit den besten Grüßen Ihr Alfred Andersch

Brief A4, 1 S., auf Papier der Redaktion T&Z, diktiert, B.
Brief an Neumann: Einer der fiktiven Briefe aus Arno Schmidts ›Wundertüte‹ (vgl. Brief Nr. 3), erschienen als ›Offener Brief an W. Carl Neumann‹ im ›Augenblick‹ 4, 1. Jg.

Hamburg-Wohldorf, 25. 3. 1955

Beigeschlossen übersenden wir Ihnen eine kurze Vereinbarung über Ihren Beitrag in No. 2/1955 unserer Zeitschrift in dreifacher Ausfertigung. Wir bitten Sie, 2 Exemplare dieser Vereinbarung, mit Ihrer Unterschrift versehen, an die oben angegebene Adresse der Redaktion zurückzusenden.

50. Alfred Andersch an Arno Schmidt

Mit freundlichen Grüßen!

Andersch TEXTE UND ZEICHEN Redaktion

hektographiertes Formular der Redaktion T&Z, A5, 1 S., B.
Ihr Beitrag : ›Die aussterbende Erzählung‹; vereinbart wurde ein Honorar von 50 DM.

18. 4. 1955

Lieber Herr Schmidt,

ich verreise heute für 14 Tage und bin Anfang Mai wieder hier. Ich wäre natürlich glücklich, wenn ich dann (etwa zum 5. Mai) Ihr Manuskript lesen dürfte. Dieser Umfang (250 Seiten) ist sehr günstig! Nach meiner Rückkehr schicke ich Ihnen auch mal eine geschlossene Dokumentation über die Reaktion auf »Pocahontas«. Es ist unglaublich, wie sich der faschistische Flügel des Katholizismus daran entlarvt hat! Für mich persönlich eine geradezu unschätzbare Erfahrung! Sehr herzlich

51. Alfred Andersch an Arno Schmidt

Ihr Alfred Andersch.

handschriftliche Postkarte, B.

Hamburg, 7. 5. 55

Lieber Herr Schmidt,

ich übersiedle in der nächsten Woche nach Stuttgart, wo ich eine für mich recht interessante redaktionelle Arbeit am dortigen Sender übernehme. (Meine Briefanschrift bleibt bis auf weiteres die hamburger.)

52. Alfred Andersch an Arno Schmidt

Ich möchte Ihr Manuskript so schnell wie möglich lesen, doch möchte ich es von meiner sonstigen Post getrennt behandeln. Ich werde Ihnen also sofort von Stuttgart aus schreiben und Sie bitten, es mir direkt dorthin zu schicken. Selbstverständlich sichere ich Ihnen schnellste Lektüre zu.

Auf meiner Reise habe ich Suhrkamp, Frankfurt und Schifferli, Zürich gefragt, ob sie an Ihnen als Autor interessiert wären. In beiden Fällen ein glattes Nein. Es ist furchtbar. Ich bin darüber vielleicht deprimierter als Sie. Aber wir müssen es schaffen – Sie müssen einen halbwegs anständigen Verleger finden.

Ich notiere bei mir, daß Sie es mir wenigstens nicht direkt übel nehmen, daß ich die »Undine« noch nicht gebracht habe. Ihre Meinung über das zweite Heft würde mich sehr interessieren.

Von Stuttgart aus werde ich hoffentlich einmal mit Ihnen persönlich Kontakt aufnehmen können. Daran wäre mir sehr gelegen.

Herzlichst Ihr Alfred Andersch

Brief A4, 1 S., auf Papier der Redaktion T&Z, B.
redaktionelle Arbeit : Vom Juni 1955 bis zum Dezember 1958 war Alfred Andersch freiberuflicher Leiter der Redaktion ›Radio-Essay‹ am Süddeutschen Rundfunk Stuttgart.

53. Alfred Andersch an Arno Schmidt

Stuttgart, den 2. Juni 1955

Lieber Herr Schmidt,

ich habe meinen Termin nun doch nicht so einhalten können, wie ich es beabsichtigte, sondern kann Ihnen erst heute schreiben und Sie bitten, Ihr Manuskript an die oben angegebene Adresse zu schicken.

Leider habe ich noch keine feste Wohnung gefunden und muß daher noch eine Zeitlang improvisieren. Übrigens sagte mir Professor Bense, er habe schon Ihr Manuskript. Ich kann es also auch von ihm anfordern, doch müssen Sie mich dazu autorisieren.

Bei dieser Gelegenheit möchte ich Ihnen mitteilen, daß bei der Berliner Staatsanwaltschaft (Gerichtsstand für »Texte und Zeichen« ist Berlin) eine Anzeige gegen »Texte und Zeichen«/Arno Schmidt wegen Verletzung religiöser und sonstiger Empfindungen durch »Seelandschaft mit Pocahontas« eingegangen ist. Die Berliner Staatsanwaltschaft prüft gegenwärtig, ob eine Anklageerhebung möglich ist, und vernimmt zu diesem Zweck zunächst am 10. Juni den Verleger. Im Falle eines Prozesses werden natürlich Sie und ich die Verantwortlichen sein – ins Gefängnis muß wahrscheinlich ich gehen. Dies nur zu Ihrer Information. Sollte der Berliner Generalstaatsanwalt die Anklage erheben, so muß zunächst eine Besprechung zwischen Ihnen, dem Verleger und mir stattfinden, die der Verleger arrangieren wird. Glücklicherweise ist der Verleger von »Texte und Zeichen« ein ganz ungewöhnlich mutiger, charakterfester und origineller Mann.

Herzliche Grüße Ihres Alfred Andersch

Brief A4, 1 S., auf Papier der Redaktion T&Z, B.
Anzeige : Gegen Eduard Reifferscheid als Verleger, Alfred Andersch als Herausgeber und Arno Schmidt als Autor von ›Seelandschaft mit Pocahontas‹ war am 6. 4. 55 von einem Kölner Rechtsanwalt beim Oberstaatsanwalt am Landgericht Berlin Anzeige erstattet worden wegen Verstoß gegen § 166 StGB (Gotteslästerung) und § 184 StGB (Verbreitung unzüchtiger Schriften). Von einem zweiten Kölner Anwalt war am 18. 4. eine weitere

Anzeige gegen Reifferscheid und Schmidt dazugekommen. – Das Verfahren wegen § 184 StGB wurde vom Generalstaatsanwalt am Landgericht Berlin unter Hinweis auf den künstlerischen Wert der Erzählung am 3. 10. 55 eingestellt. Am 3. 11. 55 wurde auch das Verfahren gegen Reifferscheid wegen § 166 StGB mangels Beweises eingestellt; das Restverfahren wurde an das für den Hauptbeschuldigten Arno Schmidt zuständige Gericht nach Trier überwiesen. – Der dortige Oberstaatsanwalt erhob am 3. 3. 56 gegen Andersch und Schmidt Anklage wegen Verstoß gegen *beide* Paragraphen. Da Schmidt schon am 24. 9. 55 von Kastel nach Darmstadt gezogen war, um aus dem Bereich des konservativen und der Kirche zugeneigten Gerichtsbezirks Trier zu gelangen, wurde das Verfahren am 9. 7. 56 vom Oberlandesgericht Stuttgart übernommen – aus verfahrenstechnischen Gründen war eine Übernahme durch Darmstadt nicht möglich. Noch am gleichen Tag bestellte der Generalstaatsanwalt bei Hermann Kasack, dem damaligen Präsidenten der Deutschen Akademie für Sprache und Dichtung, ein Gutachten über den Kunstcharakter von ›Seelandschaft mit Pocahontas‹. Am 21. 7. 56 traf das für Schmidt positive Gutachten bei der Staatsanwaltschaft ein; am 26. 7. 56 wurde das Verfahren eingestellt. – Siehe auch Brief Nr. 235.

54. Arno Schmidt an Alfred Andersch

Kastel, 4. 6. 55 20⁵⁸ Uhr

Komme am Dienstag nach Stuttgart. Hoffe Sie zu sprechen. Arno Schmidt

Telegramm, St.

55. Arno Schmidt an Alfred Andersch

Kastel, d. 20. 6.

Lieber Herr Andersch !

Einige Kurzanfragen :

1.) Ihrer freundlichen Anregung folgend habe ich mir ein Herz gefaßt, und fürs Nachtprogramm einen »Cooper« herzurichten versucht. (C. ist geb. 15. 9. 1789, † 14. 9. 1851 : die Sendung fände also schicklich im Sept. statt; bis wann müßten Sie's spätestens haben ?)

2.) Agis hat das »Steinerne Herz« nicht genommen (undurchsichtig : »zurückstellen noch«, usw. – also wahrscheinlich wegen der »Pocahontas=Affäre« ?? : Wie stehts übrigens damit ? : Ist es R. gelungen, die Klage abzubiegen ? Halten Sie mich doch bitte auf dem Laufenden.) Ich schicke Ihnen das MS dann zusammen mit den Cooper=Szenen; lesen Sie es dann also unter der speziellen Perspektive eines Vorabdrucks in Ihren »T&Z«.

3.) Ihre Anfrage über die »Handlung« in meinen Stücken hat mich auf den Gedanken gebracht, auch hierzu eine Stellungnahme abzugeben; ich schicke Ihnen die Blätter ebenfalls, für eine evtl. Veröffentlichung in »T&Z«.

4.) In Marbach habe ich noch einen Meisterstreich führen können : schriftlich am 8. 6. 55 haben sie mirs gegeben, daß das Deutsche Schiller-National-Museum alle meine Manuskripte, Tagebücher,

Briefsammlungen, etc. in seine Obhut nehmen will : gezeichnet vom Direktor, Dr. Zeller, der dazu noch die Lektüre der »Pocahontas« mündlich eingestand ! : vielleicht können wir das Schriftstück auch noch einmal brauchen ? –

Gruß, Ihr : Arno Schmidt.

Postkarte, St.

Cooper : ›Siebzehn sind zuviel ! ‹, eine vom Rundfunk bislang nicht produzierte Szenenfolge.

R. : Reifferscheid

Stellungnahme : ›Die Handlungsreisenden‹

56. Alfred Andersch an Arno Schmidt

Stuttgart, 22. 6. 55

Lieber Herr Schmidt,

vielen Dank für Ihre Postkarte vom 20. Juni. Ich war eine Woche weg, habe u. a. den Verleger von »Texte und Zeichen« in Berlin getroffen und komme daher erst heute dazu, Ihnen zu schreiben.

Die Vernehmung hat ergeben, daß es wahrscheinlich zu keiner Weiterverfolgung der Angelegenheit seitens der Generalstaatsanwaltschaft Berlin oder gar zu einem Prozeß kommen wird. Ich füge eine Aktennotiz bei, die sich der Verleger von seiner Vernehmung gemacht hat. Bitte, schicken Sie mir diese Notiz zurück. Die ganze Geschichte ist ja absurd.

Darüber, daß Sie mir ein Nachtprogramm über Cooper machen wollen, freue ich mich sehr. Ich stelle Ihnen dazu gar keinen Termin, sondern Sie schreiben das Manuskript und ich setze dann einen Sendetermin fest, sobald es in meinen Händen ist. Das Ausarbeitungshonorar in Höhe von DM 400,– kann ich Ihnen sofort nach Erhalt des Manuskripts anweisen, weitere DM 400,– im Anschluß an die Sendung. Allerdings müssen Sie mir das Rücktrittsrecht von dieser Abmachung zugestehen für den Fall, daß sich das Manuskript für den Rundfunk einfach nicht eignet.

Bitte schicken Sie mir doch nun einmal das Manuskript des »Steinernen Herzen«, wenn es geht. Ich würde mich dafür sehr interessieren, ebenso wie ich an Ihrer Stellungnahme zum Problem des Inhalts brennend interessiert bin.

Zu Ihrem Erfolg in Marbach gratuliere ich Ihnen. Ich las vorige Woche, daß die Leute dort die Fouqué-Handschriften erworben haben und hoffe, daß man Ihnen einen guten Preis gemacht hat.

Für heute verbleibe ich mit herzlichen Grüßen

Ihr Alfred Andersch

P.S. Bitte, schreiben Sie mir auch, ob Sie sich im Taunus niederlassen.

Brief A4, 2 S., auf Papier des SDR, diktiert, Postscriptum handschriftlich, B.
Vernehmung : Reifferscheid war am 10. 6. 55 von der Kriminalpolizei Berlin vernommen worden.
Fouqué-Handschriften : Vgl. Brief Nr. 18.
Taunus : Bevor Schmidts nach Darmstadt zogen (vgl. Anmerkung zu Brief Nr. 53), erwogen sie eine Zeitlang, zu dem ihnen befreundeten Ehepaar Michels nach Kronsberg/Taunus zu ziehen.

57. Arno Schmidt an Alfred Andersch

Kastel, den 10. Juli 1955

Lieber Herr Andersch !
Anbei die versprochenen Szenen zum Gedächtnis an Coopers Leben und Werk. [Bitte Eingang bestätigen!] Ich hoffe, daß Sie die Sache übernehmen können. Ich habe zwar, wie schon besprochen, nicht viel Übung – ich habe bisher nur 2 Kurzgeschichten von mir für RIAS und Saarbrücken in Szenen zerlegt – aber ich hoffe, es wird ausreichen, um einen Mann, der einmal 30 Jahre lang Welt=best-seller schrieb, dem Publikum des Nachtprogramms vorzustellen. Ich brauche wohl nicht erst zu betonen, daß ich das ganze, sehr umfangreiche Werk Coopers völlig beherrsche, so daß jede Zeile, jede Anspielung, jeder Satz, historisch belegbar und für den Kenner voll feiner Beziehungen ist.

Sollten Sie ernsthafte Beanstandungen haben, geben Sie mir bitte einen Hinweis, damit ich – vorausgesetzt es hat überhaupt Sinn – einige Umarbeitungen vornehmen kann. Sollte der Fall aber ganz hoffnungslos sein, sagen Sie es mir bitte ebenso aufrichtig; dann verwende ich Zeit und Arbeitskraft auf andere Dinge. Sollten Sie aber mehr der Art gebrauchen können, würde mich das sehr freuen; ich kann Ihnen dann im Laufe der Zeit noch ähnliche Hörfolgen verfertigen über

F o u q u é
M a s s e n b a c h
P a p e (einen Hainbunddichter)
S i r W a l t e r S c o t t u. a.

Alles Leute, die ich du fond kenne.

Haben Sie inzwischen das »Steinerne Herz« und die beiden Essays für »T&Z« richtig erhalten ? Ich hatte Sie um eine kurze Empfangsbestätigung gebeten, und habe bis heute noch nichts davon gehört.

Herzliche Grüße Ihr Arno Schmidt.

Brief A4, 1 S., St.
2 Kurzgeschichten : Belegbar sind nur zwei unterschiedliche Bearbeitungen der Erzählung ›Gadir‹, vom RIAS am 4. 4. 50, von Radio Saarbrücken am 24. 8. 52 gesendet.

58. Alfred Andersch an Arno Schmidt

Stuttgart, 12. Juli 1955

Lieber Herr Schmidt,

ich bin gerade von einer Reise zurückgekommen und muß morgen nochmals 2 Tage weg, weshalb ich Sie bitte, mir für die Lektüre des großen Manuskripts noch ca. 8–10 Tage Zeit zu lassen. Ich möchte es gern gründlich lesen. Dazu gleich folgendes: Eschmann, der zu Ihren Bewunderern gehört, schrieb mir, daß sein Verlag, der Stahlberg-Verlag, ernstlich an Ihnen interessiert ist. Die Sache scheint mir so ernsthaft, daß ich, wenn ich nichts Gegenteiliges von Ihnen höre, Ihr Manuskript an die Stahlberg-Leute, die ich kenne, weitergeben werde. Ich halte das für eine reelle Chance.

Ob es nicht doch zum Prozeß kommt, ist schwer zu sagen. Ich bin vorige Woche in Stuttgart dazu vernommen worden und habe eine Erklärung ins Protokoll diktiert, die sich die Herrschaften hinter den Spiegel stecken können.

Herrn Dr. Foa (Sie schreiben den Namen ganz richtig) von Einaudi können Sie ruhig auch die anderen Dinge anbieten. Er ist der maßgebende Mann dort bei diesem wohl besten europäischen Verlag, und es spricht für seinen Riecher, daß er zu Ihren unbedingten Bewunderern gehört.

Auf das Cooper-Manuskript für mein Nachtprogramm freue ich mich schon jetzt.

Nun zu Ihren beiden Manuskripten:

Die »Notwendige Berichtigung« las ich mit privatem Vergnügen, aber ich kann sie in der Zeitschrift nicht bringen, dazu ist sie trotz aller »Bezüge« halt doch ein wenig zu sehr historische Marginalie und als solche zu lang. Hingegen bringe ich »Die Handlungsreisenden« natürlich sehr gern. Sie passen mir vorzüglich ins Programm des Blättchens. Ich habe zwei winzige Ausstellungen daran:

Den kurzen englischen Schluß finde ich nicht gut. Er wirkt unnötig aufgesetzt und keß. Bitte überlegen Sie sich, ob Sie ihn nicht streichen wollen.

Dann finde ich im Übergang von Seite 5 auf 6 die Identifizierung der Theisten mit den Christen sachlich falsch. Unter Theisten versteht man ja nicht nur die Christen, und wenn Sie von einem Weltparlament sprechen, so wären dort die Theisten zweifellos in der Überzahl, wenn man an die Gesamtmasse der nominellen Christen, Buddhisten, Hinduisten und Mohammedaner denkt. Ich empfehle Ihnen also, den Satz »in einem Weltparlament« zu streichen.

Das Argument wirkt viel überzeugender, wenn Sie die Bezugnahme auf ein gedachtes Parlament weglassen.

Ich bin gespannt zu hören, wie Sie sich in Ihrer Wohnungsfrage entscheiden werden.

Kreuder habe ich vor kurzem in Hamburg kennengelernt, und ich war angenehm überrascht. Er ist doch ein sehr sympathischer Mann. Auf jeden Fall ist es wohl <u>überall</u> besser für Sie als dort hinten in der Saarpfalz. Ich kenne den dortigen Katholizismus aus meinem Leben in der Eifel; er ist ein Werk des Teufels und wird eines Tages am Untergang der Kirche schuld sein, wie dies Bernanos für gewisse Formen des französischen Katholizismus nachgewiesen hat. Doch wollen wir nicht ganz vergessen, daß es auch Katholiken vom Schlage Kogons gibt.

Herzliche Grüße Ihres Alfred Andersch

P.S. Soeben ging Ihr »Cooper« ein. Ich schreibe Ihnen dazu, sowie ich das Ms. gelesen habe.

Brief A4, 2 S., auf Papier der Redaktion T&Z, diktiert, Postscriptum handschriftlich, B.
in Stuttgart vernommen : Am 7.7.55 vor dem Amtsgericht Stuttgart.
Notwendige Berichtigung : Ein Aufsatz über Friedrich Perthes und seine Rolle bei der Befreiung Hamburgs von den Franzosen; als ›Legende vom braven Mann‹ am 16.4.59 in der ›Anderen Zeitung‹ veröffentlicht.
Englischer Schluß : In einem Brief Schmidts an D. Segebrecht vom 5.7.56 heißt es u. a. : Ihre Bemerkung zu den ›Handlungsreisenden‹, daß der Schluß ungemein egoistisch klinge, hat mich sehr gefreut ! [...] schreiben Sie dieses Shakespeare=Zitat als letzte Zeile darunter : ›You this way – we that way !‹ Denn so stand es in meinem Original : ich wollte damit – Sie wissen, daß sich so im ›Macbeth‹ die Hexen von einander verabschieden ! – an den Anfang des Aufsätzchens wieder anknüpfen, wo ich vom ›Zwist unter Zauberern‹ gesprochen hatte (und mich außerdem damit wieder in meine ›Gruppe‹ zurückziehen, für die ich einen Augenblick lang als Mr. Speaker aufgetreten war !). Und, damit Sie ganz klar sehen, was einem Schriftsteller alles blüht, will ich Ihnen anvertrauen : daß Alfred Andersch mir mürrisch diesen ›letzten englischen Satz‹, wie er sich ausdrückte, *strich* !
Katholiken vom Schlage Kogons : Dessen bereits 1946 erschienenes Buch ›Der SS-Staat‹ ist einer der wenigen frühen Versuche, sich mit dem Nationalsozialismus durch Beschreibung und Analyse auseinanderzusetzen.

Kastel, den 18.7.55

59. Arno Schmidt an Alfred Andersch

Lieber Herr Andersch !

Dank für Ihren Brief. –

Daß Sie die »Handlungsreisenden« behalten, ist mir recht lieb. Den Satz : »In einem Weltparlament....« streichen Sie bitte; er ist ja eigentlich auch nicht zur Sache. (Obwohl ich gegen Ihre Behauptung, daß der Buddhismus zu den Theismen gehöre, protestiere : es gehört zu den 10 »großen Ketzereien« zu behaupten, daß diese Welt von einem Gott geschaffen oder regiert sei !). – Das Shakespeare=Zitat am Schluß jedoch, lassen Sie bitte stehen ! : es ist aus der Hexenszene, und beschließt sie, indem sich jede wieder ihrem eigenen Wirkungskreise zuwendet :

genau also, was jede der beiden großen Schulen nach der »Klärung« nun wieder tun mag und soll. –

Das »Steinerne Herz« behalten Sie getrost noch bis Ende des Monats (aber bitte nicht aus der Hand geben !). An den Stahlberg-Verlag geben Sie es aber bitte nicht weiter, sondern an mich zurück. Es war zur Veröffentlichung noch vor Inkrafttreten irgendwelcher Wehrgesetze bestimmt (was mir Agis seinerzeit auch zubilligte), und ich hatte deshalb noch einmal lustig alle Schleusen meiner Abneigungen geöffnet. Nach den beiden letzten Landtagswahlen jedoch sah ich, daß »mein deutsches Volk« wieder einmal nicht eher zufrieden ist, bis es die gewohnte Knute auf dem Hintern spürt – und zum ewigen Getreuen Eckart fehlt mir die finanzielle Grundlage, vor allem die Altmeister=Villa in der Schweiz. : Das »Steinerne Herz« wird also nicht mehr erscheinen !! Ich werde es mit schiefem Lächeln in den Koffer zu diversen anderen Fehlgeburten legen, und mich endgültig der Anfertigung von Skizzen, »Plaudereien«, Glossen, zuwenden : wenns gar nischt mehr wird, wirds immer noch ein Essay, hat Tucholsky einmal gesagt.

Und wenn Sie gar noch Sachen im Stil der Cooper=Hörfolge bringen sollten, ist ja endgültig ein Dasein gesichert, das wohl wert ist, daß man täglich darob ißt und trinkt. –

Ich bin überzeugt, daß es zum Prozeß kommt ! Die Herren lassen sich doch solch eine Gelegenheit, uns zu schädigen, nicht entgehen ! – Werde ich also der Nächste sein, der zum Heiligen Rock nach Triere vorgeladen wird. – Wie frech kann man bei einer solchen Vernehmung eigentlich werden ? Oder ist es geratener, den Herren mit Formeln aus den Berechnungen zu kommen ?

»Wie ich mich in meiner Wohnungsfrage entscheiden werde« wollen Sie wissen ? : »Entscheiden« ist gut ! Ich muß froh sein, wenn ich irgendwo etwas finde ! Ich kann nicht hundert Mark Miete im Monat bezahlen; und für meine maximalen 50 lacht mich nur Jeder aus.

(Aus der Ostzone bekomme ich Einladungen zur Mitarbeit an gesamtdeutschen Almanachen, Anthologien, etc., meistens unter Bezug auf den »Augenblick« : das »Musterkönigreich« gefällt den Leuten maaßlos : sie scheinen ihre DDR als etwas Ähnliches zu betrachten. – Da drüben kriegte ich gleich ne Wohnung : ne massive Kleinvilla in den Laubenkolonien, 4 Zimmer, Wasser und Elektrisch für 3.000 Ost = 600 West : wenn das ein armes Luder nicht reizen soll ?!......)

Beste Grüße, Ihr : Arno Schmidt

Briefdurchschlag A4, 1 S., B.

Wehrgesetze : Vgl. Anmerkung zu Brief Nr. 45.
Ein längeres Zitat, das Alfred Andersch aus einem Brief Schmidts vom 18.7. gibt (siehe Brief Nr. 62), läßt vermuten, daß der hier vorliegende Brief in dieser Form nicht abgeschickt worden ist.

60. Alfred Andersch an Arno Schmidt

Stuttgart, 19. Juli 1955

Lieber Herr Schmidt,

Ihre Szenen »Zum Gedächtnis Coopers« sind als Radiomanuskript durchaus geglückt, aber sie sind für das Nachtprogramm nicht verwendbar, weil Sie nämlich Struktur und Qualität dieses Programms doch wohl nicht richtig sehen und aus diesem Grunde unterschätzt haben.

Bei einer biographischen Sendung des Nachtprogramms, handle es sich dabei um Cooper oder um irgendeinen anderen Schriftsteller, geht es nicht um die Darstellung der äußeren facts, sondern um die Durchleuchtung der geistesgeschichtlichen Rolle. Schwer, Ihnen das zu entwickeln. Was ich für diese Sendereihe brauche, ist eine literarische Würdigung, eine geistesgeschichtliche Analyse, die aus dem Werk mit Zitaten, mit Zitaten aus der Literatur über Cooper usw. belegt wird, nicht aber sozusagen ein Hörspiel über Coopers Leben. Wenn Sie etwa auf den Aristokratismus Coopers eingehen wollen, dann doch bitte mit einigen Zitaten aus Coopers Werk. Auch die Beziehung Stifters zu Cooper ließe sich auf solche Weise qualitätvoll darstellen. Oder die Bezugnahme Goethes auf Cooper. Goethe hat bekanntlich in dem Aufsatz »Stoff und Gehalt zur Bearbeitung vorgeschlagen« (1827) die neue Materie Amerika den jüngeren Autoren empfohlen und sagt: »Der Bearbeitende müßte den Stolz haben, mit Cooper zu wetteifern.« Aber wem sage ich das.

Ich lege meinem heutigen Brief zwei Manuskripte bei, aus denen Sie ersehen wollen, auf welcher Ebene sich das Nachtprogramm bewegt, und zwar das Manuskript einer Sendung von Prof. Erich Franzen über William Faulkner und mein Manuskript über Arno Schmidt. Das sind selbstverständlich keine »Muster« und auch inhaltlich mögen Sie über diese Manuskripte denken, was Sie wollen. Aber es sind gewissermaßen Vorschläge zum Niveau, und ich vermute, daß Ihnen das vielmehr Spaß machen wird, als die Abfassung populärer Sendungen für eine unterste Niveaustufe.

Es tut mir außerordentlich leid, daß Sie sich die Arbeit umsonst gemacht haben, gerade weil Ihnen die Funkform dabei so ausgezeichnet geglückt ist. Ich hoffe aber trotzdem, daß diese kleine Übung für Sie nicht nutzlos war. Falls Sie nicht an das von mir benötigte Manuskript heran wollen, bitte ich Sie, mir den »Unsterblichen Lederstrumpf« zurückzugeben. Ich werde dann versuchen, ihn in einer anderen Abteilung des

Süddeutschen Rundfunks, etwa im Jugendfunk, unterzubringen. Ihrer Antwort sehe ich mit großem Interesse entgegen, und ich verbleibe inzwischen mit herzlichen Grüßen Ihr Alfred Andersch

Brief A4, 2 S., auf Papier des SDR, diktiert, B.
mein Manuskript : Vermutlich ›Der Außenseiter im Mittelpunkt, ein Hinweis auf Arno Schmidt‹.

61. Alfred Andersch an Arno Schmidt

Stuttgart, 19. Juli 1955

Lieber Herr Schmidt,
zunächst möchte ich Ihnen sagen, daß ich »Das steinerne Herz« gelesen habe, trotz der mörderischen Hitze in einem Zuge durchgelesen, und Sie dazu beglückwünschen möchte. Schablonenurteile wie »ein Meisterwerk« oder »vollendet« liegen mir nicht – ich bitte Sie nur, mir meine uneingeschränkte Bewunderung zu glauben. Was Sie mit der Sprache machen, das ist heute in Deutschland einzigartig, auch gar nicht wiederholbar. Es wird sich erst in Jahrzehnten auf den Gesamtzustand unserer Sprache und ihrer Literatur auswirken.

Lassen Sie mich heute nur dies sagen. Ich werde Ihnen noch ausführlich dazu schreiben und auch zu Ihrer Verlagsfrage, obwohl ich fürchte, daß schriftliche Mißverständnisse auftauchen können.

Jedenfalls seien Sie bedankt, daß Sie mich dies haben lesen lassen.
Ihr Alfred Andersch

Brief A4, 1 S., auf Papier des SDR, diktiert, B.

62. Alfred Andersch an Arno Schmidt

Stuttgart, den 21. Juli 1955

Lieber Herr Schmidt,
anbei nun also schweren Herzens »Das steinerne Herz« zurück. Ich habe mir aber doch erlaubt, an den leitenden Mann des Stahlberg-Verlags zu schreiben, wie Sie aus der beigefügten Briefkopie ersehen.

Eine ganz kleine Anmerkung zu Ihrem Manuskript: An einer Stelle bezeichnen Sie – und zwar anscheinend ohne Ironie – Herrn Johannes R. Becher als einen großen Dichter. Das kann doch nicht Ihr Ernst sein! Becher hat in seiner expressionistischen Phase ein paar interessante Gedichte geschrieben, ist aber heute ein beispiellos kitschiger Staats-Verseschmied und als Schriftsteller überhaupt nicht mehr ernst zu nehmen.

Herzliche Grüße Ihres Alfred Andersch

Brief A4, 1 S., B.
Johannes R. Becher : In der Tat fehlt in der späteren Buchausgabe des ›Steinernen Herzen‹ auf S. 106 das Epitheton ›groß‹.
Briefkopie : Das Schreiben vom gleichen Datum ist an Ernst Krawehl gerichtet, damals Mitinhaber des von ihm, Georg Heller und Frau Dr. Ingeborg Stahlberg geführten

Stahlberg Verlags. Krawehl übernahm fortan die Betreuung des Schmidtschen Werks, eine Funktion, die er auch nach der Übernahme des Stahlberg Verlags durch S. Fischer beibehielt. – In Anderschs Brief heißt es u. a.:

Herr Prof. Eschmann sagte mir vor einiger Zeit, daß Sie, also der Stahlberg-Verlag, echtes Interesse an dem Autor Arno Schmidt hätten. Schmidt, den ich für einen der bedeutendsten deutschen Prosaisten halte, ist seit längerer Zeit ohne Verlag. [...]

Nun liegt ein neues Manuskript vor, »Das steinerne Herz«, eine durchgehende Erzählung von 210 Seiten, die, soweit ich das Manuskript beurteilen kann, ein Buch von 3–400 Seiten Umfang ergeben würde, also die längste Arbeit, die Arno Schmidt bisher geschrieben hat. Ich habe Arno Schmidt gebeten, Ihnen das Manuskript schicken zu dürfen; er hat mir die Erlaubnis dazu verweigert in einem Absatz seines Briefes vom 18.7. an mich, der folgendermaßen lautet:

> "Das »Steinerne Herz« behalten Sie getrost noch die erbetenen 8–10 Tage (aber bitte nicht aus der Hand geben !). Denken Sie bei der Lektüre immer daran, daß es zuerst »Der Sammler« hieß; da es aber mehr als eine Charakterstudie sein sollte, auch die wichtige Darstellung zerfallender und sich neu bildender menschlicher Beziehungen gleichen Raum einnimmt, sowie die unerläßliche Aufgabe eines heutigen deutschen Schriftstellers, zumindest die Andeutung einer historisch-topographischen Schilderung der Ostzone zu versuchen, hinzukommt : so habe ich eben den jetzigen Titel gewählt. // An den Stahlberg-Verlag geben Sie es aber nicht weiter, sondern möglichst bald, wenn tunlich per Einschreiben, an mich zurück. Ich bin nun endgültig belehrt, daß »mein deutsches Volk« wieder einmal nicht eher zufrieden ist, als bis es die altgewohnte Knute auf dem Hintern spürt; und zum ewigen »Getreuen Eckart« fehlt mir die finanzielle Grundlage, zumal die Altmeister-Villa in einer gesicherten Schweiz. Das »Steinerne Herz« wird also nie erscheinen ! Ich werde das MS zu anderen Fehlgeburten in den Koffer legen; und, glauben Sie mir : ohne Bedauern ! Ich habe mich die 9 Jahre meiner öffentlichen Dichterlaufbahn buchstäblich zuschanden gearbeitet. Nach jedem, mit wahnwitziger Konzentration gebastelten Büchelchen, zitterte ich am ganzen Leibe wie Espenlaub – und das Gewerbe warf nicht einmal das Aspirin dafür ab. Ich schreibe so schwer und ungern, und es ist mir so ganz und gar nicht Bedürfnis, daß ich schon jetzt, wenige Wochen nach dem Entschluß, mit dieser Art von Produktion aufzuhören, eine merkliche Besserung meines Befindens verspüre. Aus literaturgeschichtlichem Verantwortungsgefühl werde ich Ihnen »bei Gelegenheit« einmal die Titel der »im Sternensaal« erwähnten »8 Pläne« aufschreiben.
>
> Wie ich Ihnen also schon in Stuttgart ankündigte (und wozu dieser komische junge Herr so lachte), bin ich bereits mitten in der serienweisen Anfertigung von Skizzen, Glossen, »Plaudereien«, und wie die süßen Nichtigkeiten alle heißen. Kurzgeschichten liegen mir eigentlich nicht; aber ich werde mir auch darin ein verkäufliches Niveau zu erüben versuchen. Das Ergebnis : im vergangenen Monat habe ich so bereits 160 Mark verdient, 50% mehr, als meine höchste Dichtereinnahme : bei anhaltendem Fleiß zweifle ich nicht, im Laufe der Zeit das Einkommen eines Arbeitslosen zu erreichen."

Es bleibt mir also nichts weiter übrig, als das Manuskript Herrn Schmidt zurückzuschicken. Ich möchte Ihnen aber doch von dem Vorgang Mitteilung machen, damit Sie von sich aus den Versuch machen können, mit Herrn Schmidt in Verbindung zu treten und durch direkte Verhandlungen das Manuskript für Ihren Verlag zu erwerben.

»Das steinerne Herz« ist in politischer und erotischer Hinsicht das gewagteste, was ich von Arno Schmidt kenne. Und selbst ich, der ich einiges zu riskieren bereit bin (wie ich es z.B. mit der Veröffentlichung der »Pocahontas« in Heft 1 von »Texte und Zeichen« getan habe), möchte sagen, daß die Erzählung nicht ohne weiteres im üblichen Verlagsverfahren herausgebracht werden kann. Ein Ausweg ergibt sich meiner Ansicht nach, wenn man das

Verfahren der Subskriptions-Ausgabe anwendet, das Rowohlt bei Henry Miller mit so großem Erfolg durchexerziert hat. [...]
Ein Manuskript wie »Das steinerne Herz« unveröffentlicht zu lassen, ist jedenfalls ganz unmöglich. Man mag zu Arno Schmidts politischen, theologischen und sonstigen Ansichten stehen, wie man will, was in seinen Arbeiten sozusagen in jedem Satz sprachlich geschieht, ist ohne Beispiel und wird, zwar nicht sofort, aber auf lange Sicht, sich für den deutschen Sprachstand auswirken.

63. Arno Schmidt an Alfred Andersch

Kastel, den 22.7.1955

Lieber Herr Andersch !
Dank für Ihre Briefe. –
Daß Sie den Cooper zurückgeben würden, habe ich, wie ich schon in meinem vorigen Schreiben sagte, erwartet. Meinen Sie nicht, man müßte einen Schriftsteller erst einmal vorstellen, und dann literarische Feinheiten über sein Werk vorbringen ? – Aber daß Sie's gleich als »reif für den Jugendfunk« erklären, ist doch hart ! // Umarbeiten kann ich das Produkt für absehbare Zeit leider nicht : ich habe eben einen längeren, gesegnet platten Übersetzungsauftrag erhalten, und stinke so still vor mich hin.

Daß Ihnen das »Steinerne Herz« gefällt, freut mich; nun sagen Sie aber auch bitte nichts weiter drüber, sondern geben Sie es mir simpel wieder zurück, damit ich es einmotten und verpacken kann.

(Etwas Schreckliches ist passiert : der Südwestfunk hat den »Kosmas« gelobt; und eine so feinsinnige Besprechung geliefert, daß ich fast als Kryptokatholik und Gottsucher dastehe – ich bin fromm und weiß es nicht. Da wird wohl als nächstes die Sanktifikationsurkunde aus St. Peter eintreffen : »Heiliger« ist ein schöner Titel, und wird meinen Kredit hierzulande entscheidend erhöhen. // Scherz beiseite : der Mann heißt Bernhard Rübenach : kennen Sie ihn etwa ?).

Sonst nichts Neues. – Gruß, Ihr : Arno Schmidt.

Brief A4, 1 S., St.
Übersetzungsauftrag : Sloan Wilson, ›Der Mann im grauen Anzug‹; erschien auf Arno Schmidts Wunsch ohne Nennung des Übersetzers, da Schmidt vom Verlag vorgeschlagene Textänderungen ablehnte.
Besprechung : Vom 2. Programm des SWF in der Reihe ›Von neuen Büchern‹ am 10. 6. 55 gesendet.

64. Alfred Andersch an Arno Schmidt

Stuttgart, 26.7.55

Lieber Herr Schmidt,
Ihrem Brief vom 23.7. entnehme ich, daß Sie also an ein Cooper-Manuskript »für die gebildeten Stände« nicht heran wollen. Das ist sehr schade. Wie ich Sie kenne, hätte es Ihnen wenig Arbeit gemacht und viel Geld gebracht. Aber das sind natürlich Dinge, die Sie selbst entscheiden müssen.

Nach der »Kosmas«-Besprechung des Südwestfunks werde ich mich erkundigen. Wer Herr Rübenach ist, weiß ich allerdings nicht.

Freundliche Grüße Ihres Alfred Andersch

Brief A4, 1 S., auf Papier des SDR, diktiert, B.

Kastel, den 30.7.1955

65. Arno Schmidt an Alfred Andersch

Lieber Herr Andersch :
Sie sehen, ich bin gar nicht so bockbeinig, auch nicht so ein Verächter des Mammons, wie Sie anzunehmen scheinen :

Ich lege Ihnen heute ein anspruchsvolleres Produkt für Ihr Nachtprogramm vor. (Daß ich den Cooper nicht umarbeitete, dürfen Sie nicht übelnehmen : C. ist kein Dichter; bei ihm liegt der Wert nicht in der Arbeit, sondern im Material).

Brockes : Sie finden ihn in jeder Literaturgeschichte mit der schonenden Kürze erwähnt, die man einem Gegenstand schuldet, von dem man nichts weiß. Seine Wichtigkeit ist dennoch nicht gering : im Leben wie in der Literatur erkennt man die Reichen an der Zahl der bei ihnen einsteigenden Diebe. / Ich hatte ihn schon als Kirchenvater des Realismus in den »Handlungsreisenden« kurz zitiert; und stelle ihn jetzt (in der Einleitung einiges Grundsätzliche aus eben jener Skizze benützend) dem Publico näher vor.

Erschrecken Sie nicht vor der Seitenzahl : ab S. 17 sind es nur Zitate, die z.T. wenige Zeilen einnehmen. / Zur Lektüre nehmen Sie das Manuskript tunlichst in 2 Teile auseinander : links der erste, der den eigentlichen Text enthält – rechts die nummerierten Zitate, die Sie jeweils an der angezeichneten Stelle lesen müssen. –

Hoffentlich gefällt Ihnen dieser »Brockes« besser. Ich werde jedenfalls nach und nach, wie es mit meiner Zeit paßt, noch einige solcher mir am Herzen liegenden Leute erledigen; und mir erlauben – falls Sie nach dieser zweiten Probe nicht endgültig der Ekel gepackt haben sollte – Ihnen die Ergebnisse von Zeit zu Zeit vorzulegen.

Sonst nichts Neues. – / (Daß Sie die »Undine« wieder nicht gebracht haben, mag Ihnen der Himmel verzeihen : ich kann es nicht ! Oh, daß Sie doch mehr von jenem Philologengeist hätten, der den Germanisten auszeichnen muß – sehen Sie : das ist wieder einer der unterscheidenden Züge Ihrer »T&Z« vom philosophischeren und exakten »Augenblick« Bense's : es muß auch solche Käuze geben !) –

Gruß, Ihr : Arno Schmidt.

Brief, 21 x 23 cm, 2 S., St.
Brockes : ›Nichts ist mir zu klein‹

66. *Alfred Andersch an Arno Schmidt*

Stuttgart, 10. August 1955

Lieber Herr Schmidt,

ich war eine Woche in Hamburg, fand Ihr Manuskript bei meiner Rückkehr vor und habe es sofort gelesen. Es ist ausgezeichnet und genau das, was man für das Nachtprogramm braucht. Merkwürdig, daß Sie diese Tonlage und Niveauhöhe bei der Cooper-Sendung nicht getroffen haben. Nun, sei dem wie ihm sei, ich danke Ihnen für diesen sehr schönen Beitrag, nehme ihn ganz offiziell an, habe ihn auch schon für den 21. Oktober zur Sendung vorgesehen und lasse Ihnen in diesen Tagen das Ausarbeitungshonorar in Höhe von DM 450,– zugehen. Die zweite Hälfte des Gesamthonorars von DM 900,– erhalten Sie im Anschluß an die Sendung, also Ende Oktober.

Die Produktion wird uns einiges Kopfzerbrechen machen. Ich weiß nicht, ob es möglich sein wird, sämtliche Zitattexte von Brockes mit verschiedenen Sprechern und Sprecherinnen zu besetzen in der Art, wie Sie das annehmen. Das ist einesteils eine reine Kostenfrage, andernteils aber auch eine Frage des Prinzips. Man kann sich ja fragen, ob die Zitate nicht von ein und demselben Sprecher gesprochen werden sollen, der in etwa die Position und die Vorstellung, die Sie in Ihrer Sendung von Brockes entwerfen, erfüllt.

Meine ganz private Meinung ist die, daß die Dinge, die Sie von Brockes ausgewählt haben, recht faszinierend sind, aber ich glaube nicht, daß Brockes noch lebt, sondern daß er tot ist, und daß es auch Ihnen nicht gelingen wird, ihn wieder lebendig und zu mehr zu machen als zu einer interessanten Literatur-Marginalie. Die Bedeutung der Sendung liegt in erster Linie darin, daß Sie sich an Brockes entzündet haben. Und alles, was Sie, besonders im ersten Teil der Sendung, über Realismus usw. sagen, ist im Grunde wichtiger als das, was in den Gedichten von Brockes steht, so interessant sie sich in einzelnen Passagen anhören mögen.

Zu Ihrer Realismus-Auffassung: Ich halte dafür, daß Sie einen Teil-Aspekt der Sache richtig sehen, aber ich glaube nicht, daß Sie diesen Teil-Aspekt verabsolutieren und den Begriff der Handlungsarmut mit dem des Realismus identifizieren sollten. In der Literatur ist die Darstellungsweise, die Sie verteidigen, ebenso legitim, wie die Darstellung exemplarischer Fälle, Grenzsituationen und Haupt- und Staatsaktionen, die sich mindestens auf der Bühne nicht gut vermeiden lassen. Daß Antigone ihren Bruder bestattet und dafür von König Kreon in den Tod geschickt wird, das ist ein Vorgang, den Sie mit Ihrer Kritik nicht treffen, und es ist gar nicht inkonsequent, wenn ich trotzdem für ihre Realismus-Darstellung Partei ergreife. Ich bin ein Feind von sogenannten ausgewogenen Urteilen.

Lassen Sie mich Ihnen noch kurz wegen des Nichterscheinens der »Undine« in »Texte und Zeichen« schreiben. Ich möchte Ihnen dabei auch auf Ihre Anzapfung wegen des fehlenden Philologengeistes antworten. Die »Undine« ist in der letzten Nummer wieder zum Opfer des Umbruchs geworden, und ich fürchte, es wird dem armen Mädchen auch in der nächsten und übernächsten Nummer so ergehen; denn es steht für die Zeitschrift essayistisches Material an, das, schlicht und einfach ausgedrückt, aktueller und wichtiger ist als die Untersuchung der Frage, ob zu »Undine« eine bestimmte Person als Modell gedient hat oder nicht. Ich bin kein »Germanist« und von »Philologengeist« werden Sie hoffentlich in »Texte und Zeichen« nichts verspüren. Ich weiß, daß diese Begriffe sehr gut und positiv ausgelegt werden können, aber ich habe nicht einmal Lust dazu, ihre Interpretation auch nur zu versuchen. Hier erlaube ich mir den Luxus der Einseitigkeit. Das sind aber Dinge, die kaum brieflich behandelt werden können. Dazu bedürfte es längerer Sitzungen, um die gegenseitigen Prinzipien auch nur ahnen zu lassen.

Mit freundlichem Gruß Ihr Alfred Andersch

Brief A4, 2 S., auf Papier des SDR, diktiert, B.

67. Arno Schmidt an Alfred Andersch

leider immer noch Kastel, den 14. 8. 1955

Lieber Herr Andersch :
Meine besonderen Freunde, die alten Griechen, verehrten als Retter in der Not, speziell zur See, Kastor und Polydeukes als »Alexikakoi« : ich bedarf ihrer nicht, so lange ich Sie habe ! Das ist nun schon das dritte Mal (von sehr ermutigendem Zuspruch ganz abgesehen), wo Sie mir finanziell wertvollste Hilfe gewähren : schönsten Dank dafür ! –

Wie Sie die Brockes=Sendung nun von der Regie her erledigen, überlasse ich selbstverständlich ganz Ihnen ! Ich verstehe ja an sich gar nichts von Film, Funk und Fernsehen (F&F&F), und habe die verschiedenen »Stimmen« nur so eingesetzt, wie ich es mir aus der jeweiligen Situation heraus dachte, und wie es vielleicht einer »idealen« Sendung entspräche. Wenn es zuviel Kosten macht, lassen Sie die Versbeispiele getrost von einem (allerdings mit biegsamer, wandlungsfähiger Stimme begabten) Sprecher vortragen. / Geben Sie mir aber bitte noch genau Bescheid, wenn dies Nachtprogramm zur Sendung kommt.

(Sie wundern sich darüber, daß ich »diese Tonlage und Niveauhöhe« beim Cooper nicht traf ? : Das ist sehr einfach. Cooper ist der Mann nur des Materials, ohne alle formalen oder sprachlichen Ambitionen; man kann in ihn nichts nachtprogrammähnliches hineingeheimnissen, es seien denn interessante Fakten – und ich überlege noch, ob ich Ihnen da etwas schicken kann. / Während Brockes ganz bewußt ein literarischer Experimentator war; ein stilkritischer Markstein; eine Heulboje, ans äußerste Ende des Realismus gesetzt. So einseitig – das gebe ich Ihnen gerne zu ! – daß eben dadurch an ihm kristallinisch rein ein Grenzfall zu demonstrieren ist. / Auch daß Brockes »tot« ist, muß ich Ihnen zugeben. Oder präziser : daß er ein Leben nur noch im Fachkreise führt, zumal von Dieben. Und dennoch : wenn einmal sein »Landleben in Ritzebüttel« ein reprint erführe : genau als die Nr. 2 meiner berüchtigten Tabelle in den Berechnungen I ! Als Typus der »Kleinen Welt«, nach dem Erledigungsschema von Fotos und Texten ! : Es würde eines der unerläßlichen Handbücher und Paradigmata für den kommenden (und angekommenen) Dichter sein ! Ja, wenn unsere Verleger einmal das als Taschenbuch brächten : diesen Brockes, oder Tiecks Vogelscheuche, oder Moritzens Anton Reiser, oder den Niels Klim, oder den Alethes von Lindenstein – – nun, das ist Schwärmerei !)

Aber hier erblickte ich eine neue Gefahr : Sie würden also auch evtl. eine Hörfolge ablehnen müssen, weil sie allzu »tot« ist ? : Machen wirs doch vorsichtshalber so : ich schreibe Ihnen hier ein Dutzend Themen auf, die zu erledigen ich mir vorgesetzt habe; und Sie sagen mir bitte, wen davon Sie mir auf keinen Fall abnehmen könnten (wegen Abseitigkeit des Stoffes oder so) :

Pape (ein Hainbündler) / Fouqué / Massenbach / Magister Tinius / Wieland / Lucian / Klopstock : Die Gelehrtenrepublik / Joh. Heinr. Voß (als sozialen Rebellen) / Max. Klinger (Den Romanschreiber der Sturm= und Drang=Zeit) / Jean Paul / Walter Scott / Eduard Vehse (als öffentlichen Ankläger) / und, entsetzen Sie sich nicht jetzt schon, : »Der vorletzte Großmystiker«, eine Sendung über Karl M A Y (ich habe nämlich entdeckt – bitte äußerste Diskretion ! – daß seine letzten 3 Bücher Philosophische Schlüsselromane sind, in denen z. B. Friedrich Nietzsche vorkommt, etc. etc.).

Fürchten Sie nicht etwa, ich wollte Sie jetzt mit billigen, diarrhoemäßig geheckten, Hörfolgen überschwemmen; ich möchte nur wissen, was ich Ihnen besser nicht vorlege. –

Mit dem Stahlberg Verlag kommt eine zögernde Korrespondenz in Gang; vielleicht sogar bald eine persönliche Aussprache. Jedenfalls Dank auch für diesen Hinweis ! –

In Sachen »Pocahontas« bin nunmehr ich an der Reihe : gestern erhielt ich eine Vorladung für den 22. 8. 55 zum Amtsgericht Saarburg. Zweck : Vernehmung wegen einer gegen mich ergangenen Anzeige betr.

§ 184, 1. Ich bin in der Affäre wesentlich mißtrauischer als Sie: die Buben werden bestimmt ihr Bestes tun, uns zu schädigen! / Neulich klopft es. »Herein!« »Mein Name ist Stefan Andres« – Er wollte sehen, ob ich »der Schmidt« bin (sein Gastgeber hatte ihm erwähnt, daß hier auch ein Schriftsteller am Ort lebte). Erzählte viel von Katholizismus und westlicher Geistesfreiheit, worauf ich ihm die Vorladung zeigte: er ließ das Maul hängen, betroffen, und fuhr gleich darauf weiter, nach Griechenland: bon voyage! –

Noch wird Sie dies interessieren: ein Studienrat aus Butzbach/Hessen hat die »Pocahontas« in der Schule mit seinen Oberprimanern gelesen! Er schrieb dann bescheidentlich an mich um einzelne Auskünfte; von denen ich ihm einige gab. –

Eben die Nachricht: Thomas Mann † ! Na ja: we all must die; first statute in Magna Charta. Aber Adenauer lebt, was ?! –

Gruß und Dank, Ihr: Schmidt.

PS.: Dank auch für die Erwähnung der Geldüberweisung; sobald die Summen richtig eingegangen sind, bestätige ich sie Ihnen.

Briefentwurf A4, 2 S., B.
Vermutlich nicht abgeschickt, vgl. Brief Nr. 68.

68. Arno Schmidt an Alfred Andersch

Kastel, den 15. 8. 55

Lieber Herr Andersch!

Schönsten Dank für die Annahme des »Brockes«, und die Ankündigung der zweimal 450.– DM: das ist nun schon das dritte Mal, daß Sie mir als wahrer »Alexikakos« wertvollste Hilfe zukommen lassen!

Wie Sie den »Brockes« von der Regie her erledigen, überlasse ich selbstverständlich ganz Ihnen! Sie sind darin so viel erfahrener; und ich habe die verschiedenen »Stimmen« nur so eingesetzt, wie die Verse eben zu sprechen wären, um die optimale Wirkung zu erzeugen. Wenn Sie einen geschickten Sprecher da haben, der genugsam mit der Stimme variieren kann, genügt natürlich auch das. / Den Tag habe ich mir notiert; geben Sie mir doch aber auch noch die genaue Stunde des Nachtprogramms an. –

Daß Brockes »tot« ist, gebe ich Ihnen nicht ganz zu: wenn Sie die zahllosen Fälle an ihm begangener Plagiate, auch heute noch, wüßten, würden Sie ihn eher den »vergrabenen Schätzen« zuzählen! Sein »Landleben in Ritzebüttel« entspricht außerdem präzise der Nr. 2 meiner Tabelle in den »Berechnungen I«: nämlich der »Kleinen Welt«, erledigt durch Fotos und Texte (natürlich bei ihm ungeordnet, weil unbewußt gemacht, und zu chronikenhaft ängstlich; aber die Ähnlichkeit ist immerhin so da, daß man ihn einen meiner Ahnherrn nennen könnte.)

Aber dies Ihr betontes »tot« hat mir eine neue Gefahr gezeigt : Sie würden also allzu unbekannte oder abseitige alte Autoren mir nicht oder doch nur ungern, abnehmen ? Machen wirs doch vorsichtshalber so : ich setze Ihnen das Dutzend Themen her, das ich zur Zeit erledigen könnte; und Sie sagen mir bitte, was Sie wegen der Abseitigkeit des Stoffes (oder so) auf keinen Fall nehmen könnten :

1.) Sam. Christ. Pape : ein Hainbündler; mit wichtigen Einlagen : Sozialkritik, und Verbitterung durch bösartige Rezensionen.
2.) Massenbach : Sie haben das Material ja schon einmal da gehabt.
3.) Fouqué : mein Fachgebiet.
4.) Wieland : als Formtheoretiker der Prosa.
5.) Klopstock : »Die Gelehrtenrepublik« – Besprechung und Deutung dieses erratischen Blockes von Werk. (Erfordert aber sicher viele Stimmen !)
6.) Lukianos : den Alten als einzigartiges Beispiel, wie uns die Reporter= und Essayistentätigkeit eines Mannes ein ganzes Jahrhundert erkennbar macht (das ohne ihn »tot«, verloren, sogar ganz unbekannt wäre; nämlich das Zeitalter der Antonine).
7.) Joh. Heinrich Voß : als Sozialrebellen, und Kämpfer gegen die Restauration (Die Stolberg=Fehde. / Sein Großvater war noch Leibeigener gewesen !)
8.) Maximilian Klinger : der Romanschreiber der Sturm= und Drangepoche.
9.) Jean Paul : oder das mikroskopische Kunstwerk. (Alles, was drei Druckseiten übersteigt, erwies sich ja als formal durch ihn nicht mehr zu bewältigen : aber im Winzigen hat er Unvergleichliches geleistet !).
10.) Walter Scott : ein Coronach.
11.) Eduard Vehse : der öffentliche Ankläger. (Ich weiß nicht, ob Sie jemals die 48 Bände seiner »Geschichte der deutschen Höfe« gelesen haben : das ist die schönste und gewichtigste Frucht des großen Jahres 1848 !).
12.) Und, entsetzen Sie sich nicht schon beim bloßen Namen : Karl May : der vorletzte Großmystiker. (Ich habe nämlich – und, bitte, sogleich den Finger auf den Mund ! – die tolle Entdeckung gemacht, daß seine letzten Bücher reine Schlüsselromane sind, in denen zum Beispiel Friedrich Nietzsche persönlich vorkommt. Andere Riesenallegorien im Stile von Bunyans "Pilgrims Progress" und Dantes : Ganze Seiten sind da in Jamben geschrieben !!)

Fürchten Sie aber nicht, ich würde Sie jetzt mit billigem, diarrhoemäßig gehecktem, Zeug überschwemmen ! Ich will die angeführten Themen nur nebenbei im Laufe der nächsten Jahre erledigen; und möchte lediglich wissen, was ich Ihnen, für Ihr jetziges Nachtprogramm speziell, besser nicht vorlege. –

In Sachen »Pocahontas« bin nunmehr ich an der Reihe : gestern erhielt ich die Vorladung für den 22. 8. zum Amtsgericht Saarburg. Vernehmung wegen einer gegen mich ergangenen Anzeige, betr. § 184, 1. / Ich bin in der Affäre recht mißtrauisch : die Buben werden bestimmt ihr Bestes tun, uns zu beunruhigen und zu schädigen ! Natürlich blamieren sie sich in the long run genau so, wie seinerzeit die Franzosen im Prozeß gegen Baudelaire – aber was nützt es dem armen Luder, wenn erst nach hundert Jahren das Urteil dann ehrenhalber annulliert wird ? Nun, ich habe im nächsten »Augenblick« einen Artikel vom »Dank des Vaterlandes« ausgespuckt, in dem die Schweine sich spiegeln können – wenn sie wollen : aber sie wollen ja gar nicht. / Noch wird Sie interessieren : ein veritabler, regulärer Studienrat aus Hessen hat die »Poca« mit seinen Oberprimanern in der Schule gelesen !! Verdiente der Mann nicht die Tapferkeitsmedaille ?! –

Neulich klopft es. »Herein ! «. »Mein Name ist Stefan Andres....« : er wollte nachsehen, ob ich »der Schmidt« sei (sein Gastgeber, ein reicher Weingutsbesitzer Kastels, hatte beiläufig erwähnt, daß hier auch Einer rumlaufe, der sich Schriftsteller schimpfe). Er erzählte viel von Katholizismus, und westlicher Geistesfreiheit, zumal bei Adenauern, worauf ich ihm die Vorladung zeigte : er ließ betroffen das Maul hängen; und fuhr gleich darauf weiter, in Richtung Griechenland : bon voyage ! –

Gruß, und nochmals Dank, Ihr : Arno Schmidt.

Brief A4, 2 S., St.
Coronach : Totenklage (schottisch)

69. Alfred Andersch an Arno Schmidt

Stuttgart, 26. August 1955

Lieber Herr Schmidt,

vielen Dank für Ihren Brief vom 15. 8. Zunächst: Ich habe Ihre Mitteilung wegen der Vorladung zum Amtsgericht Saarburg an meinen Verlag weitergegeben. Der Inhaber, Herr Eduard Reifferscheid, hat mir darauf wie folgt geantwortet:

»Ich bitte Sie, Herrn Arno Schmidt zu schreiben, daß der Verlag es als selbstverständliche Ehrenpflicht ansieht, ihm die Kosten für einen

Anwalt, falls ein Anwalt genommen werden muß, zu erstatten bzw. vorzustrecken. Wird Anklage erhoben, dann werde ich einen der besten Anwälte vom Verlag aus beauftragen, Herrn Schmidt zur Seite zu stehen. Seine Auswahl wird sich nach dem Gerichtsstand richten. Vermutlich würde beim Landgericht in Trier verhandelt werden. Wir beide sind uns wohl außerdem darüber im klaren, daß eine etwaige Geldstrafe, und um eine solche kann es sich doch schließlich nur handeln, nicht Herr Schmidt bezahlen wird. Es wird sehr schwer sein, die bundesdeutsche Justiz vor der Blamage eines gerichtlichen Vorgehens gegen Arno Schmidt zu bewahren. So lange wir nicht genau wissen, wo ein etwaiger Prozeß anhängig gemacht wird und wessen man Schmidt anklagen will, können wir nichts unternehmen. Schließlich wissen wir ja auch noch nicht, ob die Staatsanwaltschaft überhaupt bereit sein wird, Anklage zu erheben. Alles das bleibt abzuwarten, aber eines müssen wir vorsorglich tun, nämlich Herrn Schmidt davon unterrichten, daß er sich im Falle eines Falles sofort mit uns beiden in Verbindung setzt.«

Dies nur zu Ihrer Kenntnis. Lassen Sie also bitte von sich hören, falls die Angelegenheit gegen Sie weiter betrieben wird.

Freundliche Grüße Ihres Alfred Andersch

Brief A4, 1 S., auf Papier der Redaktion T&Z, diktiert, B.

70. Alfred Andersch an Arno Schmidt

Stuttgart, 26. August 1955

Lieber Herr Schmidt,

haben Sie herzlichen Dank für Ihre Vorschläge. Ich werde halbjährlich etwa eine solche Sendung von Ihnen unterbringen können, und da wir im zweiten Halbjahr 1955 den Brockes bringen, habe ich mir aus Ihren Themenvorschlägen für das erste Halbjahr 1956 natürlich die Sendung über Karl May herausgesucht. Es wäre großartig, wenn es Ihnen gelänge, das nachzuweisen, was Sie da andeuten, zumindest wäre es unvergleichlich amüsant. Bitte schreiben Sie mir, ob Sie den Auftrag endgültig übernehmen wollen. Ich könnte Ihnen dann Anfang 1956, wenn Sie dies wünschen, bereits einen Vorschuß in Höhe der Hälfte des Gesamthonorars von DM 900,– überweisen lassen.

Wie ist Ihre Besprechung mit dem Stahlberg-Verlag ausgegangen? Ich würde mich freuen, wenn das Buch dort erscheinen könnte. Daß es nicht in Ihrer Schublade verschwinden darf, versteht sich von selbst. Übrigens ist mir nachträglich ein Einwand gegen den 3. Teil des Buches gekommen – der Groschen fällt bei mir manchmal etwas langsam. Mein Einwand ist folgender: Der »Sammler« bleibt doch bei der Frau nur, weil der Schatz entdeckt worden ist. Bedeutet das nicht eine starke Desavouierung seiner Motive? Jedenfalls wird man es so auslegen.

Freundliche Grüße Ihres Alfred Andersch

Brief A4, 1 S., auf Papier des SDR, diktiert, B.

71. Arno Schmidt an Alfred Andersch

Kastel, den 8.9.1955

Lieber Herr Andersch !

Eben angekommen, beeile ich mich, Sie von einem Projekt zu unterrichten, das mir Prof. Bense während meines Besuches entwickelt hat; nämlich : eine Lektoren= (Oder Dozenten=, ich weiß nicht, welchen Titel ich führen müßte !) Stelle in Ulm anzunehmen; und dort meine Ansichten über neue Prosaformen und Literatur überhaupt vor dem bekannten »Kreis aufgeschlossener junger Menschen« zu entwickeln. Die Stelle wäre finanziell scheinbar gut dotiert; und ich könnte theoretisch sogar eine Wohnung dort erhoffen – also alles Dinge, die mir in meiner jetzigen Lage mehr als willkommen wären. Der Pferdefuß ist nur der : Bense sagte mir, daß diese Stelle zunächst für Sie bestimmt gewesen wäre, Sie aber, wegen Ihrer unleugbaren anderweitigen Überbelastung, zwangsläufig ablehnen müßten. –

Ich habe daraufhin zwar zugestimmt; habe aber ein doch ein schlechtes Gewissen Ihnen gegenüber ! Einerseits bin ich – wie Sie ja aus meinen Beiträgen wissen (ganz abgesehen, was sich an wissenschaftlichen Manuskriptbergen à la Fouqué=Biographie bei mir befindet !) – randvoll von historischen und literaturgeschichtlichen Kenntnissen, verfüge auch über ausreichend knollige Theorien (vgl. »Berechnungen I«) um einen kleinen Zirkel auf eine ganze Zeit ausreichend zu amüsieren. Aber !! : Wenn ich Ihnen damit ins Gehege käme, trete ich natürlich sofort zurück !!! – Geben Sie mir doch bitte sobald wie irgend möglich Bescheid, wie sich die Sachlage wirklich verhält; auch, ob Sie mir gegebenenfalls tatsächlich raten könnten, dort einen Vertrag zu unterzeichnen. Ich weiß nichts und bin nichts; nur Arno Schmidt, ein »Prospector« nach Worten und Rhythmen (ich glaube, sogar »wildcatter« ist der Fachausdruck für dergleichen Typen !). –

Von Krawehl habe ich bei mir noch keine entscheidende Post gefunden (Sie sagten doch, daß er offiziell »zwei starke Bände übernehmen« wolle ?). Er hat sich 100 Tage Bedenkzeit wegen des »Steinernen Herzens« ausbedungen; zahlt allerdings bereits jetzt 150 DM im Monat an mich – unter der Bedingung, daß ich mich weiter zum Kretin schreibe : Bon ! mach' ich ! (In den herrlichen »Kirschen der Freiheit« stehts : »Wie Sie es machen ist Ihre Aufgabe; daß Sie es machen, ist unerläßlich« !).

(Ihren kleinen Einwand gegen meinen »Sammler« bin ich jederzeit bereit zu untersuchen – und, natürlich, zu widerlegen : werden wir denn nie Zeit für eine längere Aussprache haben ??!! : Diesmal zogen Sie gerade um; das nächstemal bin vielleicht ichs !)

Haben Sie Nachsicht mit dem Fouqué=Anachronismus : ich weiß zuviel von dem Stoff, um noch überzeugend darüber schreiben zu können; eine solche Reduktion ist alles, was ich zur Zeit in dieser Hinsicht vermag. (Also haben Sie keine Nachsicht, sondern schicken Sie mirs unbarmherzig wieder her, falls es zuviel Kenntnisse beim Hörer voraussetzen sollte !). –

((Schön wäre es ja, wenn ich in Ihre Nähe käme, und zur intensiveren Mitarbeit zur Verfügung stünde. – Aber schreiben Sie mir bitte ganz offen über den Fall Ulm !)).

Mit besten Grüßen, Ihr : Arno Schmidt.

Brief A4, 1 S., St.
Dozentenstelle : An der von Max Bill geleiteten Hochschule für Gestaltung. In einem Prospekt der Hochschule heißt es: »die hochschule für gestaltung in ulm wurde 1955 eröffnet. sie bearbeitet gestaltungsaufgaben in theorie, experiment und praxis auf der grundlage der heutigen technischen und wissenschaftlichen erkenntnisse. ihr lehrprogramm umfaßt die zwei hauptgebiete: produktion (mit den abteilungen bauen und produktform) kommunikation (mit den abteilungen visuelle kommunikation und information).«
ein doch ein : So im Brief.
Kirschen der Freiheit : Zitat von S. 53 der EA.
Fouqué=Anachronismus : ›Anachronismus als Vollendung‹

72. Alfred Andersch an Arno Schmidt

Stuttgart, 13. September 1955

Lieber Herr Schmidt,

vielen herzlichen Dank für Ihren Brief vom 8. 9. Sie machen sich da aber ganz unnötige Gedanken. Ich bin in der Tat aufgefordert worden, die Stellung in Ulm zu übernehmen, und ich hätte das auch bestimmt getan, wenn sie vier Wochen vor meiner Berufung an den Sender Stuttgart gekommen wäre. So wie die Dinge liegen, ist mir aber eine Annahme des Ulmer Angebots vollständig unmöglich; das ist eben der Grund, warum Bense, die Ulmer Leute und ich seit Wochen händeringend nach einer anderen Lösung gesucht haben. Ich freue mich sehr darüber, daß Prof. Bense auf die großartige Idee gekommen ist, Sie nach Ulm holen zu wollen, und von meiner Seite aus wird alles geschehen, daß dieser Plan verwirklicht wird. Wir würden dann viel miteinander zu tun haben, und es wäre von Vorteil, Sie in Reichweite zu wissen. Inzwischen halte ich den Bense'schen Bemühungen den Daumen.

In Ergänzung meiner Antwort auf Ihren Brief vom 15. 8. teile ich Ihnen noch die genaue Stunde des Nachtprogramms mit, zu der Ihr Brockes gesendet wird. Es ist 22.30 Uhr am Freitag, dem 21. Oktober.

Mit freundlichen Grüßen und der Bitte, mich Ihrer Gattin zu empfehlen, Ihr Alfred Andersch

Brief A4, 1 S., auf Papier des SDR, diktiert, B.

73. Alfred Andersch an Arno Schmidt

Stuttgart, 23. September 1955

Lieber Herr Schmidt,

gestern berichtete mir Prof. Bense über den Ausgang Ihrer Besprechungen mit Herrn Bill. Heute möchte ich Ihnen sagen, daß ich diesen negativen Ausgang erwartet habe. Ob die Ideen von Herrn Bill für die Architektur und die Bildenden Künste zutreffen, kann ich nicht beurteilen, da ich von diesen Dingen zu wenig verstehe. Aber für die Literatur, ja für die Sprache schlechthin, reicht das konstruktivistische Konzept des Herrn Bill einfach nicht aus. Ich habe gerade jetzt ziemlich ausgedehnte Studien an den Äußerungen von Gottfried Benn und einem kölner Kunstessayisten namens Fabri betrieben und bin nun mehr als schon bisher zu der Überzeugung gekommen, daß es die viel beredete »Einheit der Künste« nicht gibt oder mit anderen Worten, daß Farben und Formen ein vollständig anderes Material sind als Worte, sodaß man Literatur und Bildende Kunst nur sehr schwer miteinander vergleichen kann. Unter diesem Aspekt stellt das Konzept von Bill für den, der in der Ulmer Schule das Gebiet der Sprache bearbeiten soll, eine unerträgliche Anmaßung dar und wäre auch für jemand unannehmbar, der von Natur aus konzilianter wäre als Sie. Andererseits hielt ich es für richtig, meine Bedenken bei den Vorbesprechungen nicht auszusprechen, um die Verhandlungen sozusagen nicht zu präjudizieren und auch, weil ich es nicht über mich brachte, Benses Optimismus zu stören. Ich werde nun [mit ihm] am kommenden Montag ausführlich darüber beraten. Momentan habe ich den Eindruck, daß die Berufung Bills an die Leitung der Schule sich eines Tages noch zu einer Katastrophe auswirken kann. Ich muß vor allem in den nächsten Monaten herausbekommen, ob er überhaupt mehr ist als ein gescheiter Macher; die Art und Weise, wie er sich z. B. in der wirklich großartigen Ausstellung »Documenta« in Kassel in den Vordergrund geschoben hat, gefällt mir gar nicht.

Unabhängig davon müssen wir erreichen, daß Sie aus dieser Trierer Gegend weggelangen, und ich werde auch das mit Bense besprechen.

Nun noch etwas anderes:

Aus technischen Gründen, die für mich unumgehbar waren, mußte ich in Heft 4 von »Texte und Zeichen«, das am 15. Oktober erscheint, Ihren Beitrag »Die Handlungsreisenden« ausfallen lassen. Es handelt sich hier wirklich nur um einen Aufschub bis zum nächsten Heft, und ich möchte dann »Die Handlungsreisenden« zusammen mit Ihren »Berechnungen II« möglichst groß und auffällig herausbringen, gegebenenfalls mit einer Stellungnahme Benses zu den »Berechnungen«, da er wohl am besten die Bedeutung dieses theoretischen Manuskripts darstellen kann.

Seien Sie mir also nicht böse wegen dieses Aufschubs. Die Zeitschrift wird übrigens ab 1956 sechsmal jährlich und in verstärktem Umfang erscheinen; ich zähle auf Ihre aktivste Mitarbeit. Unabhängig vom Erscheinen werde ich veranlassen, daß Ihnen der Beitrag »Die Handlungsreisenden« bereits jetzt vom Verlag bezahlt wird; desgleichen werde ich die »Berechnungen II« immediat honorieren lassen, sobald mir das Manuskript vorliegt.

Mit herzlichen Grüßen Ihr Alfred Andersch

Brief A4, 2 S., auf Papier der Redaktion T&Z, diktiert, B.
Trierer Gegend : Siehe Anmerkung zu Brief Nr. 53.

74. Alfred Andersch an Arno Schmidt

Stuttgart, 7. Oktober 1955

Lieber Herr Schmidt,

Ihre neue Adresse ist notiert, und ich überreiche Ihnen dazu sozusagen symbolisch Salz und Brot.

Was die Beschaffung der Miete betrifft, so werde ich mich bemühen, daran ein wenig mitzuwirken. Sie erhalten recht bald Bescheid wegen der Fouqué-Sendung.

Ihre Definition Bills und der Funktion, die er Ihnen oder mir zumuten wollte, ist glänzend. Alle, denen ich sie vorgelesen habe, haben sehr gelacht. Es ist aber eigentlich nicht zum Lachen.

Herzliche Grüße Ihr Alfred Andersch

Brief A4, 1 S., auf Papier des SDR, diktiert, B.
neue Adresse : Siehe Anmerkung zu Brief Nr. 53.
Definition : Wohl Anspielung auf einen nicht mehr vorhandenen Brief, in dem Arno Schmidt die Gründe für seine Ablehnung der Berufung nach Ulm gegeben haben muß.

75. Alfred Andersch an Arno Schmidt

Stuttgart, 17. Oktober 1955

Lieber Herr Schmidt,

wir haben Ihre Fouqué-Sendung nun schon für den 2. Dezember programmiert und unsere Honorarabteilung gebeten, Ihnen das Ausarbeitungshonorar von DM 450,– recht bald anzuweisen.

Mit herzlichen Grüßen Ihr Alfred Andersch

Brief A4, 1 S., auf Papier des SDR, diktiert, B.
Der Brief trägt zwar Alfred Anderschs Unterschrift, jedoch das Diktatzeichen Hans Magnus Enzensbergers, der vom 1. 10. 55 bis 1. 4. 57 Anderschs Redaktionsassistent war.

76. H. M. Enzensberger an Arno Schmidt

Stuttgart, 20. Oktober 1955

Sehr geehrter Herr Schmidt,
wir sind eben dabei, für das erste Halbjahr 1956 unser Programm für »Das Netz« aufzustellen. Je früher wir Ihre Sendung über Karl May einsetzen können, desto lieber ist es uns. Wollen Sie uns schreiben, wann wir mit dem Manuskript rechnen können? Und geben Sie uns, sobald Sie ihn gefunden haben, den Titel der Sendung? Denn er soll ins gedruckte Semester-Programm eingerückt werden.

Mit freundlichen Grüßen hm enzensberger

Brief A4, 1 S., auf Papier des SDR, diktiert, B.
Das Netz : Die Reihe, in der Arno Schmidts Funk-Essays vom SDR gesendet wurden, hieß bis 15.7.55 ›Das Netz‹, bis 6. 1. 56 ›Nachtprogramm‹, dann ›Spätprogramm‹.

77. Arno Schmidt an H. M. Enzensberger

Darmstadt, den 24. 10. 1955

Sehr geehrter Herr Dr. Enzensberger,
vielen Dank für Ihr Schreiben vom 20. 10. (Zeichen En/Da).
Die Herrn Andersch seiner Zeit angebotene Sendung über Karl May mache ich Ihnen gern. Als Titel schlage ich vor : »Der vorletzte Großmystiker«. Ich werde versuchen, Ihnen das Manuskript im Laufe des Januar fertig zu machen; jedoch hängt alles davon ab, ob ich mir die dazu notwendige rare Lektüre bis dahin beschaffen kann. Ich beginne sogleich, mich darum zu bemühen. Zumindest würde ich aber auf jeden Fall in der Lage sein, Ihnen zu dem gleichen Termin notfalls als Ersatz eine meiner bereits begonnenen Rundfunkarbeiten über Wieland, Lucian oder Samuel Christian Pape (dem letzten des Hainbundes) zur Verfügung zu stellen.

Mit freundlichen Grüßen Arno Schmidt.

Brief A5, 1 S., St.
Lucian : In Arno Schmidts Nachlaß befinden sich keine Arbeiten über Lucian.

78. Alfred Andersch an Arno Schmidt

Stuttgart, 7. 11. 1955

Lieber Herr Schmidt,
herzlichen Dank für die »Berechnungen II«, die soeben hier eingegangen sind. Darüber in Kürze.

Was die Fouqué-Sendung betrifft: sie wird am 2. 12. um 22.30 Uhr über die Mittelwelle gesendet. [Ich sehe soeben, daß Sie den Termin der Karl May-Sendung meinen – darüber schreibt Ihnen Dr. Enzensberger.]

Und zu den Büchern von Karl May: Schreiben Sie mir doch einmal die Titel auf, die Sie besonders dringend benötigen. Wir können dann auch von uns aus einmal sehen, ob wir in der Lage sind, sie zu beschaffen.

Herzlichst Ihr Alfred Andersch

Brief A4, 1 S., auf Papier des SDR, diktiert, Einfügung handschriftlich, B.

79. H. M. Enzensberger an Arno Schmidt

Stuttgart, 8. November 1955

Sehr geehrter Herr Schmidt,

der vorletzte Großmystiker (wer wird der letzte sein?) steht für den 2. 3. in unseren Tabellen. Ist Ihnen das recht? Daß die Raritätensuche gut verlaufe, ist mein Wunsch.

Brockes ist, mit preisenden Worten versehen, nach Hamburg gegangen.

Mit freundlichen Grüßen hm enzensberger

Brief A4, 1 S., auf Papier des SDR, diktiert, B.
Hamburg : Die Brockes-Sendung ›Nichts ist mir zu klein‹ wurde am 16. 12. 55 vom NWDR Hamburg übernommen; zuständiger Redakteur war Siegfried Lenz.

80. Arno Schmidt an Alfred Andersch

Darmstadt, den 10. 11. 55

Lieber Herr Andersch !

Dank für Ihr letztes Schreiben; hoffentlich gefallen Ihnen die neuen »Berechnungen«. – Ich nenne Ihnen hier einmal, wie Sie mir erlaubten, die Titel der benötigten Karl May = Bände :

»Im Reiche des silbernen Löwen«, Bd. I–IV.
»Ardistan und Dschinnistan«, Bd. I und II
»Ich«
»Gedichte«
»Am Jenseits«
»Das Zauberwasser«

Also insgesamt 10 Bände. Der Haken dabei ist nun der : die angegebenen sind die Titel der Jahre um 1930. Seit dem 2. Weltkriege ist die Serie von May's gesammelten Werken erst zum Teil nachgedruckt worden; und, wie es sich gebührt, die besseren Bände (die ergo am schlechtesten gekauft wurden !) sind noch nicht wieder erschienen. Die 4 Bde. des »Silbernen Löwen« liegen, unter neuer Betitelung, zwar schon wieder vor; aber ich weiß nicht, ob diese Neuausgaben gleichzeitig »bearbeitet« oder gekürzt wurden – dann wären sie für meine Arbeit selbstverständlich unbrauchbar. Das Gleiche gilt für den Band »Am Jenseits« : er ist da, sogar unter dem gleichen Titel. / Ich habe nun erst einmal bei dem neuen Karl My

Verlag in Heidelberg (Kayser, Moltkestr. 22) angefragt, ob wenigstens diese 5 Bände unveränderte Abdrucke der alten Texte sind, bisher jedoch noch keine Antwort erhalten. Das Sicherste wäre natürlich die o.a. 10 Stücke antiquarisch zu kaufen; aber May ist immer derart rasch zerlesen worden, daß auch diese Aussicht sehr fraglich erscheint; auch die Großbibliotheken haben ihn aus unangebrachtem Hochmut nie in ihre Bücherbestände aufgenommen. Wünschenswert zu den Werken selbst wären noch einige sogenannte »K.M.=Jahrbücher«, sowie eine 1953 oder 54 erschienene Doktordissertation über K. M. Eine Nietzscheausgabe habe ich mir inzwischen schon geborgt. Wenn Sie also in stuttgarter Antiquariaten etwas auftreiben könnten, wäre das sehr förderlich. / Die Übersetzung geht dem Ende zu; in 4 Wochen will ich fertig sein. / Sonst nichts Neues. /

Gruß, Ihr : Arno Schmidt

Postkarte, St.
Karl My : recte May
Übersetzung : Siehe Brief Nr. 63.

81. Arno Schmidt an Alfred Andersch

Darmstadt, den 7. 12. 1955

Lieber Herr Andersch !
Schönsten Dank für die Fouqué=Sendung – so habe ich wenigstens die 12.000 Arbeitsstunden nicht ganz umsonst hinein gesteckt. Dank auch für den Vorspruch, der aus mir »einen der wenigen wesentlichen Erzähler« unserer Zeit machte : wenn Sie, der praeceptor Germaniae, das sagen, werde ich bald selbst noch daran glauben ! –

Anbei noch einmal der »Cooper« : Sie hatten doch recht, wenn Sie ihn damals als »für den Schulfunk nicht ungeeignet« bezeichneten. Sie boten mir damals an, die Szenen der stuttgarter Schulfunkabteilung vorzulegen; und ich möchte Sie jetzt – wenn noch möglich – doch darum bitten. (Falls es nicht klappen sollte, geben Sie die Blätter bitte wieder hierher an mich zurück). –

Zu dem geplanten Karl May : es scheint wirklich der Fall einzutreten, vor dem ich gleich damals (und inzwischen noch mehrfach) warnte : die zur Zeit neu erscheinenden Serien sind, wie mir der Verlag gestern bestätigen mußte, gekürzt ! Bearbeitet ! (»Weitschweifigkeiten ausgemerzt und Fehler berichtigt«, wie die Herren sich ausdrückten !). Ich muß also mühsam die alten Ausgaben zusammen suchen, und das wird keine Kleinigkeit sein. Selbstverständlich behalte ich die Angelegenheit im Auge, und mache laufend Notizen dazu; aber dafür kann ich nicht garantieren, daß ich das MS werde termingemäß abliefern können ! –

(Haben Sie die »Berechnungen II« schon angesehen ? – Falls Sie sie nicht gebrauchen können, bitte ich auch hier um Rückgabe). –

Nun die Hauptsache : ich lege ein neues Stück bei; den »Letzten des Hainbundes«. Rufen Sie sich bitte kurz Bürgers »Lenore« ins Gedächtnis, Voß und Hölty. Und dann nehmen Sie bitte (aber bitte wirklich !) die Beilage Nr. 4, »Die Kleine« zur Hand; und anschließend – Sie sind ja selbst Pfeifenraucher ! – die letzte, Nr. 7. Dieser Pape – absolut vergessen, und in keiner Geschichte des Hainbundes überhaupt genannt – lief mir bei meinen Fouqué=Studien mit über den Weg; ich habe aus ungedruckten Quellen, Briefen aus Familienbesitz u. dgl., eine Kurzbiographie zusammen gestellt, und stelle den Mann jetzt dem Publikum erneut vor. (Zweimal »stellen« – schön : ich fühle mich erschossen !). / Wenn Sie's brauchen können, desto besser ! Ich wollte nur Ihnen (als dem, der das meiste Anrecht auf meine Sachen hat) auch dies Gemächt zuerst präsentieren. / Wenn Sie's nicht mögen : meinen Sie, daß ich es dem – landschaftlich zuständigen (obwohl die seltsamen Lokalitäten im Süden vielleicht ein zusätzliches asa foetida abgeben könnten ?!) – NWDR offerieren sollte ? Geben Sie mir doch dann die Anschrift des betreffenden Sachbearbeiters. Noch wirksamer wäre es natürlich (falls Sie es vor Apoll verantworten können !), wenn Sie es von Stuttgart aus mit 3 empfehlenden Worten nach Hannover (?) weiterleiten würden. –

Vergeben Sie mir die neue Attacke auf Ihre Zeit. Ich lege noch als captatio benevolentiae einen Ausstellungskatalog für Ihre Gattin mit bei; und verbleibe ansonsten, mit Gruß und Dank, Ihr Arno Schmidt.

Brief A4, 1 S., St.
Beilage Nr. 4 : Siehe RvG S. 189–193
Beilage Nr. 7 : Siehe RvG S. 202–204

82. H. M. Enzensberger an Arno Schmidt

Stuttgart, 15. Dezember 1955

Sehr geehrter Herr Schmidt,

wir danken schön für die Übersendung beider Manuskripte, auf die wir uns sogleich gestürzt haben. Den »Cooper« habe ich nach der Lektüre sofort an den Schulfunk weitergegeben, der mir versprochen hat, ihn auf seine Verwendbarkeit zu prüfen. Ich habe freilich den Eindruck, daß die Leute dort zu eng an die Lehrpläne der Schule gebunden sind, in denen Cooper selbstverständlich ganz und gar nicht vorkommt. Aber wir werden ja sehen!

Die Sendung über Pape läßt sich nicht realisieren. Das antiquarische Verständnis unserer Zuhörer hat da eben doch zu enge Grenzen. Daß mir persönlich solche Rücksicht leid ist, brauche ich Ihnen nicht zu sagen. Es wäre ja immerhin möglich, daß sich der NWDR für »zuständig« erklärt. Allerdings käme da das Kölner Funkhaus in Frage. Und wie man dort auf Arno Schmidt reagiert, wage ich mir nicht auszudenken.

Inzwischen hoffe ich weiter auf den Karl May, den wir für den 2. 3. 56 ins Spätprogramm eingesetzt haben. Ich habe inzwischen 7 Bände May an Sie expedieren lassen. Leider sind 6 davon von der purgierten Sorte, da die anderen auch durch Suchanzeigen im Buchhändlerblättchen nicht aufzutreiben waren. Ich weiß wirklich nicht, was sich da weiter unternehmen ließe. Hoffentlich scheitert die Sendung nicht daran.

Mit freundlichen Grüßen, auch von Herrn Andersch, der gerade wieder einmal verreist ist, Ihr hm enzensberger

Brief A4, 1 S., auf Papier des SDR, diktiert, B.

83. Alfred Andersch an Arno Schmidt

Stuttgart, 19. Dezember 1955

Lieber Herr Schmidt,

meiner Reiserei wegen komme ich erst heute dazu, Ihnen für Ihren Brief vom 7. 12. zu danken, insbesondere aber für den Ausstellungskatalog, mit dem Sie meiner Frau große Freude gemacht haben.

Die Berechnungen II kommen im nächsten Heft von »Texte und Zeichen«. Sie sind äußerst interessant; wenn ich irgendetwas daran auszusetzen habe, dann nur dies, daß Sie ein bißchen schnell zum Thema kommen und mit den Voraussetzungen allzu kursorisch umspringen. Ich habe überhaupt den Eindruck, daß Sie sich nicht ganz bewußt sind, wie neu und fremdartig Ihre Welt für den geistigen Normalverbraucher ist, aber da ich andererseits kein Freund der Methode bin, die alles mundgerecht machen will, habe ich Ihnen im Fall der Berechnungen II keinen Änderungsvorschlag gemacht.

Weihnachtswünsche nehmen Sie sicherlich keine entgegen, aber zum 1. Januar wünsche ich Ihnen alles Gute. Oder würden Sie auch den Gregorianischen Kalender abändern wollen?

Herzlichst Ihr Alfred Andersch

Brief A4, 1 S., auf Papier der Redaktion T&Z, diktiert, B.

84. H. M. Enzensberger an Arno Schmidt

Stuttgart, 20. Dezember 1955

Sehr geehrter Herr Schmidt,

heute kam der »Lederstrumpf« von der Abteilung Schulfunk zurück mit einem Zettel, den ich Ihnen nicht vorenthalten möchte.

Vielleicht zeigt man sich an andern Sendern an Ihrer Arbeit interessiert.

Mit freundlichen Grüßen Ihr hm enzensberger

Brief A4, 1 S., auf Papier des SDR, diktiert, B.
Zettel : Der mit unleserlicher Unterschrift versehene Zettel trägt das Datum des 19. 12.; der handschriftliche Text lautet: »An Herrn Dr. Enzensberger – Mit bestem Dank und der Bitte um Rückgabe an den Autor.«

85. H. M. Enzensberger an Arno Schmidt

Stuttgart, 23. Dezember 55

Lieber Herr Schmidt,
gestern, in einem Nürnberger Antiquariat stöbernd, fand ich etwas, dem ich im Gedanken an Sie nicht widerstehen konnte: die sehr seltene Ausgabe der Gedichte von Karl May. Der Band geht Ihnen auf Kosten des Südd Rundfunks zu, bitte senden Sie ihn mit den andern zurück, wenn Sie's nicht mehr brauchen, damit ich keine Scherereien bekomme.

Ich glaube freilich (hören Sie nicht auf mich), daß diese Gabe ein Kuckucksei in ihre Pläne gelegt sein wird. Die Texte sind zwar erheiternd, aber einer jeglichen Rettung Mays (verzeihen Sie den Lessingschen Ausdruck, ich weiß, Sie lieben den Alten kaum) sprechen sie in ihrer exquisiten Banalität vermutlich Hohn.

Übrigens haben wir wegen der Textschwierigkeiten den Sendetermin auf das zweite Quartal 56 verschoben. Ich helfe Ihnen gern, wenn Sie ohne weitere Texte nicht vorwärtskommen.

Hoffentlich sehe ich bald etwas vom St. H., das Andersch mir bisher vorenthalten hat..

Ich wünsche Ihnen das Beste für Ihre Arbeit und für Ihre Tage.

Ihr hm enzensberger

Brief A4, 1 S., B.

86. Arno Schmidt an H. M. Enzensberger

Darmstadt, den 27. 12. 1955

Lieber Herr Dr. Enzensberger !
Dank für Ihre Bemühungen um den Karl May. –
Ich möchte Sie aber bitten – schon des Geldes wegen ! – den Sendetermin wie vorgesehen bei zu behalten; ich kriege das Stück schon bis Ende Jan./Anf. Feb. fertig. (Ich habe hier in einer uralten Leihbücherei die notwendigen alten Bände so ziemlich beisammen gefunden). –

Glauben Sie ja nicht, daß ich eine »Rettung« May's versuchte ! : Dem Manne soll Gerechtigkeit widerfahren – was kann ich dafür, daß da von seinen 65 Bänden nur 4 bleiben ? Aber für diese 4 werde ich auch eintreten (die »Gedichte« gehören natürlich nicht dazu !). Jedenfalls wird das Ganze, ich möchte sagen, unheimlich belustigend : warten Sie nur, wenn Ihnen aus den beiden letzten Bänden des »Silbernen Löwen« Friedrich

Nietzsche entgegentritt, komplett als Ahriman Mirza, mit Maske und Peitsche : »Vergiß die Peitsche nicht!«. –

Ich verbleibe inzwischen mit den besten Wünschen für ein erfolgreiches 1956, Ihr Arno Schmidt.

Postkarte, St.

87. Arno Schmidt an Alfred Andersch

Darmstadt, den 8. Jan. 1956

Lieber Herr Andersch,

Dank für Ihren Glückwunsch zum neuen Jahr, den ich herzlichst erwidere. –

Ich habe nun inzwischen die für die Karl May=Sendung notwendigen Materialien aufgetrieben; wie ich bereits Herrn Dr. Enzensberger schrieb, wird es keine Schwierigkeiten machen, den ursprünglichen Sendetermin vom 2. 3. beizubehalten; ich sende Ihnen das fertige Manuskript Ende Januar/Anfang Februar.

Eine Bitte noch : können Sie veranlassen, daß mir die 450 DM Sendegebühr für Fouqué übersandt werden ? –

Sobald das Heft mit den »Berechnungen II« vorliegt, geben Sie mir doch bitte 2 Exemplare her (ich will daraus evtl. vorlesen, und die Zusammenstellung mit »Berechnungen I« und ein paar Textproben als jeweiliger Beleg nimmt immerhin einige Tage in Anspruch.)

Inzwischen schönsten Dank für Ihre Bemühungen und Gruß

Ihr Arno Schmidt.

Postkarte, St.

88. Arno Schmidt an Alfred Andersch

Darmstadt, den 22. Jan. 1956

Lieber Herr Andersch !

Beiliegend nun der › Karl May ‹; er hat die vorschriftsmäßige Stundenlänge; und wird auch, wie ich zuversichtlich hoffe, tiefsinnig genug fürs Nachtprogramm geraten sein. Da es sich diesmal nicht darum handelte, einen anerkannten, wenn auch leicht verstaubten, Großliteraten wieder zu beleben; sondern darum, überhaupt erst einmal festzustellen, ob May ins Kontinuum unserer Hochliteratur gehört oder nicht, konnte ich dem Ganzen den weit flotteren Charakter eines Streitgespräches zu geben versuchen – und ich glaube, es ist auch das leidlich gelungen. Vor allem aber habe ich dem Manne Gerechtigkeit angedeihen lassen; was schlecht ist, auf gut irokesisch zerstümmelt, das wenige Gute als solches gekennzeichnet. –

(Die 8 Bände geben Sie doch bitte an die Funkhausbibliothek weiter : nochmals meinen Dank an Herrn Dr. Enzensberger !).

Haben Sie schon die neueste Kulturschweinerei gehört ?: daß man jetzt Bense und dem ›Augenblick‹ an den Leib will ? Die Deutschen sind doch immer der selbe unveränderbare Misthaufen, ganz gleich, welche Regierungsform (schließlich ist es ja auch wirklich egal, ob ein Kuhfladen rund oder ins Quadrat getreten ist : Scheiße bleibt's immer !).

Dank auch für die 70.– DM : sind die ›Berechnungen II‹ denn auch erschienen ? Sorgen Sie doch bitte dafür, daß ich 2 Exemplare dieses – für mich wichtigen – Stückes erhalte. (Von dritter Seite hörte ich, daß Prof. Adorno im nächsten Heft über mich schreiben will – ist wohl eine Tartarennachricht ? – Ich habe zunächst noch an den souverän=begönnernden dabei blutärmlichen Platitüden Sieburgs genug !).

Bitte, bestätigen Sie mir den richtigen Eingang dieser Sendung; und teilen Sie mir auch den Zeitpunkt der Sendung möglichst bald mit. –

Ich verbleibe inzwischen mit den besten Grüßen an Sie und Ihre Gattin, Ihr Arno Schmidt.

Brief A5, 1 S., St.
70.– DM : Das vereinbarte Honorar für den Abdruck von ›Berechnungen II‹ in T&Z 5, 1956.
Platitüden Sieburgs : Friedrich Sieburg hatte am 27. 8. 51 im NWDR Köln den ›Leviathan‹ besprochen, am 26. 9. 53 in ›Die Gegenwart‹ ›Aus dem Leben eines Fauns‹.

89. H. M. Enzensberger an Arno Schmidt

Stuttgart, 30. Januar 1956

Sehr verehrter lieber Herr Schmidt,
haben Sie vielen Dank für das Karl May-Manuskript.
Natürlich haben Sie es zuwege gebracht, uns alle, die wir doch auf Verblüffung gefaßt waren, zu verblüffen.

Ich habe den nächsten freien Termin, den 6. April, für diese Sendung bestimmt; sie noch im März zu bringen, war unmöglich, da wir uns durch das gedruckte Programm bereits festgelegt hatten.

Das Ausarbeitungshonorar in Höhe von DM 450.– lasse ich Ihnen gleich anweisen. Die andere Hälfte bekommen Sie, wie gewöhnlich, sofort nach der Sendung.

Mit herzlichen Grüßen, Ihr hm enzensberger

Brief A4, 1 S., auf Papier des SDR, diktiert, B.

90. Alfred Andersch an Arno Schmidt

Stuttgart, 2. Februar 1956

Lieber Herr Schmidt,
auch von mir ein paar Zeilen zum Karl May:
ich bin auch von diesem Manuskript entzückt – das Ganze ist von einer Perfektion, wie man sie sich als Nachtprogrammredakteur sonst nur

träumt. Ich werde auch für diese Sache wieder Walser bitten, die Regie zu übernehmen. Er hat Ihre beiden vorhergehenden Sendungen wunderbar transparent inszeniert.

Da ich hier mit Bense in ständigem Kontakt bin, habe ich natürlich den Angriff gegen den »Augenblick« sofort miterlebt. Er stammt übrigens von demselben Mann, der seinerzeit im »Rheinischen Merkur« den unglaublichen Angriff gegen »Texte und Zeichen«, Sie und mich geschrieben hat, einem Herrn Theunissen, der folgende Laufbahn hinter sich hat: Kölnische Zeitung, Völkischer Beobachter, Tägliche Rundschau (das Blatt der Roten Armee), Neue Zeitung (das Blatt der amerikanischen Armee), Rheinischer Merkur, NWDR Köln, also immer bei der Regierungspresse.

Daß Adorno über Sie schreiben will, stimmt; ich habe ihn dazu angestiftet. Es fragt sich nur, wann er es tun wird, denn er ist ein enorm Beschäftigter.

»Texte und Zeichen« wird wahrscheinlich schon ab Heft 6 in Darmstadt gedruckt werden, sodaß ich vermutlich alle zwei Monate zum Umbruch für ein bis zwei Tage nach Darmstadt komme. Ich hoffe also auf den Beginn mündlicher Beratungen mit Ihnen in absehbarer Frist.

Mit freundlichen Grüßen, auch an Ihre Frau und von der meinen,

Ihr Alfred Andersch

Brief A4, 1 S., auf Papier des SDR, diktiert, B.

Rheinischer Merkur : Am 11.3.55 unter der Überschrift ›Die Halbstarken – Zu einer »Literarischen Zeitschrift«‹ erschienen.

Adorno : Im Archiv des Süddeutschen Rundfunks Stuttgart befindet sich ein Briefwechsel zwischen Alfred Andersch und Theodor W. Adorno, aus dem die Arno Schmidt betreffenden Passagen im folgenden zitiert seien:

Andersch an Adorno, 8.6.55

Meine große Bitte an Sie ist, wie ich Ihnen schon mündlich vortrug, Sie möchten sich einmal mit dem Werk Arno Schmidts beschäftigen und die Ergebnisse dieser Beschäftigung in der von mir herausgegebenen Zeitschrift mitteilen. Der Fall Arno Schmidt, denn es handelt sich um einen Fall, dürfte Ihnen nicht unbekannt sein; es handelt sich hier um einen Außenseiter in jeder Hinsicht, gesellschaftlich und literarisch, den ich persönlich für die stärkste Sprachkraft unter den Jüngeren halte (vielleicht irre ich mich, und auf keinen Fall möchte ich Ihr Urteil präjudizieren). [...] Des Interesses halber teile ich Ihnen auch mit, daß der Generalstaatsanwalt in Berlin zur Zeit eine Untersuchung gegen Arno Schmidt und mich wegen Verletzung religiöser und sonstiger Empfindungen durch »Seelandschaft mit Pocahontas« eingeleitet hat, und zwar auf die Anzeige rechts-katholischer Gruppen im Rheinland hin. [...] Für den Fall, daß es zu einem Prozeß kommt, würde ich Sie bitten, als Gutachter daran teilzunehmen.

Adorno an Andersch, 27.6.55

Sehr herzlichen Dank für Ihren Brief und die Schriften von Arno Schmidt. Ich habe bereits zu lesen angefangen, mit großem Interesse, komme freilich recht langsam vorwärts, weil ich buchstäblich nur nachts Zeit für eigene Lektüre finde. Ich bin sehr gefesselt, und an der wirklichen Potenz ist kein Zweifel; die Vermittlung freilich zwischen dem mehr oder minder naturalistischen Motiv und dem Konstruktiven vermag mich noch nicht recht zu überzeugen; aber in welcher darstellenden Prosa vermöchte es das schon? In welcher Weise ich öffentlich reagiere, müssen wir noch zusammen vereinbaren; helfen möchte ich sehr gern, und jemanden wie Schmidt gegen den heute unheimlich wieder sich ausbreitenden Obskurantismus zu verteidigen, wird ein Fest sein.

Adorno an Andersch, 31. 8. 55

Ich beschäftige mich dauernd, wenn auch meist nächtlicherweise, mit Arno Schmidt.

Adorno an Andersch, 25. 10. 55

Ich habe noch einmal Pocahontas gelesen und überlege mir, ob es nicht vielleicht das Beste wäre, wenn ich etwas über dieses besondere Stück spräche oder schriebe. Es ist ja wohl das Reifste, sicherlich das Konsequenteste von Schmidt, und es hätte wohl seinen Vorteil, wenn man sich auf etwas Konkretes stützen würde, schon um allgemeinen programmatischen Erklärungen zu entgehen, die gerade bei solchen Dingen nur allzuleicht in der Sphäre landen, in der von blauen Tangenten die Rede ist. Ich stelle mir vor, dabei auszugehen von den spezifischen Widerständen, auf die ein Werk dieser Art stößt, und die Darstellung des Wesentlichen am Phänomen mit der Destruktion dieser Widerstände zu kombinieren.

Adorno an Andersch, 7. 11. 55

Sobald ich nur kann, will ich mich an Arno Schmidt machen; Sie bekommen das ganz bestimmt.

Adorno an Andersch, 13. 9. 56

Arno Schmidt ist nicht vergessen und ebenso wenig die kleine Sache über Surrealismus, die ich längst skizziert habe; beides für Texte und Zeichen.

Adorno an Andersch, 11. 2. 57

Lieber Herr Andersch, wenn ich mich genau kontrolliere, habe ich Ihnen gegenüber ein chronisch schlechtes Gewissen wegen des Arno Schmidt. Aber ich möchte Ihnen wiederholen, daß ich die Sache machen werde, sobald ich die innere und äußere Freiheit habe. Sie dürfen mir wirklich nicht böse sein, aber soviel hat meine Produktion von ihrem eigentlichen Ursprung, dem künstlerischen, doch behalten, daß sie einer gewissen Unwillkürlichkeit unterliegt, und daß ich nicht nach »Prioritäten« schreiben kann.

91. Arno Schmidt an Alfred Andersch

Darmstadt, den 4. 2. 1956

Lieber Herr Andersch !

Daß Ihnen der May wirklich gefallen hat, beruhigt mich nicht wenig; ich habe da immer kein Zutrauen zu mir : meine Hand ist in dergleichen noch so ungeübt, daß ich jedesmal zagend und grämelnd an ein neues Thema gehe. Also nochmals Dank für den ermutigenden Zuspruch. –

Mit gleicher Post traf ein Brief von Ilse Schneider=Lengyel ein, die mir, begeistert von ›Berechnungen II‹, eines ihrer Manuskripte sandte – so ziemlich die fatalste Art, Zuneigung an den Tag zu legen. Habe ihr mit einem ergriffen=kurzen Antwortbrief den ›Kosmas‹ gesandt. (›Habe ihr....‹ : erkennen Sie den ›Serenissimus=Stil‹ eines gewissen Kirschenhändlers ?)

Daß Sie künftig regelmäßig nach D. kommen werden, freut mich sehr ! Daß seit 53 überhaupt noch etwas von mir erscheint, ermöglichen ja lediglich Sie (indem Sie mir drei Viertel meiner Einnahmen zuspielen; und mich – etwa beim ›Kosmas‹ als absolut Einziger ! – mit Lob und Zuspruch versehen : also gleich beiden Arten von eiserner Ration für den

Lebensslalom (man merkt die ›Winterspiele‹, wie ? Na ja : homo sum....)). –

Ich sah, daß Sie am Heftende zuweilen Druckfehler berichtigen : könnten Sie bei Gelegenheit diese 4 aus den ›B. II‹ mit aufnehmen ?:

1) S. 97 re. Sp., Z. 14 v.o. : richtig ›offizinell‹ (statt ›offiziell‹)
2) S. 97 re. Sp., Z. 17 v.o. : hinter ›E I‹ ist einzufügen ›nicht nur‹
3) S. 98 re. Sp., Z. 3 v.u. : ›in‹ ist zu streichen
4) Tabelle, letzte (rechte) Sp., Z. 18 v.u. : richtig ›Planetarium‹ (statt ›Plantarium‹).

Wird es möglich sein, daß Sie in einem der nächsten Hefte die ›Handlungsreisenden‹ bringen ? Es ist doch auch ein kräftig Wörtlein zu dem hundertjährigen Streit um den ›Inhalt‹; und ich möchte auch in dieser Hinsicht mein Credo freimütig präsentieren. –

Ich hoffe Sie nun bald bei mir, in der ›Werkstatt‹, zu sehen ! –

Ihr Arno Schmidt.

Brief A5, 1 S., St.
Serenissimus=Stil : Anspielung auf Anderschs häufiges Weglassen des Personalpronoms ›Ich‹ in den ›Kirschen der Freiheit‹.
Winterspiele : 1956 war das Jahr der 7. Olympischen Winterspiele.

92. Alfred Andersch an Arno Schmidt

Stuttgart, 8. Februar 1956

Lieber Herr Schmidt,

herzlichen Dank für Ihren Brief vom 4. 2. Er brachte mich auf den Gedanken, daß wir, Herr Dr. Enzensberger und ich, über die Karl May-Sendung hinaus keine neue Sendung mit Ihnen vereinbart haben, was ich für das Programm unserer Redaktion bedauere und daher nachholen möchte. Die Frage ist nun, greifen wir einfach ein weiteres Thema aus Ihrer Vorschlagsliste vom 15. August 1955 heraus oder haben sich bei Ihnen neue Pläne entwickelt, die Ihnen mehr Spaß machen würden oder geradezu auf den Nägeln brennen. Sollte es bei der alten Liste bleiben, so bitte ich Sie, sich entweder für Wieland oder Jean Paul zu entscheiden; beide sind Figuren von massiger, jedoch ein wenig schattenhafter Statur, sodaß man sie aufhellen sollte. Aber wenn Ihnen jetzt etwas ganz anderes konveniert: bitte!

»Die Handlungsreisenden« kommen ganz bestimmt in einem der nächsten Hefte von T. u. Z..

Neidisch betrachtete ich unlängst bei Bense das Manuskript einer veritablen Kurzgeschichte aus Ihrer Feder. Ich kam mir von Ihnen zurückgesetzt vor. Aber andererseits mag ich Bense zu gern, um ihm so schöne Dinge zu mißgönnen.

Herzliche Grüße Ihres Alfred Andersch

Brief A4, 1 S., auf Papier des SDR, diktiert, B.
Kurzgeschichte : Laut Arno Schmidts Briefentwurf vom 16. 2. 56 (siehe Anmerkung zu Brief Nr. 93) muß es sich um ›Tina oder Über die Unsterblichkeit‹ gehandelt haben.

93. Arno Schmidt an Alfred Andersch

Darmstadt, den 16. 2. 1956

Lieber Herr Andersch !

Dank für Brief und Zahlung. – Und nun sofort zum Nachtprogramm :

Ich fertige Ihnen natürlich gern noch Einiges an ! Bin auch sehr einverstanden damit, daß Sie den ›Wieland‹ wollen. / Ich habe aber inzwischen – durch einen Zufall allerersten Größe – den Text der ›Insel Felsenburg‹ nicht nur mir beschaffen, sondern ihn sogar für ein Spottgeld von einem unwissenden Antiquar kaufen können : das ist seit 25 Jahren das zweite Exemplar, das im Handel auftaucht; beide habe ich gekauft; das erste ging in Schlesien verloren; nun sitze ich händereibend vor dem vor 1 Stunde angekommenen zweiten ! / Sie wissen, daß ich jenen alten Mammutroman mehrfach gerühmt habe; nicht nur in den jüngsten ›Berechnungen II‹, sondern z. B. auch in ›Brand's Haide‹. Wenn ich noch hinzufüge, daß der hochberühmte ›Simplicius Simplicissimus‹ für seine Zeit des Dreißigjährigen Krieges weniger ist, als diese ›Insel Felsenburg‹ für die Jahre 1720–30; wenn ich sage, daß jener noch rennomiert, diese aber völlig unverdient=verschollen ist; wenn ich erwähne, daß um 1750 dieses Buch neben der Bibel auf jedem, selbst dem kleinsten Bücherbord stand; daß es der ehrsame Handwerksmeister seinem heranwachsenden Gesellen, ehe dieser auf Wanderschaft ging, vorher zu lesen gab; und jeder unserer Größten jener Jahre eingesteht, daß er es voller Begeisterung verschlang : Goethe, Moritz, Tieck, Öhlenschläger; wenn ich andeute, daß es zwar vom ›Robinson‹ angeregt, jedoch weitweit tiefsinniger die einsame Insel nicht mehr als Exil, sondern als Großasyl vor einer irren Welt auffaßt – – : so hoffe ich Ihnen einigen Appetit auf diesen Leckerbissen gemacht zu haben ! / Ich resümiere also : ich erbiete mich, als nächstes die ›Insel Felsenburg‹, als übernächstes dann den ›Wieland‹ zu liefern (d. h. im Laufe des Sommers/Herbstes). – Sollten Sie jedoch nur den ›Wieland‹ haben wollen : auch gut ! : gehe ich als nächstes dann daran. / Nur bitte ich um klare Entscheidung wegen der ›Insel Felsenburg‹; denn :

gestern erhielt ich ein Schreiben des Bayerischen Rundfunks (Dr. Szczesny), in dem ich gefragt werde, ob ich nicht gelegentlich eine 1=Stunden=Sendung für deren Nachtprogramm liefern könnte. Wenn Sie nun nicht an der ›I. F.‹ interessiert sind, würde ich versuchen, sie in München abzusetzen. (Aber, verstehen Sie mich recht : erst wenn Sie das Produkt ablehnen sollten ! Sie sollen natürlich die erste Auswahl haben). –

An weiteren Themen bereite ich vor :

1) Sir Walter Scott
2) Lucian (den Heine und Voltaire seiner Zeit)
3) evtl. Jean Paul
4) habe ich noch Folgendes vor : in Nachfolge der Plutarchischen ›Bioi paralleloi‹ immer je 2 große, vergessene, zusammengehörige Bücher zusammen zu stellen. – Beispiel : Der Themenkreis der ›Subterranen Dichtung‹; und dann die beiden repräsentativsten fantastischsten Vertreter der Gattung; nämlich Holbergs grandiosen ›Niels Klim‹, und Jules Verne's ›Reise zum Mittelpunkt der Erde‹. (Ähnlich ›Kügelgen - Anton Reiser‹ ; Hoffmanns ›Meister Floh‹ und Tiecks ›Vogelscheuche‹; usw.usw.).

Auch hier erbitte ich Ihren Hinweis, was allenfalls davon Ihnen brauchbar erscheint. Oder, noch besser : was davon würden Sie auf keinen Fall goutieren ?! / Und bitte : recht bald Bescheid ! –

Gestern war der Stahlberg=Verlag bei mir, und die Würfel fielen : Ende Juli erscheint das ›Steinerne Herz‹; im nächsten Jahr dann irgendwann ein Sammelband. –

Daß Dr. Walser auch den Karl M a y in Regie übernimmt, freut mich prächtig : er hat eine feine Hand für dergleichen ! (Aber eben so geschickt, daß ich jedesmal meinen alten Glauben wieder neu bestätigt finde : Gott hat ihn für Kritik und Literaturgeschichte prädestiniert. Weniger für eigene Produktion. – Aber sagen Sie ihm das ja nicht !) –

Sonst nichts Neues. Ich hoffe Sie bald bei mir zu sehen. –

Gruß, Ihr : Arno Schmidt.

Brief A4, 1 S., St.
rennomiert : recte renommiert
Zu diesem Brief ist im Bargfelder Archiv ein Briefentwurf erhalten, der in einigen Absätzen Varianten aufweist.
Der Beginn des Entwurfs lautet:
»Dank für Brief und Zahlung ! –
Was die arme »Tina« anbelangt, so ist es nicht Ihr Ernst, daß Sie sich zurückgesetzt fühlen : denn :
a) erschien das Gewebe mir – weil sich eigentlich nur auf *einen* burlesken Einfall gründend (der mir nach der Lektüre eines Petrarca'schen Dialoges, »de Fama Scriptorum«, gekommen war) – zu locker für Sie;
b) wird Prof. Bense das Stück voraussichtlich gar nicht bringen. Er will wohl, der augenblicklich gegen ihn laufenden Angriffe wegen, sehr piano gehen; und wird es kaum in den »Augenblick« aufnehmen (obwohl es, meiner Ansicht nach, politisch völlig neutral ist; mehr noch : gar nichts damit zu tun hat !)
Sobald ich entscheidende Nachricht darüber habe, und Sie es tatsächlich gebrauchen können, werde ich es Ihnen gern für »T&Z« offerieren. –«
›Tina‹ erschien – trotz dieser Bedenken – im Dezember 1956 in Heft 4 des 2. ›Augenblick‹-Jahrgangs.

Gegen Ende des 4. Absatzes, hinter »goutieren«, fährt der Entwurf fort:
»Denn es kann natürlich sein, daß Ihnen Einiges – wie seinerzeit der liebenswürdige Pape – zu antiquiert, zu »unbekannt« ist (obwohl gerade das meinem naiven Gemüt immer als ein Vorzug mehr erscheint – aber das ist, zugegeben, für mich, als archivalische Bohrmuschel, nicht zu übersehen).«
Der vorletzte Absatz lautet im Entwurf:
"Gestern war der Stahlberg=Verlag bei mir: jacta alea est: Ende Juli erscheint das »Steinerne Herz«; im nächsten Jahr irgendwann dann der Sammelband mit 5 (oder 6) alten und neuen Sachen (die Titelerzählung muß ich noch schreiben; also entweder den Stützpunkt oder Lilienthal)."

94. Alfred Andersch an Arno Schmidt

Stuttgart, 17. Februar 1956

Lieber Herr Schmidt,
Selbstverständlich mit dem größten Vergnügen die »Insel Felsenburg«. Ich freue mich schon auf dieses Manuskript.

Dann grundsätzlich und im allgemeinen:

Sie können im gegenwärtigen Augenblick über alle weiteren Themen frei verfügen und zwar, weil wir jetzt so disponiert haben:

im April kommt der Karl May,

im 3. Vierteljahr die Wiederholung der Brockes-Sendung, und für das 4. Vierteljahr ist nun die »Insel Felsenburg« vorgesehen.

Da wir also bis Ende des Jahres über Ihre Beteiligung am Programm disponiert haben, wäre es Nonsense, wenn ich noch weitere Themen blockierte. Ich hoffe, Sie sind damit einverstanden.

In unserem Wiederholungsvierteljahr vom Juli bis September bringe ich außerdem meine Sendung über Sie, die noch nicht veraltet ist, auch wenn sie die neuesten Titel nicht enthält.

Und nun meine besonders herzliche Gratulation zu Ihrem Abschluß mit dem Stahlberg-Verlag. Ich freue mich darüber sehr.

Eine Marginalie zu Szczesny: er ist ein sehr anständiger Mann, politisch absolut ok, und ich bin mit ihm gut befreundet. Im Umgang mit ihm brauchen Sie höchstens zu bedenken, daß er mehr von der Politik und Soziologie herkommt als von der Literatur.

Freundliche Grüße Ihres Alfred Andersch

Brief A4, 1 S., auf Papier des SDR, diktiert, B.

95. Alfred Andersch an Arno Schmidt

Stuttgart, 26. März 1956

Lieber Herr Schmidt,
die Verlegung des Druckes von »Texte und Zeichen« nach Darmstadt ist um eine Nummer verschoben worden, sodaß ich erst im April dazu

kommen werde, nach Darmstadt zu fahren. Natürlich werde ich Ihnen vorher Bescheid geben, damit ich Sie auch bestimmt antreffe.

Auch ich bin in der gleichen Angelegenheit polizeilich vernommen worden, und ich habe das dem Verlag gemeldet. Man muß abwarten, was daraus wird.

Ich begreife nicht recht, warum Sie Bedenken haben, wenn Adorno über Sie schreibt. Er wird doch für Sie schreiben, nicht gegen Sie. Im übrigen liegt dieser Plan noch im weiten Feld.

In der Anlage übersende ich Ihnen die Zuschrift eines Lesers Ihrer »Berechnungen II«.

Herzliche Grüße Ihres Alfred Andersch

Brief A4, 1 S., auf Papier der Redaktion T&Z, diktiert, B.
Anlage : Nicht mehr zu ermitteln.

96. H. M. Enzensberger an Arno Schmidt

Stuttgart, 4. Mai 1956

Sehr geehrter Herr Schmidt,
wir hoffen sehr, daß Sie für uns auch im Sommer wieder ein Spätprogramm schreiben werden. Verschiedene Themen sind ja im bisherigen Gespräch bereits genannt worden. Können Sie sich jetzt bereits für eines davon entschließen? Ich persönlich würde mich ja auf den Wieland-Essay besonders freuen. Sollten Sie aber die Lust an Portraits verloren haben, so hätte ich einen anderen Vorschlag. Wenn Sie, wie ich, die offizielle Literaturgeschichte als ein Instrument zur gesellschaftlichen Neutralisierung, also Unschädlichmachung von Literatur betrachten sollten, wäre es ein nützliches Unternehmen, die Theorie und Praxis dieser Wissenschaft, wie sie heute in Deutschland geübt wird, einmal scharf und kritisch zu beschauen. Sie wären dafür ein idealer Autor, weil Sie mit den Universitäten in keiner Weise versippt oder verschwägert sind – weil ihre Qualifikation aber ganz außer Frage steht. Sicher würde es Ihnen auch an konkreten Beweisstücken aller Art nicht fehlen.

Dies, wie gesagt, nur ein Vorschlag. In jedem Falle möchte ich Sie bitten, uns bald einen Titel oder doch ein Thema aufzugeben. Das Programm fürs vierte Quartal wird in diesen Tagen nämlich bereits gemischt.

Für das dritte (Wiederholungs-) Quartal haben wir eine Wiederholung Ihrer Brockes- sowie der Frankfurter Sendung von Alfred Andersch über Sie vorgesehen.

Mit herzlichen Grüßen Ihr hm enzensberger

Brief A4, 1 S., auf Papier des SDR, diktiert, B.

Darmstadt, den 6. 5. 1956

97. Arno Schmidt an H. M. Enzensberger

Sehr geehrter Herr Dr. Enzensberger !

Dank für Ihr Schreiben vom 4. 5. –

Ich habe bereits am 17. 2. 56 mit Herrn Andersch vereinbart, ihm als nächstes Stück fürs Nachtprogramm eine Analyse des alten Großromans ›Die Insel Felsenburg‹ zu liefern : Sie werden das Manuskript bereits in 2–3 Wochen erhalten. Ich schlage dafür den Titel vor :

›Treffpunkt für Zauberer – die Insel Felsenburg.‹

– – – –

Als nächstes werde ich Ihnen dann, gegen Ende des Jahres (also für Ihr 1957er Programm), ein Porträt Christoph Martin Wielands liefern; unter dem Titel :

›Wieland – oder das Problem der Prosaformung.‹

– – – –

Noch weiter voraus zu schauen hat wohl keinen Zweck; jedoch möchte ich Ihre Aufmerksamkeit schon jetzt darauf lenken, daß ins nächste Jahr der 200. Geburtstag von Karl Philipp Moritz fällt : dem würde ich brennend gern noch mein Weihräuchlein darbringen ! (Über das halbe Dutzend anderer Themen, die ich zu bewältigen im Stande wäre, können wir ja dann später uns verständigen.) – Als nächstes erhalten Sie also die alte ›Insel Felsenburg‹. –

Dankbar wäre ich Ihnen, wenn Sie mir jedesmal 2 (zwei) Exemplare der Quartalsprogramme senden könnten, in denen meine Funkessays erscheinen (also wenn möglich, schon vom 1. Quartal 1956 an, wo der ›Fouqué‹ angekündigt war).

– – – –

Ich verbleibe inzwischen mit herzlichen Grüßen,

Ihr Arno Schmidt.

Postkarte, St.

Treffpunkt für Zauberer : Dieser Funk-Essay ist in DYA veröffentlicht unter dem Titel ›Herrn Schnabels Spur – Vom Gesetz der Tristaniten‹.

Darmstadt, den 18. 5. 56

98. Arno Schmidt an Alfred Andersch

Lieber Herr Andersch !

Anbei die versprochene › Insel Felsenburg ‹ – – hoffentlich gefällt Ihnen das Stück auch diesmal wieder. (Es sind ausreichend funkelnagelneue Entdeckungen darin, das Glück eines Anglizisten zu machen : etwa, daß Edgar Poe einen artigen Meierhof auf Felsenburg besaß; daß die Insel selbst Tristan da Cunha ist; usw. usw.). –

Der Mai geht zu Ende, und Sie haben immer noch nicht kommen können. Ich hätte so mancherlei Geschäftliches mit Ihnen zu besprechen : z. B., würden Sie in ›Texte & Zeichen‹ auch einmal ein Sträußchen

Kurzgeschichten von mir aufnehmen ? (Lediglich ein 'nosegay'; so 1 oder 2 gewetzte Sachen von je 2–3 Schreibmaschinenseiten ? – Wenn's nicht geht, schreiben Sie mir's bitte). (Könnten Sie nicht auch einmal die alten ›Handlungsreisenden‹ bringen ? Es ist doch recht bezeichnend für meine ganze Arbeitsweise !). –

Ein Herr Noth (?), Herausgeber von 'Books abroad', reiste hier durch; ich gab ihm Grüße mit, für den Fall, daß er Sie – wie er es auf dem Programm seiner ›Großen Tour‹ hatte – sprechen würde : sagen Sie : ist das nun ein wichtiger Mann ? (Oder nur ein solider Schwätzer ? Ich bin mir nicht recht klar drüber geworden; hatte auch zu geringes Interesse). –

Sonst wenig Neues. –

Ich bin inzwischen, mit bestem Gruß, Ihr : Arno Schmidt.

Brief A5, 1 S., St.

nosegay : In jedem gängigen Englisch-Wörterbuch findet sich hierfür die Bedeutung ›Blumenstrauß, Wohlgeruch‹. Der von Arno Schmidt geschätzte Muret von 1891 hat auch ›Schlag auf die Nase‹ !

99. Alfred Andersch an Arno Schmidt

Stuttgart, 22. Mai 1956

Lieber Herr Schmidt,

herzlichen Dank für die »Insel Felsenburg«. Das Manuskript ist sehr schön. Es rangiert in meiner privaten Wertschätzung gleich neben dem Brockes.

Das Annahmehonorar von DM 450,– wird in diesen Tagen angewiesen. Wir bringen es im 4. Vierteljahr 1956; im dritten Vierteljahr kommt ja, wie Herr Dr. Enzensberger Ihnen bereits geschrieben hat, eine Wiederholung des Brockes.

Freundliche Grüße Ihres Alfred Andersch

Brief A4, 1 S., auf Papier des SDR, diktiert, B.

100. Alfred Andersch an Arno Schmidt

Stuttgart, 22. Mai 1956

Lieber Herr Schmidt,

bitte schicken Sie mir doch immediat, wenn möglich Eilboten, die beiden Kurzgeschichten, die Sie mir für T. u. Z. anbieten. Auf derartiges aus Ihrer Feder warte ich seit langem.

Die »Handlungsreisenden« finden Sie im nächsten Heft, auf dessen erste Exemplare ich stündlich warte.

Vor ca. 3 Wochen habe ich einmal eines Abends an Ihrer Türe geläutet, aber Sie waren nicht zu Hause. Ich mußte an jenem Tag ganz überraschend nach Darmstadt fahren (die Zeitschrift wird nun doch endlich dort gedruckt). Das kommt davon, wenn man sich nicht anmeldet! Ich werde es das nächste Mal – hoffentlich bald – bestimmt tun.

Herrn Noth treffe ich heute Abend. Ich weiß nicht, was das für ein Mann ist. Aber wenn er sich bei Ihnen gemeldet hat, dann scheint er mindestens einen Riecher zu haben.

Mit freundlichen Grüßen Ihr Alfred Andersch

Brief A4, 1 S., auf Papier der Redaktion T&Z, B.

101. Alfred Andersch an Arno Schmidt

Stuttgart, 29. Mai 1956

Lieber Herr Schmidt,

ich hatte Ihre beiden Geschichten bereits für den Setzer eingerichtet, als bei mir der Groschen fiel und ich entdeckte, daß diese beiden Stories eben doch nicht auf Ihrem Niveau sind. Man kann das nur mündlich begründen, und ich hoffe, es Ihnen irgendwann einmal in Darmstadt auseinandersetzen zu können, sofern Sie darauf überhaupt Wert legen.

Ich bin an allem aus Ihrer Feder denkbar interessiert, also auch an dem mir von Ihnen in Aussicht gestellten Gegenstück zur »Tina«. Schicken Sie es mir also bitte.

Wie immer sehr herzliche Grüße Ihres Andersch

Brief A4, 1 S., auf Papier der Redaktion T&Z, diktiert, B.
beide Geschichten : Nicht mehr zu ermitteln.
Gegenstück zur »Tina« : ›Goethe und Einer seiner Bewunderer‹

102. Alfred Andersch an Arno Schmidt

Stuttgart, 5. Juni 1956

Lieber Herr Schmidt,

wie Sie es wünschen, auch die dritte Geschichte zurück. Ich sage kein Wort gegen die Sprachkraft dieser drei Stücke, aber es besteht einfach eine solche Diskrepanz zwischen eben dieser Sprachkraft und dem, was damit bewegt wird, daß ich sie nicht bringen möchte. Es kommt mir so vor, als benutzten Sie ein Atomkraftwerk zum Eierkochen. Ich bin mir der Möglichkeit des Irrtums durchaus bewußt und bitte Sie, mir wenigstens eine solche Möglichkeit zu konzedieren.

Mit freundlichen Grüßen Ihr Alfred Andersch

Brief A4, 1 S., auf Papier der Redaktion T&Z, diktiert, B.
dritte Geschichte : Nicht mehr zu ermitteln.

103. Alfred Andersch an Arno Schmidt

Stuttgart, 4. September 1956

Lieber Herr Schmidt,

ich bin gestern von einer fast zweimonatigen Reise in Schweden und Norwegen zurückgekehrt und habe mir aus dem Stapel Post gleich Ihren Brief herausgezogen, um nachzusehen, ob Sie mir wegen meiner

Meinung über Ihre drei stories »strukturell« böse sind oder nur einfach grollen. Daß nur letzteres der Fall ist, freut mich.

Herr Krawehl hat mir bereits – es wurde mir sogar nach Schweden nachgeschickt – ausführlich wegen des »Steinernen Herzens« geschrieben, und es ist selbstverständlich, daß ich dem Buch sowohl im Funk wie in der Zeitschrift meinen literarischen Bizeps leihen werde. Ich werde Herrn Krawehl deswegen noch schreiben.

Vielen Dank für den »Hundstagsspaziergang«. Er beweist, daß:

1. in einem Scherz von Arno Schmidt immer noch mehr Sprachkraft steckt als in zwei Pfund lyrischer Manuskripte (und soviel bekomme ich jede Woche auf den Schreibtisch),

2. aber, daß das Scherzen dem Arno Schmidt nicht recht gelingen will, weshalb ich Ihnen das Manuskript zurückgebe. Von Ihnen, mein Lieber, bringe ich nur Prosa oder aber ganz ganz ernsthafte Gedichte.

Es ist doch nötig, daß wir uns bald einmal sehen.

Mit herzlichen Grüßen, auch von meiner Frau, bin ich

Ihr Alfred Andersch

Brief A4, 1 S., auf Papier der Redaktion T&Z, diktiert, B.
Hundstagsspaziergang : Eine erste Fassung des Widmungsgedichts zum ›Steinernen Herz‹; siehe Faksimile auf S. 97.

104. Alfred Andersch an Arno Schmidt

Stuttgart, 17. September 1956

Lieber Herr Schmidt,

ich habe ganz vergessen, Ihnen das beigefügte Schreiben zur Kenntnisnahme zu senden. Bitte geben Sie es mir gelegentlich zurück.

Damit dürfte dies wohl ausgestanden sein. Schade! Das erste Mal, daß ich ein bißchen prozeßbegierig war.

Herzliche Grüße Ihres Alfred Andersch

Brief A4, 1 S., auf Papier der Redaktion T&Z, diktiert, B.
Anlage : Vermutlich Bescheid über die Einstellung des Verfahrens gegen Alfred Andersch; vgl. Anmerkung zu Brief Nr. 53.

105. Alfred Andersch an Arno Schmidt

Stuttgart, 6. 11. 56

Lieber Herr Schmidt,

ich möchte mit Ihnen für das erste Vierteljahr 1957 wieder eine Sendung für das Spätprogramm vereinbaren und bitte Sie deshalb um Ihre Vorschläge, damit wir recht bald zu einer Abmachung kommen.

Und bei dieser Gelegenheit: Meine aufrichtige Bewunderung für Ihr neues Buch. Ich habe es in einem Zug durchgelesen und konnte während der ganzen Lektüre nicht weg davon. Mir scheint diese Fassung vorzüglich, ganz geschlossen und ohne Brüche.

Ich hoffe, Sie recht bald in Darmstadt oder Stuttgart zu sehen. Bense wird etwas diesbezügliches mit Ihnen vereinbaren.

Herzliche Grüße Ihres Alfred Andersch

Brief A4, 1 S., auf Papier des SDR, diktiert, B.
Ihr neues Buch : ›Das Steinerne Herz‹ war im Oktober 1956 erschienen – allerdings in einer vom Verlag um politisch und sexuell ›anstößige‹ Stellen gekürzten Fassung.

106. Arno Schmidt an Alfred Andersch

Darmstadt, den 8. 11. 56

Lieber Herr Andersch !

Dank für Ihr Schreiben. / Dank auch für die wohlgemeinten Trostworte betr. das ›Steinerne Herz‹ : ich sehe die diversen Brüche nur allzu deutlich ! Nun, zumindest können die Böotier wieder einmal mehr ihr Rundumgeschrei anstimmen. / Das mir seinerzeit zugeschickte Schreiben der Staatsanwaltschaft lege ich wieder mit bei, da ich nicht weiß, wie lange es noch dauern wird, bis wir uns einmal wiedersehen. Dann können wir auch die näheren Umstände besprechen; z. B. erzählte mir Kreuder, daß Kasack sich eingeschaltet hätte, usw. – ich weiß nicht, was Wahres daran sein mag. Aber das hat ja alles noch Zeit. –

Nun zu Ihrer eigentlichen Anfrage, das Nachtprogramm anlangend : ich habe mir für die nächsten Monate 4 Stück anzufertigen vorgesetzt, für die ich das Material annähernd beisammen habe; und es wären dies :

1.) ›<u>Das Buch Mormon</u>‹ – ich weiß nicht, ob Sie diese Bibel der Mormonen kennen, die Leute haben immerhin 2 Millionen Anhänger, ein literarischer Bluff größten Stils ! Ich werde das Dings, das vor 130 Jahren zuerst erschien, (und weiter nichts als der biblisch=utopische Roman eines New-England-Reverends ist, zur Tarnung verziert mit dem Rankenwerk eines Analphabeten), ganz sachlich referierend erfassen, als eines der ›Heiligen Bücher der Menschheit‹ – und das ist in diesem Falle die bösartigste Methode, weil dabei der höhere Blödsinn geradezu brüllend wird. Die Sache ist außerdem vom religiösen Standpunkt aus völlig ungefährlich, weil die Mormonen bei Katholen wie Lutheranern als hassenswerteste Heiden und Götzendiener gelten.

2.) ›<u>Dya-Na-Sore</u>‹ – im Jahre 1787 erschien der 5-bändige Riesenroman zuerst; in jener Zeit der Geheimbündelei und Erziehungstheorieen begeistert begrüßt (sein Einfluß auf Goethes ›Meister‹ ist bemerkenswert !). Es ist eines der fürchterlichsten Bücher unserer Sprache – vielleicht gebe ich ihm den Untertitel ›oder der SS=Staat‹

Arno Schmidt
(16)Darmstadt / Inselstraße Nr. 42

H u n d s t a g s s p a z i e r g a n g :

1) Auf Kankerstelzen aus Licht
der kleingeschnürte Sonnenleib
über der Landschaft : "Du mußt nicht jedes Arschloch
grüßen, Liebste." (Zur weiteren Begründung :
" Über dem schleimigreglosen Mund
hätte er auch besser n Zwickel getragen :
warum wird sowas nich von staatswegen verordnet ? :
' Daß ab 60 Jeder
ne Maske zu tragen hat ' ? Würde doch ganze Industriezweige
neu schaffen !" / Bei Gelegenheit mal weiter ausbauen).

2) Zu einer Schnecke ohne Haus :" Na Schneck ?!";
zu einer Schnecke mit Haus :" Nun, Herr Schneck ?"
(Das Wurmpaar ihrer Lippen, fuchsrot, krümmte
sich mehrmals über seinen weißen Platz).

3) Im Fenster am Weg :
a) 1 hakiges Gesicht; raucht ~~[illegible]~~
ein' Zigarrenpflock in der Pfeife.
b) Ostzonensender : zarte Kinderstimmen
singen :' Den Hetzern die Faust ins Gesicht'.
c) Unsere ersten Wehrgesetze beschlossen :
" 't will make a holiday in hell !".

4) Säbelbüschel über den Wirrköpfen : noch
harrten die Weiden des Startblitz'
(Christen beten bei Gewitter zum Großen Kapitain).
(Wenn Pflanzen schreien könnten,
wär' alles voller Geheul : also hat Gott
auch das wieder weise eingerichtet : was'n großer Mann !!)

5) Gigerl, junge; Geckinnen; Stücke von Traktorenreifen unter den Sohlen;
an jedem Gesicht ~~[illegible]~~
nur der Latz des Halses. (Sonst der Körper
ganz in Pflanzenfarben und =formen verkleidet,
Korbblütler und feiste Stämme; die Fransen der Hände; zu weit weg:
Kästchen der Füße=Schuhe. - :"Warstú
früher im Wandervogel?" : "Pas si bête.")

6) Erstarren. Ein Rotausgespanntes.
Am Baum. "Eichhorn" - : Rascheldarin.

7) Sie eilte gekonnt voraus, und ließ
einen Fortz von widerwärtigem Klang; (dennoch klebte
~~[illegible]~~ auf dem Seifenstück heute früh
ein langes Haar ihre Hexenschlinge.
Sie spülte
meinen Schweiß von den Läppchen ihrer Brust). Jetzt
war der Himmel schon ganz schwarz.

8) (Als Gedicht geschrieben - obwohl
es nur ordentliche Prosa ist - :
weil es dann mehr einbringt ! Schmidt.)

– und es ist ein wahres Wunder zu nennen (nur erklärlich durch die braune Unwissenheit), daß er nach 1933 nicht noch einmal aufgelegt wurde. Der einzig mögliche literarische Vergleich ist der mit Platons ›Politeia‹ : nur dort schlagen abstrakte politische Grausamkeit und kalter Wahnwitz die gleichen rollen Irrsinnsaugen auf !

3.) ›Der arme Anton Reiser‹ – am 15. September (1957), vor 200 Jahren, wurde Karl Philipp Moritz, eine der merkwürdigsten Gestalten des ›Sturm & Drang‹, geboren. Ich stelle ihn aber weit höher; den ›Anton Reiser‹ werden Sie ja kennen; aber das ist nur eines seiner zahlreichen guten Stücke. Der Mann ist ein geistiges Hochplateau für sich, sollen die andern Völker nur getrost mit ihren ›Großen Psychologen‹ ankommen, Stendhal oder Dostojewski : sie alle sind erbärmlich kleine Lichter, verglichen mit dem Anton Reiser. Wer's nicht glaubt : tolle, lege !

4.) ›Wieland oder die Prosaformen‹ – ich brauche darüber nichts zu sagen; die kleinen Proben aus dem ›Faun‹ oder den ›Berechnungen i‹ sind Ihnen vielleicht noch gegenwärtig.

Von diesen 4 Themen habe ich die Nr. 3 und – aus bestimmten Gründen – auch 4 zur Bearbeitung im Sommer vorgesehen. Für das erste Quartal kämen also nur 1 und 2 in Frage, und von diesen wiederum würde ich persönlich die Nr. 1 am liebsten als Erstes in Angriff nehmen; weil ich das Material hier so gut wie beisammen habe, und damit im Januar fertig werde. Falls Ihnen die Dya-na-sore allerdings sehr in die Augen stechen sollte, könnte ich evtl. auch die vorziehen. Die Nr. 3 und 4 habe ich Ihnen eigentlich im Augenblick nur deswegen mit genannt, damit Sie mein ganzes Jahresprogramm auf einen Blick überschauen, und entscheiden können, was davon Sie allenfalls interessierte. / Im Augenblick übersetze ich noch; und beende währenddessen das Großcapriccio ›Goethe und einer seiner Bewunderer‹ – ein würdiges Gegenstück zur ›Tina‹, der artig=unartigen, (die, beiläufig bemerkt, jetzt eben im Augenblick erscheinen soll). / Anschließend daran dann beginne ich mit den Nachtprogrammen – vorausgesetzt, daß Satan mir noch so viel Zeit schenkt; aber ich denke schon : ich vergrößere ihm sein Reich viel zu scharmant, als daß er mich jetzt schon entlassen könnte. / ›Freies Berlin‹ hat den Fouqué genommen. Dort sitzt ein Prof. Killy, angeblich Germanist, und also hoffentlich auch für abseitigere literaturgeschichtliche Themen zugänglich. –

Und Sie waren im Norden ? : ich bin 3 (drei) Jahre in Norwegen gewesen; in Schweden und Dänemark auf den (raren) Urlaubertransporten, und mir geht bei den bloßen Namen das Messer in der Tasche auf !

Rühmen Sie diese Ecke des Globus ja nicht allzu übermäßig, sonst müßte ich gar noch eine Berichtigung hinterdreinschicken.

Wenn wir uns einmal sehen könnten, wie Ihr Brief andeutet, so wäre das recht nützlich; ich hätte Einiges zu offerieren (T&Z) und zu besprechen. –

Ich bitte noch, bezüglich der Nachtprogramme, um recht baldigen Hinweis; und verbleibe ansonsten mit den herzlichsten Grüßen, auch an Ihre Frau und von der meinen, Ihr Arno Schmidt.

Brief A4, 2 S., St.
Kasack : Siehe Anmerkung zu Brief Nr. 53.
rollen : So im Brief.
Berechnungen i : In handschriftlichen Texten benutzt Schmidt oft das kleine i als Ziffer 1 ; hier auch in einem maschinenschriftlichen Brief.
ich übersetze : Evan Hunter, ›Aber wehe dem Einzelnen‹
Norwegen : Arno Schmidt war als Soldat von 1942 bis 1945 in Norwegen.

107. Alfred Andersch an Arno Schmidt

Stuttgart, 9. November 1956

Lieber Herr Schmidt,
herzlichen Dank für Ihren Brief vom 8. 11.
Gestern war Heinrich Böll bei mir und erzählte mir von seinem Zusammentreffen mit Ihnen, und während er erzählte, dachte ich mir, wie notwendig es sei, daß auch wir uns wieder einmal persönlich sprechen.

Von ›Dya-Na-Sore‹ habe ich nie in meinem Leben irgendetwas gehört und daher möchte ich von Ihnen am liebsten diese Sendung. Bitte geben Sie mir recht bald einen Titel auf, damit wir diese Dinge für den Programmdruck zur Verfügung haben. Ich möchte die Sendung im Februar bringen und bitte Sie daher mir zu sagen, ob ich im Laufe Januar spätestens mit dem Manuskript rechnen kann.

Und nun die Frage, wann Sie Zeit haben und ob Sie Lust haben, auf Kosten des Süddeutschen Rundfunks für zwei Tage nach Stuttgart zu kommen, damit wir uns einmal eingehender über Sendungen und was damit zusammenhängt unterhalten können. Ich stehe Ihnen jederzeit zur Verfügung mit Ausnahme der nächsten beiden Wochenenden, an denen wiederum Bense sehr gut kann, sodaß Sie Ihren Besuch, wenn wir Wünsche äußern dürfen, am besten auf Freitag/Samstag legen. Wir besorgen Ihnen hier Hotel, auch für Ihre Frau, und wir würden uns freuen, wenn Sie uns zusammen mit Ihrer Frau einmal ausgiebig besuchten.

Herzliche Grüße Ihres Alfred Andersch

Brief A4, 1 S., auf Papier des SDR, diktiert, B.

Darmstadt, den 12. 11. 56

108. Arno Schmidt an Alfred Andersch

Lieber Herr Andersch !

Dank für Ihr Schreiben ! –

Ich mache Ihnen also die Dya-na-sore so zurecht, daß Sie das fertige MS Anfang Januar in Händen haben. Als endgültigen Titel schlage ich, von mir aus, diesen vor :

D y a - N a - S o r e,
blondeste der Bestien.

(den Untertitel darum, weil ein sicherer Nietzsche nicht schlecht davon gespickt hat, oder, vornehmer zu reden, ›davon beeinflußt war; sich hat anregen lassen‹, und wie die Diebesformeln alle heißen. Und bei N. ist ja die ›Blonde Bestie‹ eine berüchtigt=treffende Formulierung für alle diese spartischen Herresrassen, deren unleugbarer Gipfel ja diese Dya-na-Sore ist – was ich Ihnen hoffentlich überzeugend genug werde dartun können. / Falls Sie einen anderen Titel vorziehen, bin ich natürlich auch damit einverstanden). –

Ihre freundliche Einladung nach Stuttgart nehme ich mit Dank an; und werde, wie von Ihnen vorgeschlagen, am nächsten Freitag, den 16. 11., vormittags 11 h 08 m in St. eintreffen, zusammen mit meiner Frau. Wenn ich Sie recht verstanden habe, ist Ihr Programm dann dieses : da Sie übers Wochenende besetzt sind, sprechen und sehen wir uns Freitag. Übernachten die dazwischenliegende Nacht im Hotel. Am Sonnabend übernimmt uns Herr Bense. Und Sonnabend Abend, gegen 19 Uhr, fahren wir wieder ab. / Falls Sie es so gemeint haben, und damit einverstanden sind, antworten Sie bitte <u>nicht</u> : dann weiß ich, daß Alles so in Ordnung geht. Schreiben Sie nur dann kurz, wenn Hindernisse auftreten sollten, und wir meinen Besuch verschieben müssen. –

Dank und Gruß, Ihr Arno Schmidt.

Brief A5, 1 S., St.
Herresrassen : recte Herrenrassen.

Stuttgart, 15. 11. 56

109. Alfred Andersch an Arno Schmidt

Doppelzimmer reserviert Hotel Ketterer Stuttgart Marienstraße 3 Freitag auf Samstag. Gruß Andersch.

Telegramm, B.

Stuttgart, 20. November 1956

110. Alfred Andersch an Arno Schmidt

Lieber Herr Schmidt,

ich habe mich sehr darüber gefreut, Sie einmal ein paar Stunden konzentriert bei uns gehabt zu haben, und ich hoffe, daß sich ähnliche Rendezvous von Zeit zu Zeit wiederholen lassen.

Bitte schicken Sie mir (an den Funk) noch die Hotelrechnung, damit wir Ihre Reisekostenabrechnung mit unserer Honorarabteilung ordnungsgemäß verrechnen können.

Ich bestätige heute nur ganz kurz unsere Vereinbarungen für das nächste Jahr:

Da ist zunächst die Sendung Dya-Na-Sore, deren Manuskript wir so schnell wie möglich brauchen, weil wir es im Februar nächsten Jahres senden wollen.

An weiteren Themen habe ich mich eingeschrieben auf Sendungen über Wieland und Klopstock sowie auf ein Manuskript über Karl Philipp Moritz, das wir zum 15.9.57 als Gedächtnissendung bringen wollen.

Ihre Manuskripte werden wir wie bisher mit je DM 900,– honorieren. Wegen der Ablieferungs- und Sendetermine werden wir uns jeweils verständigen.

Mit freundlichen Grüßen Alfred Andersch

Brief A4, 1 S., auf Papier des SDR, diktiert, B.

Darmstadt, den 8.12.56

111. Arno Schmidt an Alfred Andersch

Lieber Herr Andersch!

Heute lege ich Ihnen das erste der versprochenen Vier vor. Es ist zwar noch nicht die ›Dya-Na-Sore‹ (das Zusammenbringen der 5 Bände macht bibliothekarisch immer noch Schwierigkeiten; aber ich habe alles so weit vorbereitet, daß es dann sehr rasch gehen wird, sobald die – längst bestellten – Bände eintreffen); sondern der Wieland. Hoffentlich gefällt er Ihnen; ich habe an W. – als den raren und sehr interessanten Typ des Intellektuellen – eine ganze Reihe sehr wichtiger Mikroexkurse geknüpft. Oder, präziser : an ihm konnte ich sie exemplarisch demonstrieren. Nun, Sie werden ja selbst sehen. (Falls Sie das Stück nicht gebrauchen können, bitte ich um Rückgabe). –

Die Eisenbahnfahrkarten meiner Reise nach Stuttgart von denen Sie schrieben, habe ich der dortigen Honorarabteilung (zusammen mit der Hotelrechnung) direkt eingesandt; und zwar gleich am Tage nach meiner Rückkunft; ich hoffe, sie werden inzwischen dort eingegangen sein. –

Ich verbleibe inzwischen, mit besten Grüßen (auch an Ihre Frau, und von der meinigen), Ihr Arno Schmidt.

Brief A5, 1 S., St.
Wieland : ›Wieland oder die Prosaformen‹

Stuttgart, 10. Dezember 1956

Lieber Herr Schmidt,

112. Alfred Andersch an Arno Schmidt

ich bestätige Ihnen den Eingang des Manuskripts »Wieland oder die Prosa-Formen.« Besten Dank. Ich habe es noch nicht gelesen, freue mich aber auf die Lektüre.

Mit freundlichen Grüßen Alfred Andersch

P.S. Inzwischen habe ich es gelesen. Ich finde es <u>meisterhaft!</u>

Brief A4, 1 S., auf Papier des SDR, diktiert, Postscriptum handschriftlich, B.

Darmstadt, den 15. 12. 56

Lieber Herr Andersch !

113. Arno Schmidt an Alfred Andersch

Schönsten Dank für Ihren Brief : ich gestand Ihnen schon bei meinem Besuch, daß ich jedesmal aufatme, wenn Sie wieder zu einem Nachtprogramm ›Ja‹ sagen – doppelt erfreut bin ich natürlicherweise, wenn es auf eine so ehrende Weise geschieht : sehr gut !

Die ›Dya-Na-Sore‹ wird Anfang Januar, wie versprochen, fertig; ich habe die notwendige Literatur bereits vor mir liegen, und werde Ende nächster Woche mit dem Entwurf beginnen – o, die wunderschöne ›Hitlerzeit‹ : wenn der Druffel=Verlag nicht sofort einen Neudruck veranstaltet, will ich nicht mehr Schmidt heißen !!

Im mannheimer ›Morgen‹ soll, so sagte mir Krawehl, eine ungeheuerliche Verreißung des ›Steinernen Herzens‹ stattgefunden haben : der Verleger müßte wohl ein halbirrer Psychopath sein, der Autor wäre der ›umgestülpte Mastdarm des Teufels‹ oder so ähnlich; am Ende erhebt er beide Hände zum Himmel, und fragt, wie es möglich sei, daß Alfred Andersch solche Schmutzfinkerei einen ›geheimen Mittelpunkt‹ nennen könne – so lächerlich es ist : es <u>könnte</u> bereits wieder Ansatzpunkt für einen ehrgeizigen jungen Staatsanwalt werden, einen ›aufsehenerregenden‹ Prozeß anzurühren : womit ich beim eigentlichen Thema wäre :

Herr Andersch, ich bin inzwischen dem damals noch ganz unreifen ›Irland=Projekt‹ nachgegangen ! Habe Erkundigungen eingezogen, Pässe verlängern lassen, mit Herrn Krawehl darüber korrespondiert (was keine Kleinigkeit ist, wie Sie ja selbst wissen); war sogar vorgestern bei ihm in Essen (auf der Durchreise nach Lilienthal; wo ich für mein neues gleichnamiges Buch – Ort : 12 km NO von Bremen; Zeit : 1801 – die noch vorhandenen Relikte, sowie die Horizontlinien, mehr ist nicht übrig, aufgenommen habe) : er ist sehr einverstanden; würde mir sogar ein kleines Fixum zur Sicherung monatlich hinüber überweisen.........

Ich meine : können wir mehr verlangen, als ein Land, nicht der Nato angehörig (also eines der wirklich ›freien Völker‹; d.h. die keinem der beiden Machtblöcke angehören !), praktisch menschenleer (die Bevölkerung nimmt jährlich um 40.000 ab !), Nebel, Moore, Wiesen, Wind, Haide, nischt wie Ossian und Joyce, unser Geld verdoppelt sich sofort : wenn der Briefträger mit Prozeßvorladung oder Einberufungsbefehl an die Tür klopfen will, kichern wir nur : The Germany kann me furchtbar leckn !!.....

Ich bewege die Angelegenheit gewaltiglich in meinem Herzen !

(Es wäre für mich natürlich ein ganz anderer Sprung, als für Böll, der immer nur auf 2–4 Monde hinüber wechselt, seine Wohnung in Köln beibehält, und, im Vergleich zu mir ein wohlhabender Mann ist : ich würde meine paar Klamotten verschleudern, die Bücher in Kisten verschiffen, und – zumindest auf diverse Jahre hinaus – nicht an Rückkehr denken : so groß sind die Reizungen der Bundesrepublik in meinen Augen wahrlich nicht ! Und umgekehrt werde auch ich durchaus entbehrlich sein, da ich nicht willens bin, das ›sacrificio dell intelletto‹ zu bringen : sint ut sunt, aut non sint ! Was meinen Sie, was binnen kurzem, nach Inkrafttreten der ›Gesetze zum Schutze der Bundeswehr‹, für uns für ein Slalom zwischen Paragraphen losgehen wird : wenn ich schon ein Bettler bin, will ich wenigstens das Hauptprivileg dieses Standes wahren : ein freier Bettler zu sein !). –

Gern hätte ich Sie zuvor einmal bei mir gesehen; ich möchte wenigstens Einem einmal die Zettelwirtschaft der ›Werkstatt‹ zeigen, manche Schnurrigkeiten, das neue ›Lilienthal‹ würde Sie vielleicht interessieren – vielleicht können Sie doch einmal kommen. / (Haben Sie einmal meinen Verzweiflungsvorschlag einer ›Manuskriptenbörse‹ überlegt ?) /. –

Ich habe – als Gedankenspiel – Mitte/Ende Januar für eine ›Studienreise‹ nach I. ins Auge gefaßt : es ist bei solchen Prozessen durchaus möglich, daß E II zu E I wird ! – Nous verrons. –

Mit herzlichen Grüßen, auch an Ihre Frau, und von der meinigen,

Ihr : Arno Schmidt.

Brief A4, 1 S., M.

Druffel=Verlag : Ein bayrischer Verlag für rechtsradikale Literatur.

Verreißung : Am 7.12.56 unter der Überschrift ›Gott schütze die deutsche Literatur‹ erschienen; siehe Brief Nr. 114.

Irland=Projekt : Der Auswanderungs-Plan Schmidts war wohl mehr als nur ein Gedankenspiel : Er hatte sich bereits an die Irische Gesandtschaft Köln um die nötigen Formulare und Unterlagen gewandt, Heinrich Böll hatte Unterkunftsmöglichkeiten erkundet. Der Plan wurde im Januar 1957 aus finanziellen Gründen aufgegeben (siehe Brief Nr. 118).

E II zu E I : Vgl. ›Berechnungen II‹

Lieber Herr Schmidt, *Stuttgart, den 20. 12. 1956*

114. Alfred Andersch an Arno Schmidt

herzlichen Dank für Ihren Brief vom 15. – Der Verriß im ›Mannheimer Morgen‹ ist das Blödeste, was es gibt. Der Kerl, ein gewisser Dr. Horst Biernath, der, wie ich im Kürschner ermittelt habe, im 3. Reich Unterhaltungsschnulzen geschrieben hat, bringt nichts anderes fertig, als Zitate aus dem ›Steinernen Herz‹ zu bringen und zwischen jedem Zitat die Hände zu ringen. Kein Argument, keine noch so geringe Begründung seiner Ablehnung, sondern nur infantile Exklamationen der Entrüstung. Ich betrachte diesen Wisch als ein letztes Aufzucken des Anti-Arno-Schmidt-Ressentiments in der deutschen ›Kritik‹, (das es natürlich immer geben wird). In Kürze wird es auch der schlechtestredigierten Zeitung nicht mehr möglich sein, solche Arschlöcher gegen Sie loszulassen.

Irland also. Bei mir spricht nichts gegen Irland als das Klima (meine Frau ist rheuma-anfällig und kann nicht in ein ausgesprochenes Rheuma-Klima) und der irische Katholizismus. Ohne diese beiden Faktoren wäre Irland in der Tat das geeignetste Land zum Emigrieren, oder für die Form der Halbemigration, die wir im Sinne haben. Mich reizt überdies der englische Sprachraum mehr als jeder andere. Irland bleibt also auf meiner Traktandenliste, und ich werde, falls Sie Ihre Reisepläne ausführen, schamlos Ihre Erkundigungen und Erfahrungen ausnutzen, denn die Böll'schen sind mir noch nicht stichhaltig genug.

Der Termin der Ablieferung von ›Dya-Na-Sore‹ ist okay.

Sie haben ganz recht, mich an den Besuch in Darmstadt zu erinnern, und ich danke Ihnen für Ihre Einladung. Ich komme bestimmt, und zwar fasse ich jetzt den Februar dafür ins Auge. Ende Januar muß ich nämlich jetzt, nach Abmachungen mit meinem Verlag, mein Buch (den Roman) fertig haben, und Sie wissen ja selbst, daß man angesichts eines solchen Termins psychisch blockiert ist. Es liegt mir aber sehr daran, Ihr Labor kennenzulernen, denn irgendwann einmal will auch ich nocheinmal über Sie schreiben.

In diesem Sinne und mit herzlichen Grüßen ›von Haus zu Haus‹, wie man so schön sagt, bin ich Ihr Alfred Andersch

Brief A4, 1 S., B.
mein Buch : ›Sansibar oder der letzte Grund‹

Lieber Herr Andersch ! *Darmstadt, den 23. 12. 1956*

115. Arno Schmidt an Alfred Andersch

Dank für Ihr Schreiben ! –
Zunächst einmal die beiliegende ›Dya-Na-Sore‹; lesen Sie es bitte – bzw. lassen Sie es lesen – ganz bis zu Ende; hoffentlich sind dann auch Sie der

Ansicht, daß auf dieses Stück unbedingt hingewiesen werden mußte. (Falls es Ihnen nicht gefällt, bitte ich um Rückgabe). –

Sehr interessiert hat mich die Nachricht von der baldigen Fertigstellung Ihres Buches. Ich sagte Ihnen schon in Stuttgart, daß Ihre autobiographischen Mitteilungen in Form der ›Kirschen‹ ein Einundeinzigstes werden könnten : falls Sie sich entschließen sollten, sie weiter zu führen (vielleicht – aber das ist natürlich ein ausgesprochener ›Leserwunsch‹ – sie auch noch zu interpolieren, aufzufüllen). In Ihrem Leben scheinen mir Individualismus und Modellfall so unnachahmlich vereinigt, daß – hinzukommt noch Ihre ausgedehnte Bekanntschaft mit allen ›Geistern‹ der Epoche – an ihm (und durch es) unser ganzes Zeitalter vorbildlich demonstriert werden könnte. Das ist, kombiniert mit dem Eisenpulver Ihrer Sprache, etwas so Rares in der Literatur, daß ..... ja, es fällt mir im Augenblick tatsächlich nur noch 1 weiteres Beispiel ein (und das noch nicht mal in deutscher Zunge, beim alten Cooper). Jedenfalls reibe ich mir jetzt schon die Hände beim Gedanken an das künftige Freiexemplar ! –

Bewogen durch Ihr Zureden, sowie das pausenlose verlegerisch=besorgte Bohren von Krawehl, habe ich mich nun doch entschlossen, Herrn Karl Korn ein paar Sachen nach Frankfurt zu schicken – sogar auch meine Antwort auf die ›Rundfrage‹ mit dem neckischen Thema ›Kann der Mensch in unserer Zeit noch auf Geborgenheit hoffen ? ‹ – nun, danach, komme ich mir endgültig wie eine literarische 5=Groschen=Hure vor ! Jetzt wird wohl auch bald der ›Rheinische Merkur‹ kommen, und das Große Bundesverdienstkreuz. –

Ich bitte um Ihre (ganz kurze) Beratung in Folgendem : Nachdem ich 10 Jahre lang ein ›Nachahmer Joyce'‹ gescholten worden bin, habe ich nun endlich einmal, als Krawehl mir die deutsche und englische Ausgabe des ›Ulysses‹ mitgebracht hatte, mich an diesen gemacht – ein großer Mann, zugegeben : aber es besteht natürlich nicht die geringste Ähnlichkeit ! Nun, das sagten Sie ja selbst. – Nun habe ich mir aber die Mühe gemacht, einmal 50 Seiten der Übersetzung zu vergleichen, und dabei wahrhaft haarsträubende Fehler feststellen müssen ! Völlig sinnentstellende, himmelschreiende Böcke, die man einem wohlgeratenen Primaner nicht verzeihen könnte. Ich weiß nicht, ob Sie jemals meinen Artikel im ›Augenblick‹ gelesen haben, wo ich den Poe=Übersetzer des Hauses Reclam anprangerte (falls nicht, lassen Sie sich doch bitte die betreffende Nummer von Prof. Bense geben). In derselben Art nun will ich Goyert, nicht nur abstechen, sondern auf gut irokesisch zerstümmeln ! Frage an Sie : kann man dergleichen in einem 1=stündigen Nachtprogramm den Zuhörern zumuten ? Oder erledige ich das besser in Form eines Großessays ? Ehe Sie aber, als arbiter elegantiarum den Mund zum Urteil öffnen, bitte ich, wie gesagt, den ›Neumann=Artikel‹ nachzulesen; Sie werden sehen, daß man dergleichen sehr amüsant und boshaft machen kann. Ich weiß allerdings nicht, ob dergleichen schon einmal gemacht worden ist ? Und ob es nicht etwa mehrere Übersetzungen des ›Ulysses‹ gibt – obwohl ich das nicht glaube; denn es steht vor der schweizer Ausgabe ›Vom Verfasser autorisierte Übersetzung‹; und da Joyce ja noch nicht ›frei‹ ist, wird's schon die einzige sein. / Weiterhin : Sie werden in der Dya-Na-Sore lesen, daß ich Platons ›Politeia‹ einigemale zitiere : auch das wäre ein unvergleichlicher Stoff für ein Nachtprogramm, das Stück einmal politisch, philosophisch (›Ideenlehre‹) und formal (Gespräch) auseinanderzunehmen. / Wohlgemerkt : Sie sollen sich keineswegs festlegen, oder auch nur ›dafür interessieren‹ : ich möchte lediglich von Ihrer weit größeren Kenntnis der ›Marktlage‹ profitieren, ob solche Arbeiten überhaupt irgendwo Aussicht auf Annahme haben könnten. Rein lukrativ.

Daß Sie Irland im Prinzip billigen, freut mich. Mir geht es genau wie Ihnen : englischer Sprachraum müßte es sein (bei mir kommt noch hinzu, daß ich zu übersetzen pflege, und mich so perfektionieren könnte !). Bei solcher Lage der Dinge ist I. tatsächlich für uns das einzig ›freie‹ Land in Europa; denn frei kann ich nur den nennen, der weder dem Westen noch dem Osten angeschlossen ist. (In außereuropäischen Räumen wär's natürlich die ›Insel Felsenburg‹, wo man ebenfalls Englisch spricht, und alle Leute 100 Jahre alt werden – nur ist die Überfahrt dorthin für mich zu teuer). – Auch meine Frau tendiert zu Rheuma; ich bin aber in dieser Hinsicht ziemlich unbesorgt : weil ihr 5 Jahre Niedersachsen nicht im geringsten geschadet haben; und außerdem gibt's in I. ja auch massenhaft Hügelgruppen bis 1.000 m Höhe. / Ich ziehe jedenfalls fleißig Erkundigungen ein. –

Über Ihren angekündigten Besuch freue ich mich sehr – obwohl natürlich einem so großen Ereignis, wie der Fertigstellung eines Buches, Alles weichen muß. Kommen Sie nur recht bald; denn ich möchte so rasch wie möglich den deutschen Staub von meinen Schuhen abbürsten : schon schrieb mir in vorsichtigen Formulierungen Herr Krawehl, daß man ›gegnerischerseits prinzipielle Widerlegungen und Aktionen‹ gegen mich vorbereitet ! Und ich bin nicht der Mann, der geduldig hinter dem Pferd stehen bleibt, das ihn schon einmal geschlagen hat – zumal, wenn es sich um ein derartig ausgewachsenes Riesenroß mit Eichenlaub und Schwertern handelt : die Deutschen sollen sich nicht zum zweitenmal an der Literatur versündigen ! (Ich könnte es auch vornehm so ausdrücken : Eine der höheren Formen des Patriotismus gebietet mir, meinem Vaterlande dergleichen Blamage durch meine freiwillige Entfernung zu ersparen : ist das nun nicht hochherzig von mir gedacht – meingott, was kann man mit Worten alles machen !!). –

Vergeben Sie mir mein langes Geschwätz. –

Ich verbleibe mit den besten Grüßen an Sie und Ihre Frau (und von der meinen) – lesen Sie Ihr doch gleich mit donnernder Stimme die Stelle über die Familie aus der Dya-Na-Sore vor : Seite 12, Zeile 4–6 von oben; ich habe es mit der meinigen auch versucht, und ernte täglich noch Früchte dieses Experimentes ! – Ihr Arno Schmidt.

Brief A4, 2 S., M.
ein paar Sachen : Auf einem Brief Karl Korns vom 21. 11. 56 mit der Bitte, der FAZ einen Beitrag zu schicken zum Thema ›Kann der Mensch noch auf Geborgenheit hoffen‹ findet sich in Arno Schmidts Handschrift folgende Bleistiftnotiz:
Am 18. 12. 56 fluchend dem Schwein eingesandt : Geborgenheit, Seltsame Tage, Man, Griechisches Feuer, Was soll ich tun, Schlüsseltausch, Finster wars, Schwarze Haare.
Artikel im ›Augenblick‹ : ›Offener Brief an W. Carl Neumann‹
über die Familie : Siehe Dya S. 36, Zeile 15–18.

116. Alfred Andersch an Arno Schmidt

Stuttgart, den 29. 12. 1956

Lieber Herr Schmidt,

›Dya-Na-Sore‹ ist wieder ein Volltreffer. Ich versichere Ihnen, daß niemand einen solchen Funkdialog zu schreiben in der Lage ist. (Sie unterschätzen Ihre Funkmanuskripte, nur weil Sie sie aus dem Ärmel schütteln.) Natürlich werde ich Walser hinstellen müssen, um die Sache richtig inszeniert zu bekommen – ein derart komprimierter Dialog bedarf feinster Transparenz in der Wiedergabe. Ob ich die ersten zwei Seiten mit ihrem herben Schuß gegen die Schwulität hier durch bekomme, weiß ich noch nicht (ich selbst habe sie mit innigem Behagen gelesen), aber für diese Passage müssen Sie mir Änderungsmöglichkeiten konzedieren, denn über die direkte Nennung sexueller Tatbestände sind im Funk nun mal Tabus verhängt, die oft nur die Wörter betreffen – ich muß hier erst mal abtasten, was in diesem besonderen Fall möglich ist.

Schönen Dank also. Das Geld wird gleich angewiesen.

Ich bin gerade bei der Lektüre der ›Tina‹. Sie wissen, daß ich meinem Freund Bense alles gönne, aber in diesem Fall bin ich doch ein wenig neidisch geworden. Lieber Herr Schmidt : das nächste Stück dieses Kalibers bekomme aber ich für ›Texte und Zeichen‹. Sie müssen bald wieder mit einem solchen Hauptstück in der Zeitschrift vertreten sein. – Ihre Sprache ist für mich von immer der gleichen Faszination; Sie sind der einzige deutsche Autor, den ich leidenschaftlich gern lese, (unter den Lebenden natürlich), lese mit jenem tiefsitzenden Amüsement, das ich für eines der ernstest zu nehmenden Gefühle halte.

Joyce. Das ist natürlich eine sehr ernst zu nehmende Angelegenheit. Wenn die deutsche Übersetzung des ›Ulysses‹ wirklich so schlecht ist, so muß man das unbedingt sagen und nachweisen können. (Ich kenne Ihren Neumann-Artikel; Sie haben ihn mir ja seinerzeit für TuZ angeboten, aber er war zu lang.) Die Sache hat nur einen Haken. Ich kann Ihnen nicht mehr als maximal 8 Schreibmaschinenseiten doppelzeilig dafür abnehmen, der Raum ist einfach zu beschränkt, – wenn Sie's in diesem Raum (und lieber noch kürzer) machen können, dann würde ich mich über Ihren Beitrag freuen.

Ihr statement in der FAZ-Umfrage war hinreißend. Das als Schluß einer Umfrage, die mit Adenauer begann, sollte Sie eigentlich mit Korn versöhnen.

Eben sehe ich, Ihren Brief nochmals überlesend, daß Sie für die Joyce-Sache doch die große Form im Sinne haben. Über die Möglichkeiten hierfür muß ich mich selbst erst einmal unterrichten. Eigentlich müßte es dafür eine wissenschaftliche Publikationsmöglichkeit geben. Ich will es mit Bense besprechen.

Dank für Ihren Rat, eine Fortsetzung oder Interpolation der ›Kirschen‹ betreffend. Eine Auffüllung der vorliegenden Fassung ist mir nicht möglich. (Goethes Tagebuch der italienischen Reise ist viel besser als seine spätere Ausarbeitung auf drei Bände.) Hingegen denke ich natürlich an eine Fortsetzung; ihr müßte aber ein acte gratuit vorausgehen, der dem der Desertion in den ›Kirschen‹ entspricht und von dem aus alles beleuchtet wird, also: eine neue Desertion. An ihr arbeite ich, denn ich will nicht mehr lange in einem Land und unter einer Bevölkerung leben, in dem und unter der sich keine öffentliche Stimme erhebt, wenn ein Mann, der nichts begangen hat als einen politischen Irrtum, für vier Jahre ins Zuchthaus geschickt wird. Ich habe für Deutschland nur noch Verachtung und Haß übrig und ich hoffe, daß es mir in diesem Leben gelingt, einmal nichts mehr mit den Deutschen zu tun haben zu müssen. Es ist schon schlimm genug, daß man gezwungen ist, in ihrer Sprache schreiben zu müssen.

Herzliche Grüße Ihres Alfred Andersch

Brief A4, 2 S., B.

vier Jahre Zuchthaus : Wohl Anspielung auf den Leiter des Verfassungsschutzamtes Otto John, der am 20. Juli 1954 in die DDR ging, um von dort neonazistische Tendenzen in der BRD zu bekämpfen. 1955 flüchtete er zurück in die BRD und wurde dort wegen Landesverrats zu 4 Jahren Zuchthaus verurteilt.

117. Alfred Andersch an Arno Schmidt

Stuttgart, 15. Januar 1957

Lieber Herr Schmidt,

heute nur in aller Eile Antwort und Dank für Ihren Brief vom 5. 1. Ihr »Goethe« ist trefflich, und ich werde ihn mit Vergnügen in der Zeitschrift bringen. Endlich wieder einmal ein schwerer Brocken aus Ihrer Feder im Blatte.

Was die Korrekturen der Dya-Na-Sore betrifft, so machen Sie sich bitte keinen Kummer. Einige Experten, die ich befragte, sind noch weniger besorgt als ich. Sollten wir wirklich eine Änderung benötigen, von der ich auch nur im entferntesten annehmen muß, daß sie Ihrer Zustimmung bedarf, so werde ich mich deshalb bei Ihnen erkundigen.

Hinsichtlich des Mammut-Angriffs bei der Joyce-Übersetzung wiege ich noch mein Haupt in der Art, wie es die Eisbären im Zoo tun. Ich schreibe Ihnen darüber noch. – Weitere Quartalsprogramme schicke ich Ihnen gleichzeitig.

Herzliche Grüße Ihr Alfred Andersch

Damit ist auch Ihre heutige Karte beantwortet, mit Ausnahme von b.) Wieland. Dieser kommt im 2. Vierteljahr.

Brief A4, 1 S., auf Papier der Redaktion T&Z, diktiert, Postscriptum handschriftlich, B.

118. Arno Schmidt an Alfred Andersch

Darmstadt, den 19. 1. 57

Lieber Herr Andersch !

Schönsten Dank für die Annahme des ›Goethe‹ – ich fürchtete fast, er wäre allzu übermütig; denn es ist eigentlich so : daß ich Stücke wie ihn und die ›Tina‹ nur zu meiner eigenen Belustigung verfasse; als Satyrsprünge leerer Stunden, wenn mich der ganze Betrieb, ob 45%=Klausel, ob hiesiges Literatengewäsch, ob Großstadtgetue, wieder einmal so sehr anstinken, daß ich mir nicht anders zu helfen weiß. (Tiefsinniger formuliert : es ist meine Art der Selbst=Schutzimpfung, wenn ich zwischen Asfaltfloren und =faunen leben muß ! ›Auf dem Lande‹ würde ich dergleichen nie schreiben !)

Also : ›Flieh ! Auf ! Hinaus ins weite Land ! ‹ – tja, aber wohin ? Denn mit Irland wird es am Ende doch wohl nichts (was nicht an mir liegt); man hat botschaftlicherseits den Nachweis verlangt, daß ich für 10 Jahre Kostgeld mitbringe – ein ›Nachweis‹, den ich natürlich nicht führen kann. Also bleibt nur noch die Haide oben ! (Und ich werde in den nächsten Wochen wilde Anstrengungen machen, um wenigstens die zu erreichen; denn ›Lilienthal‹ kann hier, in Darmstadt=Pforzheim nicht entstehen !). –

Schönen Dank auch für die Sondernotiz auf dem neuesten Quartalsprogramm : ›Lieblich klingt Ruhm mir von Dir, dem weithingerühmeten Manne‹ ! –

Joyce=Goyert : ich hatte mir die Ausführung recht putzig gedacht; als Vierergespräch. Der ›Diskussionsleiter‹, der die Bälle geschickt zuspielt; der Leser, der ob der vielen Mißverständnisse und Dunkelheiten klagt, und geschickt nach ›Oh ! ‹ hin erstaunt, wenn wieder ein besonders dicker Bock von Sechzehnender erlegt ist; und als unwiderlegliche Eideshelfer und Kronzeugen einmal den dicken ›Webster‹ (das amerikanische Großlexikon) oder besser gleich ›Uebster‹; und die Miß ›Encyclopädia Britannica‹ (die beiden Letzteren mit leicht englischem Akzent als unversiegliche Brunnen der Information und gleichzeitig Kronzeugen). Es würden viel schöne, allgemein=bedeutende Kapitel, den Übersetzerberuf betreffend, zur Sprache kommen, nicht zu singen und sagen ! – Überlegen Sie's doch bitte noch einmal gut; ich denke mir immer, es wäre gut, ein solches Buch vor der Torheit der Zeitgenossen zu schützen, und die federflinken Schmierer auf die Finger zu klopfen : wie würde es uns schmecken, wenn man unsere Sachen einmal auf so barbarische Weise servierte ?! / Nun, ich erwarte in Geduld Ihre Meinung. –

Jetzt noch eine rechte Unverfrorenheit (aber ich weiß mir im Augenblick keinen anderen Rat !) : Sie haben, wie ich Ihren Pariser Berichten zu entnehmen glaube, zahlreiche Bekannte in Frankreich. Ich brauchte nun dringend für ›Lilienthal‹ ein Buch; nämlich :

F.V.A. Aulard : Le Culte de la Raison.

(Paris. 1. Aufl. 1892; 2. Aufl. 1904; vielleicht noch öfter).

Obwohl hierzulande einfach nicht erhältlich, dürfte es drüben doch unschwer aufzutreiben sein. : Können Sie einmal einen Ihrer Bekannten danach in ein großes Antiquariat schicken ? Ich erstatte selbstverständlich alle Auslagen; es handelt sich ja um absetzbares ›Handwerkzeug‹. / Falls Sie aber drüben auch niemand Geeigneten wissen, geben Sie mir bitte Bescheid. / (Eben fällt mir ein : Vielleicht weiß Frl. Dr. Walther Jemanden ?). / Entschuldigen, daß ich Sie zu all Ihrer Arbeit auch noch mit Bücherbeschaffungen behellige. –

Ich verbleibe inzwischen mit besten Grüßen, auch an Ihre Frau, (und von der meinen), Ihr Arno Schmidt.

Brief A4, 1 S., M.

Irland : Unter »Posteingang« findet sich in Arno Schmidts Tagebuch am 15. 1. 57 der Eintrag: »Irische Gesandtschaft : Verlangt Nachweis der ›finanziellen Sicherung‹ – also Kreuzweis ! Schluß mit dem Projekt ! « Darauf folgt das Tagebuch-Zeichen für ›Alkoholgenuß‹ und: »Irland vergessen.«

Sondernotiz : Unter ›Nachrichten aus der Redaktion‹ heißt es in der ›Radio-Essay‹-Programmbroschüre 1/57 : »spezialitäten unserer redaktion sind die sendungen von arno schmidt, in denen dieser umstrittene sprachrevolutionär zeigt, über welche genauen kenntnisse der sprachtradition er verfügt.«

Stuttgart, 22. Januar 1957

119. Alfred Andersch an Arno Schmidt

Lieber Arno Schmidt,

heute nur kurz zu der Angelegenheit Joyce-Übersetzung:
Ich finde einfach diese Sache so wichtig, daß mir scheint, es ist ihr mit einer noch so glänzend gemachten Rundfunksendung nicht gedient. Man müßte einen Verleger finden, der die Sache druckt und Ihnen den Auftrag gibt, eine ganz exakte Dokumentation über den Fall zu liefern. Eine Funksendung erscheint mir letzten Endes einfach zu unseriös für die Präsentation eines Themas von solchem Belang. Wir sollten uns den ganzen Komplex noch mehrmals überlegen, ehe wir uns dazu entschließen, damit an die Öffentlichkeit zu gehen.

Wegen des Buches von Aulard: ›Le Culte de la Raison‹ habe ich heute an meinen Freund Bernard Dort in Paris geschrieben.

Herzliche Grüße Ihr Alfred Andersch

Brief A4, 1 S., auf Papier des SDR, diktiert, B.

Stuttgart, 4. März 1957

120. Alfred Andersch an Arno Schmidt

Lieber Herr Schmidt,

besten Dank für Ihre Karte vom 10. 2., die ich erst heute beantworte, weil ich 14 Tage verreist war »dienstlich«, in der Schweiz und Italien. Darüber Näheres mündlich.

Selbstverständlich erhalten Sie Korrekturfahnen von »Goethe und einer seiner Bewunderer«. Ich bin sehr froh, wenn Sie mir diese Arbeit abnehmen. – Ehe ich sie Ihnen zuschicke, gebe ich Ihnen Auszug aus einem Brief meines Verlegers vom 21. Februar:

> In den Korrekturfahnen zu »Texte und Zeichen« habe ich den Beitrag von Arno Schmidt gelesen, und ich erhebe offiziell Einspruch, wenn Herr Arno Schmidt nicht bereit ist, die Änderung vorzunehmen, die ich zur Vermeidung eines erneuten Ermittlungsverfahrens wegen Verstoßes gegen die bekannten Paragraphen für notwendig halte. Ich meine die Stelle in Spalte 13 mit folgendem Text:
> »Christentum ? : Je nun : wir verständigten uns mühelos durch Worte; durch Zeichen. (Er hatte »oben« die Bekanntschaft der zweiten weiblichen Erscheinung Christi gemacht, der Anna Lee, und wußte die charmantesten Details.)«

Ich vermute, Sie sind gleich mir der Ansicht, daß die Veröffentlichung nicht an diesem minimalen Einspruch scheitern sollte. Bitte überlegen Sie sich, was wir hier machen, d.h. ob Sie sich entschließen können, die 3 Zeilen ganz zu streichen oder so zu verschlüsseln, daß eine Dechiffrierung nicht einmal den gewiegtesten Code-Experten des Heiligen Stuhls gelingt.

Bitte schicken Sie mir Ihren Aufsatz aus die »Andere Zeitung«. Ich war in der fraglichen Zeit weg, und es ist sehr schwierig und umständlich für mich, die betreffende Nummer zu beschaffen. Sie bekommen ihn bestimmt von mir zurück.

Mein neuer Roman erscheint im Spätsommer. Sie bekommen natürlich sofort ein Exemplar.

Daß Schnurre Ihnen geschrieben hat, freut mich sehr. Er ist einer der sympathischsten Leute. Der Ring schließt sich.

Herzliche Grüße »von Haus zu Haus« Ihr Alfred Andersch

Brief A4, 1 S., auf Papier der Redaktion T&Z, diktiert, B.
Ihren Aufsatz : Vermutlich ›Der Schriftsteller und die Politik‹

121. Arno Schmidt an Alfred Andersch

Darmstadt, den 8. 3. 1957

Lieber Herr Andersch !

Dank für Ihren Brief ! Das hoffe ich, daß wir uns bald wieder einmal sprechen können ! –

Den vom Verleger beanstandeten Absatz aus dem ›Goethe‹ betreffend, habe ich Folgendes zu sagen : dahinter würde von katholischer Seite bestimmt niemand haken; denn bei der zitierten Anna Lee handelt es sich um die halbverrückte – aber interessante – Sektenstifterin der sogenannten ›Shakers‹, einer, von sämtlichen christlichen Großbekenntnissen verachteten Splitter= und Ketzersekte. Ich bin aber bereit, das dem Herrn Verleger anstößige Wort ›Christ‹ etc. völlig aus dem Paragraphen zu beseitigen; und zwar so, daß er, in der endgültigen Fassung dann so heißen wird :

> »Tjaja, die Schäker; große & kleine.« : wir verständigten uns mühelos durch Worte, durch Zeichen (er hatte ›oben‹ die Bekanntschaft der zweiten weiblichen Erscheinung gemacht, der Anna Lee; und wußte die charmantesten Details. »Aber die Joan Southcott ist noch viel intressanter : scharfe Sechzigerin ! «). (»Und Eva von Butlar ? « : auch die.).

Also jetzt könnte doch auch Pius xii nichts mehr dagegen haben : es werden ja nur ein paar pikante Irrlehrerinnen erwähnt (obwohl die Eva von Butlar – naja; aber das führt zu weit); jedenfalls ist die Tarnung jetzt doch wohl dick genug; die Stelle luchterhandisch entschärft. –

Anbei auch der verabredete ›Klopstock‹. Hoffentlich gefällt er Ihnen – es war eine schwere Geburt; denn eigentlich kann ich ihm, oder genauer : seinem ersten, nichtswürdigen, Halbjahrhundert, natürlich nicht ›gerecht‹ werden. Künstlerisch & sprachlich wohl; aber weltanschaulich und menschlich nicht : aber darauf kommt es ja bei Beurteilung seiner dichterischen und literarischen Qualitäten nicht an. / Geben Sie bitte Bescheid, ob Sie das Stück gebrauchen können. –

Ich habe für Herrn J a n c k e eine 5=Minuten=Sendung auf Band gelesen, über literarischen Konformismus : kommt die betreffende Sendung auch in Ihrer Reihe ? / Den erwähnten Artikel aus der ›Anderen Zeitung‹ suche ich Ihnen zu beschaffen – aber sehr wichtig war er nicht; eben 1 tapferes Gebelle mehr. / Ich übersetze und übersetze, und komme nicht zu ›Lilienthal‹. –

Inzwischen also, mit herzlichen Grüßen (auch von meiner Frau und an die Ihrige), Ihr Arno Schmidt.

Brief A4, 1 S., St.
endgültige Fassung : In T&Z 13, S. 248 findet man allerdings geringfügige Abweichungen hiervon; weitere Varianten DYA S. 125/126.
Klopstock : ›Klopstock oder Verkenne dich selbst‹
Konformismus : ›Was bedeutet »Konformismus« in der Literatur heute ? ‹ – Im Briefwechsel Arno Schmidts mit dem SDR findet sich kein Hinweis auf eine spätere Sendung dieses Textes.

122. Alfred Andersch an Arno Schmidt

Stuttgart, 11. 3. 57

Lieber Herr Schmidt,
herzlichen Dank für Ihren Brief vom 8. 3. und vor allem für den trefflich geratenen Klopstock. Ich lasse das Annahmehonorar dafür in Höhe von DM 450,– gleich überweisen.

Ihre großzügige Bewilligung der Änderung im Text von »Goethe und einer seiner Bewunderer« ist notiert. Ich werde dafür sorgen, daß Sie möglichst bald in den Besitz von Fahnenkorrekturen kommen.

Sie vermuten richtig, daß die von Herrn Dr. Jancke vorbereitete Konformismus-Sendung bei mir hätte kommen sollen. Sie wird auch kommen, da, wie ich höre, auch Beiträge anderer Autoren bereits eingegangen sind. Allerdings müssen wir jetzt etwas Zeit verstreichen lassen. Erst in ein paar Wochen kann ich an Frau Jancke herantreten und sie bitten, das Material zu sichten und zur Verfügung zu stellen, das Herr Jancke zurückgelassen hat. Sie hören darüber noch von mir.

Mit herzlichen Grüßen Ihr Alfred Andersch

Brief A4, 1 S., auf Papier des SDR, diktiert, B.

123. Alfred Andersch an Arno Schmidt

Stuttgart, 14. März 1957

Lieber Herr Schmidt,
beigeschlossen Manuskript und zwei Fahnenkorrekturen von »Goethe und einer seiner Bewunderer«. Ich möchte Sie bitten, die mir schriftlich mitgeteilten Änderungen beim Korrekturlesen selbst zu berücksichtigen.

Am Schluß hat die Druckerei einen Lapsus gemacht insofern, als sie den Schlußabsatz im gleichen Schriftgrad wie den Fragebogen abgesetzt hat. Das ist natürlich Unsinn. Der Absatz muß in der normalen Schrifttype gesetzt werden.

Ich möchte Sie bitten, die Korrektur der Einfachheit halber direkt an den Verlag zurückzugeben: Darmstadt, Donnersbergring 16. Sie können dort alle notwendigen Änderungen entweder mit dem Verlagsleiter, Herrn Dr. Heinz Schöffler, oder mit dem Hersteller, Herrn Beck, besprechen.

Ich selbst werde voraussichtlich am nächsten Dienstag, dem 19. März, in Darmstadt sein und mich im Laufe des Nachmittags bei Ihnen melden. Allerdings werde ich nur 1–2 Stunden am Nachmittag zur Verfügung haben, was ich Ihnen noch mündlich erklären werde.

Im voraus freue ich mich schon, Sie wiederzusehen. Mit freundlichen Grüßen, auch an Ihre Frau, Ihr Alfred Andersch

Brief A4, 1 S., auf Papier der Redaktion T&Z, diktiert und in Abwesenheit AAs von der Sekretärin unterzeichnet, B.

124. Alfred Andersch an Arno Schmidt

Stuttgart, 3. April 1957

Lieber Herr Schmidt,
gleich nachdem ich mich kürzlich von Ihnen verabschiedet hatte, stieg ich in eine Konferenz mit »meinem« Verleger, der mir bedeutete, daß »Texte und Zeichen« nur noch 1957 erscheinen werden. Dies nur zu Ihrer Information. Dem guten Mann ist das Blättchen doch zu teuer geworden.

Wir haben uns über die zwei Stunden bei Ihnen sehr gefreut, und ich hoffe, daß es noch öfters zu persönlicher Kommunikation kommt.

Am Freitag, dem 12. April, wird Sie mein Mitarbeiter Helmut Heißenbüttel besuchen. Er möchte Sie kennenlernen und mit Ihnen über die Joyce-Sendung sprechen. Ich würde Ihnen nicht seinen Besuch ankündigen, wenn Herr Heißenbüttel nicht für Sie ein äußerst ergiebiger Gesprächspartner wäre. Darüber hinaus ist er einer von unseren Leuten. Und da er schließlich das Nachtprogramm in den nächsten Jahren machen wird, ist es schon gut, wenn es zu einem Kontakt zwischen Ihnen beiden kommt. Es besteht eine schwache Möglichkeit, daß ich mitkomme, weil ich zur Aufnahme eines Gesprächs an diesem Tage nach Heidelberg muß.

Mit herzlichen Grüßen, auch an Frau Schmidt, bin ich

Ihr Alfred Andersch

Brief A4, 1 S., auf Papier des SDR, diktiert, B.
Heißenbüttel : Helmut Heißenbüttel war vom 1. 4. 57 an Redaktionsassistent; mit Alfred Anderschs Ausscheiden aus dem SDR übernahm er am 1. 1. 59 die Redaktion ›Radio-Essay‹.

D., den 5.4.57

125. *Arno Schmidt an Alfred Andersch*

Lieber Herr Andersch :

Das war ein schöner Schlag, den Sie mir mit Ihrem letzten Brief versetzt haben ! Wir leben in einem Jahrhundert, in dem nichts gedeihen soll – es ist, um ohne viele Umschweife toll zu werden ! –

Ich tagelöhnere auch wieder hübsch regelmäßig : 6 Stunden am Tage übersetzen; den Rest zum Posterledigen; evtl. ab und zu ne Kurzgeschichte produzieren : so liegt mein Pensum für April und Mai fest. / Anschließend sind dann wieder Nachtprogramme an ihrer Reihe. –

Für den Besuch von Herrn Heißenbüttel halte ich also den 12. 4. frei : falls Sie mitkommen könnten, wäre es freilich am Schönsten; aber damit kann man ja bei Ihrer Arbeitslast nicht rechnen. –

Ich verbleibe also fürs erste, mit den besten Grüßen, auch von meiner Frau und an die Ihrige (– : jetzt habe ich wenigstens eine schwarz=weiße ›Erinnerungsrune‹ an ›Röros‹ !),

Ihr Arno Schmidt.

Postkarte, M.
(Datum) : Die Karte ist datiert: »5. 3. 57«, der Poststempel zeigt »5. 4. 57«. Da der erste Absatz auf Brief Nr. 124 Bezug zu nehmen scheint, wurde das Datum vom Herausgeber korrigiert.
Erinnerungsrune : Wohl Anspielung auf die schwarz-weiße Reproduktion des Öl-Gemäldes ›Röros‹ von Gisela Andersch in T&Z Heft 12, das am 15. März erschienen war.

Stuttgart, 11. April 1957

126. *H. Heißenbüttel an Arno Schmidt*

Sehr geehrter Herr Schmidt,

Herr Andersch hatte mich für Freitag, den 12., bei Ihnen angemeldet. Leider werde ich wohl am Freitag nicht dazu kommen bei Ihnen hereinzusehen. Ich bin aber noch am Sonnabend in Darmstadt und werde am Vormittag einfach einmal vorbeikommen. Ich würde mich freuen, Sie anzutreffen.

Mit freundlichen Grüßen Ihr Heißenbüttel

Brief A4, 1 S., auf Papier des SDR, diktiert, B.

D., den 15.4.57

127. *Arno Schmidt an Alfred Andersch*

Lieber Herr Andersch !

Ich würde sagen : ein Chor a capella, mit eingelegten Solistimmen !

Aber so interessant auch die technische Erledigung ist – die Form liegt in der Luft : das vorletzte Buch, das ich für Ullstein übersetzte, hatte sie auch – (und letzten Endes ist es ja die der alten ›Insel Felsenburg‹ : wo ähnlich Biogramme eingelagert sind !) – also abgesehen davon – :

ich empfinde als das Wichtigste, daß Sie (genau, wie auch ich es jedesmal erneut versuche) nachgewiesen haben, welch eines bel canto (um im Bilde zu bleiben) die Umgangssprache fähig ist ! Genial und trocken und hinreißend gemütlos : mir hat's gefallen ! –

(Noch dies : ich kenne Italien nicht, und wußte bisher nur Andersen's ›Improvisator‹, bei dessen Lektüre mir ›italienisch‹ zumute wurde, und Heinrich Mann's ›Kleine Stadt‹ : Ihr Buch ist das dritte !).

Mit Gruß & Dank, Ihr Arno Schmidt.

Postkarte, M.

Ich würde sagen : Bezieht sich auf die Widmung in Arno Schmidts Exemplar von ›Piazza San Gaetano‹: »Ein Kupferstich, sagt Bense, – in Goyas Manier, sage ich. Für Arno Schmidt 1. 4. 57 Alfred Andersch.«

vorletzte Buch : Evan Hunter, ›Aber wehe dem Einzelnen‹

Stuttgart, 16. April 1957

128. H. Heißenbüttel an Arno Schmidt

Lieber Herr Schmidt,

ich habe mich wirklich gefreut, am Sonnabendnachmittag bei Ihnen zu sein. Ohne viel Lobrednerei kann ich nur wiederholen: der Eindruck, den ich von Darmstadt mitgenommen habe, waren Sie.

Zum Geschäftlichen: die Sendung über Karl Philipp Moritz müßte bis spätestens Mitte August fest vorliegen. Also wäre noch Zeit genug. Herr Andersch ist auch damit einverstanden. Die Klopstock-Sendung würden wir dann ins vierte Quartal verlegen.

Ich hoffe, Sie im Juni hier zu sehen. Grüßen Sie bitte Ihre Frau.

Mit herzlichem Gruß Ihr Heißenbüttel

Brief A4, 1 S., auf Papier des SDR, diktiert, B.

Stuttgart, 6. Mai 1957

129. Alfred Andersch an Arno Schmidt

Lieber Herr Schmidt,

vielen Dank für Ihre alarmierende Postkarte vom 29. April. Ich erhalte in den nächsten Tagen die Umbruchkorrektur für Heft 13 und werde dann den von Ihnen monierten Dingen sofort nachgehen und die Setzer-Willkürlichkeiten abstellen.

Herzliche Grüße Ihr Alfred Andersch

Brief A4, 1 S., auf Papier der Redaktion T&Z, diktiert, B.

Stuttgart, 22. Mai 1957

130. H. Heißenbüttel an Arno Schmidt

Lieber Herr Schmidt,

von Kollege zu Kollege herzlichen Dank für Ihre Karte. Vielleicht ist es ganz angenehm, wenn nicht jeder mit Seitenzahlen frisch drauf los zitieren kann. In Ihrem Falle ist es natürlich für mich bedauerlich, aber Sie werden ja nach Stuttgart kommen (hoffentlich!).

Nun noch etwas sehr eiliges Dienstliches: ich brauche den Titel der Karl Philipp Moritz-Sendung für unser Programm. Könnten Sie ihn mir sobald wie möglich übermitteln oder wenigstens sagen, in welche Richtung er gehen soll? Eventuell genügt eine sachliche Angabe, wie Sie das Manuskript machen.

Mit herzlichem Gruß, auch an Ihre Frau, Ihr Heißenbüttel

Brief A4, 1 S., auf Papier des SDR, diktiert, B.

131. Arno Schmidt an H. Heißenbüttel

Darmstadt, den 23.5.57

Lieber Herr Heißenbüttel !

Soeben war der Eilbote an der Tür; ich antworte auf der Stelle :

Ich schlage für die Moritz=Sendung diesen Titel vor

Die Schreckensmänner
Eine Studie zum 200. Geburtstag von Karl
Philipp Moritz

(Ich möchte das Stück nämlich vor diesem düsteren Rundumhorizont der Elendgeborenen, sich radikal in Bedeutsamkeiten Hochquälenden, sich abspielen lassen; zumal eine sehr wichtige Rolle darin einer annähernd gleichgearteten Type zufällt, sowie dem hochinteressanten Zusammenstoß der Beiden – ich meine Basedow).

Ich werde programmgemäß in den letzten Maitagen mit meiner eben laufenden Übersetzung fertig; und begebe mich nach einer minimalen Umschaltpause dann sofort an die Arbeit; ich hoffe, daß Sie Ende Juni/Anf. Juli das fertige MS bekommen können – force majeure ausgenommen.

– Das Schreiben muß bis 14 Uhr in den Briefkasten; für heut also nur noch

Gruß, Ihr Arno Schmidt.

Brief A5, 1 S., St.
Übersetzung : Hassoldt Davis, ›Das Dorf der Zauberer‹

132. Arno Schmidt an H. Heißenbüttel

Darmstadt, den 21.6.57

Lieber Herr Heißenbüttel !

Anbei der versprochene ›Moritz‹ (Sie werden schon darauf gewartet haben; aber es war nicht eher zu machen. Auch kommt es ja immerhin noch ein paar Tage vor dem äußersten Termin).

Sonst weiß ich nichts Neues. Allein das Wetter hier (der verfluchte ewige Bergstraßen=Hochdruck) bringt mich noch um ! Ende nächster Woche fahre ich nach Norddeutschland; hoffentlich finde ich etwas. –

Gruß, Arno Schmidt.

Brief A5, 1 S., St.
Norddeutschland : Arno Schmidts Tagebuch weist in diesem Zeitraum keine Reisen nach. Erst am 22./23. 8. 57 ist ein Besuch bei den Eltern des mit Schmidt befreundeten Malers Eberhard Schlotter in Bargfeld eingetragen.

133. Gisela Andersch an Arno Schmidt

Stuttgart, 24. 6. 57

Lieber Herr Schmidt. Ich muß Ihnen und Ihrer Frau noch einmal Dank sagen, daß Sie zur Eröffnung gekommen sind. Das Ganze, die Vorbereitungen, die Gespräche mit »für Sie wichtige Leute«, das peinliche Theater der Eröffnung, und der kleine Skandal nach dem Verriß in der Stuttgarter sind für mich wie eine Krankheit überstanden.

Ich male wieder und werde sobald nicht wieder ausstellen. – Am 7. Juli werden die Bilder abgehängt. Nun glaube ich nicht, daß wir vor den Sommerferien noch nach Darmstadt kommen. Entweder gebe ich Ihr Bild irgend jemand mit, der in dieser Richtung fährt, oder Sie wissen jemand, der es Ihnen mitbringen kann?

Wir werden in einem Bauernhaus im Onsernonetal, im Tessin, wohnen. Hoffentlich wird es einmal das unsrige sein. Wir zählen die Tage bis zur Reise. Und ich finde, auf die Dauer ist da die Lüneburger Heide zu weit weg. Oder haben Sie schon etwas festes gefunden?

Einen sehr herzlichen Gruß von Ihrer Gisela Andersch.

handschriftlicher Brief A5, 2 S., B.
Eröffnung : Gisela Anderschs Ausstellung von 34 Gemälden und Kohlezeichnungen fand vom 6. Juni bis 7. Juli 1957 im Württembergischen Kunstverein Stuttgart statt; die Eröffnung war am Abend des 5. Juni.
Ihr Bild : Siehe Brief Nr. 162.

134. H. Heißenbüttel an Arno Schmidt

Stuttgart, 25. Juni 1957

Lieber Herr Schmidt,

in aller Kürze Dank für Manuskript und Brief. Ausgezeichnet! Ich denke, auch in der Form für den Rundfunk sehr gut geeignet. Ich würde fast sagen, Ihre beste Sendung. Herr Andersch hat sie noch nicht gesehen, da er zur Zeit verreist ist.

Grüßen Sie den Norden. Ich war das letzte Mal, als ich nach Pfingsten aus Hamburg zurückkam, ziemlich deprimiert. Inzwischen geht es wieder. Auch in Stuttgart regnet es manchmal.

Grüßen Sie Ihre Frau, Ihr Heißenbüttel

Brief A4, 1 S., auf Papier des SDR, diktiert, B.

Darmstadt, den 9.7.57

135. Arno Schmidt an H. Heißenbüttel

Lieber Herr Heißenbüttel!

Falls Herr Andersch nicht da sein sollte, nehmen Sie sich bitte des ›Joyce‹ an – was Sie ohnehin tun sollten; ich erbitte nämlich Ihr unparteiisches Urteil darüber: ob ich, in der unvermeidlichen Hitze dieses Gefechtes, allzu irascibel geworden bin? Es ist nicht ganz leicht, wohlgefällig=sicher auf den Pfaden gelehrter Injurie einher zu wandeln (obwohl gerade ich da meine Übung, und Ehren=Lessing nicht ohne Nutzen studiert habe). Wie groß die Schweinerei ist, werden Sie ja selbst sehen – es war jedenfalls unbedingt nötig, hier einmal einzugreifen! Joyce wird es uns danken! –

Für Ihr günstiges Urteil den ›Moritz‹ betreffend bin ich sehr verbunden; aber ich halte die früheren – Insel Felsenburg, Dya-Na-Sore, Wieland, Karl May – für nicht schlechter. Hoffentlich gefällt Ihnen auch dieser jetzige ›Joyce‹: das ist nun wirklich ›mal was andres‹, und sollte sich – zumindest innerhalb der ganzen großen experimentellen Reihe des Radio=Essay – recht apart machen. Hoffe ich; ich weiß es nicht; die größere ›Markterfahrung‹ haben natürlich Herr Andersch und Sie. –

Ende des Monats geht's auf Wohnungssuche! –

Gruß, Ihr Arno Schmidt.

Brief A5, 1 S., St.

›Joyce‹ : ›Der Bogen des Odysseus‹, eine zu Lebzeiten Arno Schmidts unveröffentlichte und nicht produzierte Dialog-Fassung seiner Polemik ›Ulysses in Deutschland‹.

Darmstadt, den 9.7.57

136. Arno Schmidt an Alfred Andersch

Lieber Herr Andersch!

(Hoffentlich trifft Sie diese Sendung noch an!). –

Hier also der Joyce=Goyert! Ich habe mich in den letzten Arbeitstagen doch endgültig davon überzeugt, wie sehr ein solcher Schock not tut: die Schweinerei ist ja zu groß! Sie kennen mich: ich übertreibe nicht; ich hätte das Stück mühelos auf den dreifachen Umfang bringen können; es ist tatsächlich kein Ende dabei: sobald man die beiden Texte nebeneinander legt, sogleich grinst einen wieder ein neuer, noch blödsinnigerer Fehler an; ich habe am Ende einfach aus Überdruß abgebrochen.

Ich hoffe, daß das Stück Ihnen gefällt; lassen Sie es aber doch vorsichtshalber von einem kaltblütigen Manne durchsehen – ich glaube, Herr Heißenbüttel könnte das gut machen – der abwägt, ob ich nicht (ich bin in solchen krassen Fällen nun einmal inflammablen Temperamentes!) beleidigend geworden bin. Obwohl ich glaube, daß ich messerscharf bis an den Rand einer gepfefferten literarischen Kritik herangegangen bin. Es muß ja dadurch erreicht werden, daß kein Schmierfink es mehr wagt, die tintigen Hände nach Joyce auszustrecken; daß der Verlag in Zukunft gefälligst den Mund hält, und seine himmelschreiende Reklamekampagne abbricht; und endlich, daß sich vielleicht doch einmal Jemand findet, der zwei Jahre daran setzt, den ›Ulysses‹ in anständiges Deutsch umzuschreiben. (Obwohl meine zu Ende geäußerte ›ideale Lösung‹, die einer zweisprachigen Ausgabe, immer das Beste bleiben wird !).

Falls Sie es nehmen sollten entsteht folgende Lage : Sie hätten dann noch 3 ungesendete Stücke, Moritz, Klopstock, Joyce. Davon kommt der Moritz am 13. 9.; bon. Für's letzte Quartal 57 könnten wir also wählen, was wir wollten : den Joyce, oder den Klopstock ? – Nun, das können Sie am besten entscheiden. / Nebenbei : was die Bezahlung angeht, so hat das auch Zeit bis nächstes Frühjahr; teilen Sie sich das ganz nach Ihren dortigen taktischen Notwendigkeiten ein. / Eine Frage noch : wäre es gut, den Joyce mit einem großen Schlag gleich an mehreren Sendern zu bringen ? Szesny in München würde wahrscheinlich auch interessiert sein. Allerdings wird mit jedem neuen Teilnehmer die Gefahr größer, daß sich ›etwas rumspricht‹ – was wir ja vermeiden wollten (und weswegen ich ja auch schon den geheimnisvollen Titel gewählt habe !). / Bitte schreiben Sie mir doch kurz über diese Fragen. –

– – – – – – – – – – – –

Nun unseren schönsten Dank an Ihre Frau ! : Das war ganz selbstverständlich, daß wir gekommen sind ! Wenn wir uns schon nicht mehr aufeinander verlassen wollten.....!

– – – – – – – – – – – –

Viele kleine Einzelheiten :

1.) Die Leiterin der ›Griffelkunst‹ – einer Künstlervereinigung, Ihrer Frau von Hamburg her wahrscheinlich bekannt – war hier; und ich habe mir erlaubt, sie auf Ihre Frau als praktische Mitarbeiterin zu verweisen. Diese Mitarbeit bestünde darin, daß Sie 5 Grafiken hingeben, und dafür etwa 1.500 Mark erhalten (die Stücke werden dann an die einzelnen Mitglieder verkauft, was die Organisation der Griffelkunst übernimmt). Die Dame, Frau Gerda Böse, wird also bei Ihnen vorsprechen, und ich würde doch, unmaßgeblich, empfehlen, darauf einzugehen. – Falls Ihre Frau prinzipiell gegen dergleichen sein sollte : bitte, nicht böse sein; es war gut gemeint !

2.) Ebenso war ein Herr Steinberg aus der Ostzone hier. Schriftsteller. Reist für den mitteldeutschen Verlag, Leipzig, der – soweit ich die Sache überblicke – Ihre ›studio frankfurt‹=Reihe nachahmen will. Von mir wollte er die ›Umsiedler‹. Und sah sich auch Ihre, ihm noch unbekannte, ›Piazza‹ an.

3.) Ebenso erschien neulich der Herausgeber der ostzonalen ›Neuen deutschen Literatur‹, ein gewisser Professor Herzfelde, der ebenfalls ›Porträts‹ westdeutscher Literaten bringen will. Erfragte : wer ihm die am besten von Böll, mir, Köppen, machen könnte; worauf ich Sie nannte. / Er steckt voller unauffälliger Propaganda; und schreibt grauenvolle ›Gedichte‹ – von denen er mir einen Band hierließ.

4.) Der PEN-Club tat mir die Ehre an, mich einstimmig als Mitglied zu wählen; was ich, für alle Ehre unempfindlich, mit höflich=dürren Worten prompt ablehnte. (Was mir um so leichter wurde, da mir sogar Krawehl – der doch als mein Verleger hinter publicity aller Art her ist; hat er mich doch sogar einmal gezwungen, ein Schwein von Spiegel=Reporter zu empfangen ! – von einem Beitritt abriet).

– – – – –

Aber genug, und schon übergenug von den süßen Nichtigkeiten. – Sie fahren, wie Ihre Frau schrieb, in den Schulferien in die Schweiz (Tessin ?). Und ich werde mich in Norddeutschland um eine Wohnung bemühen – dann ist meine ›schwere Stunde‹ wieder einmal gekommen; denn ›Lilienthal‹ hängt mir schon, und nicht nur zum Hals, heraus !

– – – – – – – – – – – –

Herzliche Grüße, auch von meiner Frau und an die Ihre !

Ihr Arno Schmidt.

Brief A4, 2 S., St.
Szesny : recte Szczesny
Griffelkunst : In der Hamburger Griffelkunst-Vereinigung, die ihren Mitgliedern den preiswerten Erwerb zeitgenössischer Kunst ermöglicht, war Arno Schmidt von 1951 bis 1964 Mitglied.

137. Alfred Andersch an Arno Schmidt

Stuttgart, 11. Juli 1957

Lieber Herr Schmidt,

Das Joyce-Manuskript ist vorzüglich. Ich danke Ihnen sehr dafür. Was wir endgültig damit machen werden, kann ich oder Heißenbüttel Ihnen erst in ca. 8–10 Tagen sagen, denn ich kann das nicht ohne ihn entscheiden, und er befindet sich gerade im Umzug von Hamburg nach Stuttgart und wird somit erst im Laufe der nächsten Woche wieder ein Mensch sein. Bitte gedulden Sie sich also noch kurze Zeit.

Meine Frau läßt Ihnen sehr herzlich danken für Ihre Initiative bei der Dame von der Griffelkunst. Sie würde auf dieses Angebot gern eingehen. Hoffentlich meldet sich Frau Böse wirklich.

Daß Sie die Aufnahme in den PEN-Club abgelehnt haben, finde ich großartig. Sie wissen gar nicht, wie einzigartig eine solche Handlungsweise ist. Es gibt außer Ihnen bestimmt keinen deutschen Schriftsteller, der einen solchen Akt der verachtungsvollen Charakterfestigkeit aufbrächte. Ich verspreche Ihnen, ein Gleiches zu tun, wenn ich jemals in die Verlegenheit kommen sollte. Es wäre nur gut, wenn Sie Ihre Ablehnung als Pressemitteilung lancieren würden, denn die Öffentlichkeit ist ja der Meinung, Sie hätten sich die Wahl in den PEN-Club gefallen lassen.

Zuletzt darf auch ich Ihnen meine tiefste Bewunderung für die ›Schreckensmänner‹ ausdrücken. Das ist eine großartige Sendung geworden, und ich bedauere nur, daß die Zeitschrift eingeht und ich nicht mehr in der Lage bin, die entscheidenden Teile daraus, besonders Ihre Darstellung des Intellektuellen, gedruckt zu präsentieren.

Mit herzlichen Grüßen von Haus zu Haus

Ihr Alfred Andersch

Brief A4, 1 S., auf Papier des SDR, diktiert, B.

138. Arno Schmidt an Alfred Andersch

Darmstadt, den 12.7.57

Lieber Herr Andersch !

Dank für Ihren Brief! Daß Ihnen die Funk=Manuskripte gefallen haben, freut mich; besonders die »Schreckensmänner« : es ist schon eine Welt, um darin peu à peu um den Verstand zu kommen ! –

Zum Fall Griffelkunst noch dieses : Frau B ö s e war am 21.6. hier, und wollte für 3 Wochen zu einer Kur in den Schwarzwald; die Rückreise sollte über Göppingen und Stuttgart führen, wo sie sich die Ausstellung Ihrer Frau ansehen wollte (ich zeigte ihr den Katalog) – sie müßte also gerade jetzt in diesen Tagen bei Ihnen erscheinen. Hoffentlich klappt's. –

Zu »Texte & Zeichen« : Herr Krawehl schrieb mir schon am 16.6., daß ein Bekannter von Herrn H e l l e r – Sie erwähnten den Namen anläßlich Ihres Besuches; es ist der Cheflektor von Stahlberg, Freund von Ernst Jünger, etc. ! – »ein nicht unerhebliches Kapital in einer Zeitschrift anlegen möchte, und daß nach Lage der Dinge hierfür T&Z infrage käme........dieser Bekannte könnte auch den ›Augenblick‹ nebenher übernehmen«. Haben Sie von dieser Möglichkeit noch weiter nichts gehört ? Ich würde doch unmaaßgeblich raten, sich einmal mit Gerhard Heller in Verbindung zu setzen; die Sache ist ja zu wichtig ! (Seine Adresse ist : Baden=Baden, Markgrafenstr. 24). – / Herr Krawehl hat seinen Besuch bei mir für Ende Juli als wahrscheinlich in Aussicht gestellt; er fährt dann weiter in seinen obligaten Schwarzwald – wie seine Bühler Höhe heißt, weiß ich aber nicht zu sagen – und würde wohl auch durch Stuttgart kommen (er muß ja nach B.=B. zum Verlag).

Nun noch – hoffentlich zum letzten Male – der PEN : Sie schreiben, die Öffentlichkeit wäre der Meinung, ich hätte mir die Wahl gefallen lassen ? Haben Sie irgend eine Zeitungsnotiz darüber gelesen ? Falls die Brüder das riskiert, und mich ohne weiteres mit vereinnahmt haben sollten, dann würde ich natürlich Wert auf ein Dementi legen ! Könnten Sie's noch in »Texte & Zeichen« mit aufnehmen ? –

Herzliche Grüße, auch an Ihre Frau
von Einem, der bald nicht mehr in Darmstadt zu wohnen hofft;
nämlich : Arno Schmidt.

P.S. : Eben muß ich auch einen Brief an Krawehl schreiben, und bearbeite ihn gleich wegen T&Z : wie lange sind Sie noch in St. zu erreichen ?

Brief A4, 1 S., St.

D., den 12.7.57

139. Arno Schmidt an Alfred Andersch

Lieber Herr Andersch !

Ein ganz kurzer Nachtrag zu den »Schreckensmännern« : es sind zwei unangenehme Schreibfehler darin stehen geblieben; und zwar :

1.) Seite 6, Zeile 7 von oben, statt »90« muß es heißen : »so«
2.) Seite 17, Zeile 20 von oben, statt »schreiben« muß es heißen : »schreien«.

Bitte, lassen Sie die beiden Fehler doch, wenn möglich, ausbessern ! –
Gruß Arno Schmidt.

Postkarte, St.

Stuttgart, 15. Juli 1957

140. Alfred Andersch an Arno Schmidt

Lieber Herr Schmidt,

Dank für Ihren Brief vom 12.7. Ich fahre übermorgen in Urlaub und meine Adresse lautet vom 20.7. bis 25.8.: Berzona, Val Onsernone, Tessin/Schweiz. Dort bin ich natürlich für eine so wichtige Angelegenheit wie die Fortführung von ›Texte und Zeichen‹ für Herrn Heller, Herrn Krawehl oder wen auch immer zu sprechen oder schriftlich erreichbar. Unter uns darf ich Ihnen freilich sagen, daß ich der Sache unendlich müde bin, zurzeit auch völlig überarbeitet und aller möglichen Kurzschlußhandlungen fähig.

Daß wir Ihre PEN-Ablehnung in ›Texte und Zeichen‹ aufnehmen, finde ich eine brillante Idee. Ich werde das in der Zeitschrift vom 15. September besorgen.

Meine Frau läßt nochmals danken für Ihre Fürsprache bei Frau Böse, die sich aber bis dato nicht gemeldet hat.

Ich wünsche Ihnen alles Gute für Ihre Wohnungssuche.

Herzliche Grüße ! Stets Ihr Alfred Andersch

Brief A4, 1 S., auf Papier des SDR, diktiert, B.
PEN-Ablehnung : In keinem der noch erschienenen zwei Hefte findet sich ein Hinweis darauf.

141. H. Heißenbüttel an Arno Schmidt

Stuttgart, 7. August 1957

Lieber Herr Schmidt,

etwas verspätet, aber nicht minder herzlich, danke ich Ihnen für Ihren Brief vom 9. Juli. Inzwischen hat Ihnen ja Herr Andersch, soviel ich weiß, schon kurz geschrieben. Nach einiger Verzögerung, bedingt durch Umzug und Etablierung meiner Familie in der ach so herrlichen Halbhöhenlage Stuttgarts, (Gott sei Dank zum Ausgleich Hinterhof mit Aussicht auf eine, wie die Milchfrau sagt, »unsittliche Pension«) habe ich Ihren Pfeilschuß beziehungsweise Ihre MG-Salve gegen Goyert gelesen. Ich glaube, daß alles, was Sie sagen, stichhaltig ist. Es ist tatsächlich eine Schweinerei. Ich glaube auch nicht, daß die Injurien zu stark sind. Dazu müßte ich allerdings doch noch einmal juristischen Rat haben. Die Schwierigkeit bei dieser Sendung liegt meiner Meinung nach woanders, nämlich im Formalen. Ich bezweifle, daß die Hörer, gerade wegen der Menge der Belege, die Schlüssigkeit des Beweises mitkriegen. Was nach dem Hören im Gedächtnis bleibt, ist der Angriff, nicht aber der Beleg. Hier ist ein Grenzfall gegeben zwischen schriftlicher und akkustischer Wiedergabe, ein Fall, bei dem man sich fragen muß, ob eine solche im Grunde philologisch detaillierte Untersuchung nicht notwendigerweise nachlesbar sein muß. Sagen Sie um Gotteswillen nicht, daß ich hier Ausflüchte versuche und die Sache auf ein anderes Gleis schieben will. Ich bin tatsächlich überzeugt, daß die Sendung, wenn sie so ist, wie sie im Manuskript vorliegt, verpufft. Der Zweck wäre dann in einer Glosse mit wenigen, schlagenden Beispielen eher zu erreichen.

Mir kam aber beim Lesen ein anderer Gedanke: In der Kritik der deutschen Übersetzung liegt ja eine auf breiter Basis stehende und mit sehr viel Details erhärtete Würdigung Joyce' verborgen. Es ist ja so, daß Sie, indem Sie die Übersetzung kritisieren, gleichzeitig immer wieder auf die Qualitäten des Originals hinweisen. Mein Gedanke ist nun der, Sie zu fragen, ob es nicht möglich wäre, die Sendung in dieser Richtung umzubauen – eine Sendung, in der nicht nur die sprachlichen Einzelheiten, sondern auch Konstruktion und Aufbau des Romans berücksichtigt werden müssen. Dadurch wäre es möglich, die jetzt etwas zu eintönig fließende Fülle der Einzelheiten zu akzentuieren und Ruhepunkte zu schaffen, sozusagen eine Würdigung des Romans von Joyce, etwa aus Anlaß der billigen Neuauflage unter Einschluß der Kritik an der Übersetzung. Die Kritik müßte sich dann auch nicht nur an die einzelnen, ganz offensichtlichen Übersetzungsfehler halten, sondern daran, wie Goyert im Ganzen das Werk nivelliert und den Ton verfälscht, und zwar zum Teil, wie ich meine, aus einer ganz bestimmten Geschmacksrichtung heraus, die heute bereits antiquiert wirkt, während das Original selbst sozusagen noch voll von Zukunft ist.

Ich weiß nicht, ob ich mich jetzt deutlich genug ausgedrückt habe. Es sind Gedanken, die mir beim Lesen Ihres Manuskripts und beim Wiederdurchblättern der Goyertschen Übersetzung kamen. Vielleicht »wälzen« Sie es einmal in Ihrem Kopf hin und her und schreiben mir dann, wie Sie dazu stehen. Im übrigen glaube ich, daß die Kritik an der Übersetzung bei einem solchen Umbau durchaus noch an Schlagkraft gewinnen kann. Natürlich ist es nicht ganz einfach und erfordert vor allem eine ziemliche Arbeit.

Wie weit sind Sie mit Ihrer Wohnungssuche gekommen? Haben Sie eine Mühle, ein Schloß oder »nur« eine Schäferhütte gefunden?

Mit herzlichem Gruß, auch an Ihre Frau, Ihr Heißenbüttel

Brief A4, 2 S., auf Papier des SDR, diktiert, B.

142. Arno Schmidt an H. Heißenbüttel

D., den 10. 8. 57

Lieber Herr Heißenbüttel !

Dank für Ihr ausführliches Schreiben. –

Den ›Joyce‹ geben Sie mir bitte zurück; umbauen – im Sinne einer Würdigung des gesamten ›Ulysses‹ – läßt er sich allerdings wohl nicht; da wäre es leichter, eine neue, von vornherein darauf angelegte Sendung zu schreiben. Ich will sehen, was sich tun läßt. Für absehbare Zeit allerdings bin ich zu einem so gewichtigen Unterfangen nicht imstande.

Daß Sie mit Ihrer neuen Wohnung zufrieden sind, freut mich; ich tappe leider immer noch völlig im Dunkeln. –

Gruß Arno Schmidt.

Postkarte, St.

143. H. Heißenbüttel an Arno Schmidt

12. August 1957

Lieber Herr Schmidt,

Dank für Ihre Karte vom 10. 8. Schicke Ihnen also beiliegend Ihren Joyce zurück und hoffe, daß die Arbeit nicht ganz umsonst gewesen ist. Ich glaube nach wie vor, daß in der Übersetzungskritik schon sehr viel Material für eine Würdigung des Originals liegt.

Fürs Erste haben wir den Klopstock ins Programm genommen, und zwar für den 18. 10., (Wiederholung am 21. 10.).

Mit herzlichem Gruß, auch an Ihre Frau, Ihr He

Briefdurchschlag A4, 1 S., diktiert, St.

144. Alfred Andersch an Arno Schmidt

Stuttgart, 11. September 1957

Lieber Herr Schmidt,

herzlichen Dank für Ihren Brief vom 10. 9.

Zunächst zum Thema Steinberg: Herr Steinberg hat mir diesen Hilferuf ebenfalls geschickt. Ich habe ihn genau gelesen und bin der Ansicht, daß es nicht nur unmöglich, sondern vor allem auch überflüssig ist, sich in diese Angelegenheit einzuschalten. Wenn es so ist, wie Herr Steinberg schreibt, so kann er oder der in Hamburg sitzende Tessloff-Verlag mit Hilfe einer einstweiligen Verfügung erreichen, daß die ›Neue Illustrierte‹ in Köln die Veröffentlichung sofort einstellen muß – dies steht juristisch außer Frage. Andererseits wundert mich der Vorwurf sehr, denn die ›Neue Illustrierte‹ ist eine der ganz wenigen Links-Illustrierten, die wir in Westdeutschland haben. Sie führt einen oft sehr wirkungsvollen Kampf gegen Aufrüstung, Adenauer usw. Ehe ich die Gegenseite nicht gehört habe, möchte ich da nichts unternehmen.

Andererseits möchte ich zu Herrn Steinberg etwas sagen: Herr Steinberg war für Juli – zusammen mit zwei anderen Schriftstellern aus der DDR – eingeladen zu dem Deutsch-Französischen Schriftstellertreffen, das von den ›Documents‹ in Marl in Westfalen veranstaltet worden ist. Die französische Equipe der ›Documents‹ sind in unserem Sinne ganz tadellose Leute. Herr Steinberg hatte es übernommen, auf dieser Tagung über das Thema »Der Schriftsteller und die Politik« zu sprechen. Er hatte auch das Manuskript seiner Rede bereits an die Tagungsleitung gesandt. 24 Stunden vor Beginn der Tagung sagte sowohl er wie seine beiden Kollegen, ganz sicherlich auf höhere Weisung, ab, und Steinberg bat die Tagungsleitung händeringend telegrafisch, auch seinen Vortrag nicht zu verlesen.

Soviel zur Courage des Herrn Steinberg. Ich habe keine Lust, für Leute ins Horn zu stoßen, die von uns Proteste gegen unsere Bosse verlangen, vor ihren eigenen aber kuschen.

Ich habe mich schon schwer gewundert, als ich in den literarischen Vorankündigungen von Ihrem neuen Buch las. Umsomehr freue ich mich über Ihre Aufklärung. Und ich beglückwünsche Sie schon jetzt zu dem neuen Werk, auf das ich sehr gespannt bin.

Meine Frau ist für den Umschlag leider zu spät gekommen. Wir haben sofort nach unserer Rückkehr in Karlsruhe angerufen, aber da war die Sache schon vergeben. Pech! Aber meine Frau läßt Ihnen herzlich danken.

Mein neues Buch ist fertig, und ich bin selbstverständlich auf kein Urteil gespannter als auf das Ihre. Leider läßt mich der Verlag im Augenblick noch mit Exemplaren aufsitzen; ich besitze nur ein einziges. Aber das große Bücherpaket muß jeden Tag eingehen, und dann schicke ich Ihnen sofort ein Exemplar.

Mit herzlichen Grüßen, bitte auch an Frau Schmidt und von Frau Andersch, Ihr Alfred Andersch

Brief A4, 2 S., auf Papier der Redaktion T&Z, diktiert, B.
Hilferuf : Mit seinem Brief vom 24. 8. 57 hatte der 1956 aus der BRD in die DDR übergesiedelte Schriftsteller Werner Steinberg versucht, die literarische Öffentlichkeit auf den Skandal aufmerksam zu machen, daß sein Anti-Kriegsroman ›Als die Uhren stehen blieben‹ in einem westdeutschen Zeitschriften-Vorabdruck durch massive redaktionelle Eingriffe in Text und Handlung zu einem Roman der Kriegshetze geworden sei.
Schriftstellertreffen : Viertes deutsch-französisches Schriftstellertreffen in Marl vom 14. bis 18. 6. 57, durchgeführt von der Gesellschaft für übernationale Zusammenarbeit, Köln und der 2monats-Zeitschrift ›Documents, Revue des questions allemands‹, Paris und Köln.
Ihr neues Buch : ›Die Gelehrtenrepublik‹
Mein neues Buch : ›Sansibar oder der letzte Grund‹

145. Arno Schmidt an Alfred Andersch

Darmstadt, den 19. 9. 57

Lieber Herr Andersch !

In großer Eile :

Herr Gerhard Heller (Cheflektor und Mitinhaber des Stahlberg=Verlages – Sie erwähnten einmal, daß Sie den Namen kennen) schreibt mir soeben Folgendes :

› er habe einen sehr interessierten und finanzkräftigen Mann, der zu ihm gekommen sei, und ernsthaftest einen Ankauf [von ›T&Z‹] erwäge : ob das noch Sinn habe ? ‹

Ich habe ihm soeben geschrieben : es hätte den dringendsten und wichtigsten Sinn !!

Außerdem wurde gefragt : wie man die Verbindung zwischen jenem starken ›Interessenten‹ und Ihnen herstellen könnte ? Worauf ich vorgeschlagen habe : Herr Heller und ich sollten sich mit Ihnen und jenem Interessenten einmal zusammensetzen : das wäre ja dann ›organisch‹ die Kette, wie wir Vier miteinander bekannt sind : Der mit Heller; H. mit mir; ich mit Ihnen ! –

Teilen Sie mir doch bitte mit, ob T&Z noch ›frei‹ ist; bzw. ob Sie noch an der Redaktion interessiert wären – die notwendigen Bedingungen vorausgesetzt. / (Sie können aber auch gleich Herrn Heller schreiben; seine Anschrift ist

17b) Baden=Baden Markgrafenstraße 24

(Zusätzlich habe ich auch Ihre Anschrift an Heller gegeben : daß Sie sich nicht wundern, falls Sie auf einmal einen Brief von ihm, oder jenem Großen Unbekannten bekommen !). –

Schön wär's ja, wenn wir's noch schaffen würden ! –

(Ansonsten lese ich Korrekturen wie wild – wie vielleicht auch Sie ? (D. h. Sie werden das Stadium ja schon hinter sich haben !).). –

Für heute nur noch herzliche Grüße (auch an Ihre Frau und von der meinen), Ihr Arno Schmidt.

Brief A5, 1 S., M.
(Sie : Klammer von AS nicht geschlossen.

146. Alfred Andersch an Arno Schmidt

Stuttgart, den 20.9.57

Lieber Herr Schmidt,

herzlichen Dank für Ihre Zeilen vom 19.9. und für Ihr im Gegensatz zu mir nie erlahmendes Interesse an einer Weiterführung von ›Texte und Zeichen‹.

Bitte sagen Sie Herrn Heller, ich sei in Stuttgart für ihn oder auch das finanzkräftige Wundertier jederzeit zu erreichen – ich find's eigentlich ein bißchen komisch, daß die Leute nicht die Adresse der Redaktion, die in jedem Heft steht, lesen können, aber intellektuelle Mäzene sind wohl so.

Die Herren sollten sich aber beeilen, denn am 2. Oktober verhandle ich wegen Weiterführung von ›Texte und Zeichen‹ mit sehr ernsthaften Interessenten in Zürich, und da ich nächste Woche in Berlin bin, empfehle ich den Herren, sich am Wochenende 28./29. September mit mir in Verbindung zu setzen, wenn es ihnen wirklich so ernst ist, woran ich bei dem so zögernden Antichambrieren nicht recht glauben will.

Schön wär's, wenn Sie zu diesem Gespräch mit dazu kommen könnten; schlagen Sie das doch bitte den Mäzenen ausdrücklich als meinen Wunsch vor.

Herzliche Grüße von Haus zu Haus. Ihr Alfred Andersch

Brief A4, 1 S., B.

147. Arno Schmidt an Alfred Andersch

Darmstadt, den 23.9.57

Lieber Herr Andersch !

Und nun ist endlich die Epiphanie des Großen Unbekannten erfolgt :

ein Dr. G o l d s c h m i d t ; Bekannter von Herrn Heller; ursprünglich Kunsthistoriker; zur Zeit Inhaber eines gut florierenden Werbeunternehmens in Düsseldorf: diese Tätigkeit ›befriedigt ihn nicht‹ – Zitate in ›...‹ sind Herrn Hellers Formulierungen ! – und er möchte sich ›publizistisch betätigen‹. Ein Buchverlag nicht; nein; ›er denkt an eine Zeitschrift‹ und ›T&Z liegt ihm in jeder Hinsicht‹. Weiterhin ›Geld verlieren möchte er nicht‹; und meint, daß man deshalb ›die Formule etwas erweitern müßte‹ um ›eine Steigerung der Auflage zu erreichen‹; wie ? : ›darüber müßte man sich unterhalten‹, wie ›man einen größeren Leserkreis anzieht‹. –

(Sie haben wahrscheinlich schon aus meinen Zitaten ersehen, daß ›ich dagegen bin‹ !)

Ich habe Herrn Heller – also indirekt diesem Dr. G. – einen ziemlich scharfen Brief geschrieben, etwa nach der Melodie : sie hätten gefälligst Gott dafür zu danken, daß ein Mann wie Alfred Andersch (<u>der</u> Treffpunkt der guten modernen Autoren !) die Mönchsarbeit des Redakteurs auf sich nimmt ! Daß bei einer solchen entsagungsvollen Tätigkeit weder der Verleger, noch der Redakteur, noch die Mitarbeiter etwas namhaftes ›verdienen‹ – es sei denn : unsterblicher Ruhm !! Und daß selbstverständlich ein Verleger (dieser Dr. G. ist ja noch gar keiner !) sich diese ausgesprochene Feder nur an den Hut stecken könnte, falls er dem Redakteur – also Ihnen ! – in keiner Weise hereinredete ! Mit einer ›Weite des Programmes‹ landeten wir ja unfehlbar bei der ›Grünen Post‹ !

Mit anderen Worten : <u>ich</u> glaube nicht, daß dieser Große Unbekannte der richtige Mann zur Fortführung von T&Z wäre ! – Was natürlich nicht ausschließt, daß Sie vielleicht anders denken : er hat immerhin ein ›gutgehendes Werbeunternehmen‹; auch ›Geld‹; und ›T&Z liegt ihm in jeder Hinsicht‹. – Ich (der ich allerdings für ›direkte Brutalität‹ berüchtigt bin; nicht nur in Darmstadt; – also besser : für anständige Kurzformulierungen !) halte den Fall für ziemlich aussichtslos. Wenn ich vorher gewußt hätte, wer der Unbekannte ist, hätte ich Sie wahrscheinlich nicht erst damit belästigt. / Ich habe Heller (und also Dr. G. gleichzeitig) gesagt : wenn sie sich noch etwas von dem Unternehmen versprächen, sollten sie sich mit Ihnen in Verbindung setzen.

(Obwohl ich persönlich es auch gar nicht gern sehen würde, wenn T&Z den Schwyzern in die Hände fiele : die sind doch – und sei es nur erlebnismäßig ! – 100 Jahre gegen uns zurück !! – 1 Zwinglianer [reformierter Pfarrherr im Aargau] hat mir geschrieben : nichts läse er so gerne, wie Arno Schmidt : also <u>mich</u> ! (›Ich bin ich‹ : diese Fichte=Gleichung hat mir nie eingeleuchtet !))

Wenn sich also Heller bzw. Dr. Goldschmidt mit Ihnen in Verbindung setzen sollten, wissen Sie ungefähr Bescheid ! –

›Es lebe die Kunst ! ‹ – (Ich höre Sie ironisch antworten : ›Sie lebe.‹)

Gruß ! Ihr : Sch

Briefdurchschlag A4, 1 S., B.
Pfarrherr : Kurt Marti hatte Arno Schmidt am 17. 8. 57 einen Leserbrief mit der oben zitierten Aussage geschrieben.

148. Alfred Andersch an Arno Schmidt

Stuttgart, den 26. 9. 1957

Lieber Herr Schmidt,
herzlichen Dank für Ihre Information, Herrn Dr. Goldschmidt betreffend. Sie haben vollständig recht mit Ihrer Beurteilung. Es wäre verlorene Zeit, wenn Herr Goldschmidt sich mit mir in Verbindung setzen würde. Ich mache keine literarischen Zeitschriften, die sich rentieren. Wenn ich ›Texte und Zeichen‹ weiterführe, dann nur zusammen mit einem Verleger oder Finanzier, der sich darüber im klaren ist, daß er 3–5 Jahre lang Geld – und zwar viel Geld – zusetzen muß. Alles übrige ist Dilettantismus. Ihnen aber herzlichen Dank für die Mühe, die Sie sich gemacht haben.

Nebenbei: Was Ihr Urteil über die Schweizer betrifft, so stimme ich Ihnen nicht ganz zu. Ich habe da sehr gute Erfahrungen gemacht, und daß ein reformierter Pfarrer im Aargau schreibt, nichts läse er so gern wie Arno Schmidt, das, mein Lieber, ist doch eher rührend, als Anlaß zu philosophischen Finessen. Doch darüber am besten mündlich.

Stets Ihr Alfred Andersch

Brief A4, 1 S., diktiert, B.

149. Arno Schmidt an Alfred Andersch

Darmstadt, den 9. 10. 57

Lieber Herr Andersch !
Überall wird ›Sansibar‹ vorabgedruckt und besprochen : nur ich habe noch kein Exemplar : ist das recht ?! –

Haben Sie ›Texte & Zeichen‹ in der Schweiz lanzieren können ? (Sie fragten, was ich gegen die Schweizer ›im Allgemeinen‹ habe; ich will es Ihnen sagen : die haben, im Vergleich zu uns, ›nichts durchgemacht‹ ! Sie sind einfach nicht ›zuständig‹, nicht ›urteilsfähig‹, Leuten wie Ihnen & Mir gegenüber, die viele Jahre lang sämtliche ›Urfänomene‹ – wie etwa Hunger, Krieg, Tod, Verwundung, Steinzeit inmitten von Metallzeit, usw. – erlitten und durchgemacht haben ! Solche Leute haben keinerlei Recht, über unsere Bücher abzuurteilen : die sollen erst einmal dahin riechen, wohin wir schon geschissen haben ! Sela !). –

(Mein Buch wird erst in 8–10 Tagen fertig vorliegen; ich habe selbst noch kein Exemplar; : ich schicke Ihnen dann gleich eins hin ! : Ich.) –

Ich hatte Sie ›seinerzeit‹ gebeten, mir über Ihre Pariser Bekannten den Aulard : ›Culte de la Raison‹ antiquarisch suchen zu lassen; eben ist 1 Exemplar davon aufgetaucht, bei R. Clavreuil, Paris, 37 Rue Saint-André-des-Arts. Ich habe es per Luftpostkarte bestellt; habe aber keine Ahnung, ob der Buchhändler es mir nun aufhebt; bzw. wie es mit der Bezahlung werden soll ? Ich weiß es nicht; mir sagt Keiner was. (›Sansibar‹ hab ich ja auch noch nicht).

* * *

Nun 1 (bzw. 2) Bitten – (Und es fällt mir schwer; ich weiß, Sie haben Ihre eigenen Sorgen; aber Sie haben mir sehr geholfen – am besten wäre es : ich bisse mir Zunge & Finger ab, und spuckte sie an die Wand !) – auf geht's :

1.) Ich lege Ihnen etwas für's ›Nachtprogramm‹ bei. – Einmal ›Die Meisterdiebe‹. / Der Wert liegt hier absolut im Material : ich führe ein gutes Dutzend Beispiele an, die bisher absolut unbekannt sind; jedes einzelne davon ergäbe 1 Doktorarbeit. / Mit anderen Worten : ich habe es nicht billig gemacht : Niemand außer mir weiß, daß Poe's ›Hop=Frog‹ von der betreffenden Chronikennotiz der Hohenlohes herkommt. Oder Storms ›Regentrude‹ vom alten, sehr unterschätzten Jules Verne. Oder wie Gustav Freytag vom Hackländer gespickt hat : von diesem Gesichtspunkt aus betrachtet haben unsere Sendungen mehrfachen Dissertationswert !

2.) Ich erlaube mir, Ihnen nochmals den alten ›Pape‹ beizulegen. / Und ich bitte – es fällt mir sehr schwer ! – : können Sie ihn nicht bringen ? / Die Sendung als solche ist nicht schlecht; und zumindest ›die Reihe trägt's‹; und, was – vielleicht ? – noch wichtiger ist : ich erhielte, falls Sie's akzeptieren, Muße, das große ›Lilienthal‹ zu schreiben.....

Ich bin, wie Sie ja wissen, nicht sehr für's Bitten; mehr für's Fluchen. / (Herr Dr. Schöffler war kurz bei mir, und schwatzte viel & geschickt über Texte & Zeichen : wie er doch ›nicht schuld‹ sei; viel & lange : das ist ein Ölgötze !!). / : Wäre es nicht möglich, daß Sie die beiden Stücke für Frühjahr & Sommer 1958 einbauen ? – Ich könnte dann ›Lilienthal‹ in relativer Sorglosigkeit schreiben. –

* * *

Lilienthal : in der Nähe ist eine beneidenswerte Wohnung frei ! Nur Kirche & 2 Häuser (Pfarre & Küsterhaus). Ich könnte sie evtl. kriegen; unter der Bedingung, daß ich ›Küsterdienste versähe‹. Eine ideale Lage : auf 5 km ringsum kein anderes Haus; im Norden der Sandrücken von Worpswede; im Süden das ›Kirchfleet‹ : Einsamkeit, Sumpfmoorheide-flachland ! 80 Mark Miete im Monat; allerdings ›Der Tod als Freund‹ (Rethel; Sie wissen : wie er am Strang zieht : ›Küsterdienste‹ ! : Schmidt als Küster an St. Jürgen !

* * *

Es ist keine Kleinigkeit, in Norddeutschland zu wohnen : dazu gehören Männer !! (That's me !).

* * *

The Germany can me furchtbar leckn !

* * *

So ! Nun noch rasch das Porträt unseres verehrten Herrn Bundespräsidenten auf dem Umschlag befestigt. – : Und nun, Postillon, fahr zu !

Gruß; auch an Ihre Frau und von der meinen;

Ihr : Arno Schmidt.

Brief A4, 2 S., St.
(Rethel : Klammer von AS nicht geschlossen.

150. Arno Schmidt an Alfred Andersch

Darmstadt, den 14. 10. 57

Lieber Herr Andersch !

Vor einigen Tagen kam Ihr Buch an : recht schönen Dank dafür ! –

Ich bespreche nun zwar in der Regel niemals Neuerscheinungen; da muß schon ein ganz dringender Grund vorliegen. Mit Ihrem Buch aber habe ich eine jener Ausnahmen gemacht; einmal, weil es ein gutes Buch ist – ich will es Ihnen nur gestehen : ich hatte nach der ›Piazza‹ ein wenig Angst davor (weil der dort beschriebene ›Spaziergang nach Neapel‹ – so gut er gemacht ist – nicht mehr zu den wichtigen Urfänomenen gehört; sondern mehr oder weniger ästhetisches Spiel vorstellt) – und zum andern : weil mich die, in Verbindung mit Ihnen & Ihrem Buch, geradezu grotesken Fehlurteile des Herrn Muschg gereizt haben ! Sehen Sie : das ist eines jener eklatanten Beispiele (und Belege) für meine, von Ihnen abgelehnte, These : daß diese Schweizer, im Vergleich zu uns, harmlose, unerfahrene, also letzten Endes urteilsunfähige, Kinder sind ! Wenn ich Silbenfälle lese wie ›In Schönheit aufgelöste Trauer‹ – dann möchte ich immer laut »Scheiße ! « schreien, oder sonst irgendeine grobe Unflätigkeit begehen; nur um solch impotentem Buchstabenfiligran ein Stück Realität entgegenzusetzen !

Ich lege Ihnen jedenfalls einen Durchschlag dessen, was ich dazu zu sagen habe, mit ein; Sie werden den Text ja dann in den nächsten Monaten in der Presse, und wohl mehrfach, auftauchen sehen. –

(Ende dieser Woche pariere ich mit meiner ›Gelehrtenrepublik‹).

Gruß, Ihr Arno Schmidt.

Brief A5, 1 S., M.
Fehlurteile : Walter Muschgs in der Verlagswerbung zitierte Sätze scheinen aus einem Brief an den Walter Verlag zu stammen; eine Rezension ist nicht nachweisbar.
Durchschlag : ›Das Land, aus dem man flüchtet‹

151. Alfred Andersch an Arno Schmidt

Stuttgart, 23. Oktober 1957

Lieber Herr Schmidt,

herzlichen Dank für Ihren Brief vom 14. 10. und vor allem für Ihre Rezension meines Buches. Ihre Zustimmung ist für mich wichtiger, als Sie ahnen können. Ich teile auch Ihre damit im Zusammenhang geäußerte relativierende Bemerkung zur ›Piazza‹, mit Ausnahme der in der ›Piazza‹ enthaltenen vier Gebete, deren Inhalt für mich doch zu dem gehört, was Sie mit dem Wort ›Urphänomene‹ umreißen.

Zum Fall Muschg möchte ich Ihnen natürlich einiges Einschränkende sagen. Nun habe ich heute früh aber gerade von Herrn Prof. Bense erfahren, daß Sie während des nächsten Wochenendes nach Stuttgart kommen. Ich hoffe, das es Ihnen möglich sein wird, daß wir uns wenigstens ganz kurz sehen, und ich möchte das, was ich zu sagen habe, unter diesem Aspekt aufs Mündliche verschieben.

Nochmals: Seien Sie herzlich bedankt. Ich bin wie stets

Ihr Alfred Andersch

PS: Gleich noch zu Ihrem Brief vom 9. 10.:
(Auch der Inhalt dieses Briefes würde am besten mündlich beraten werden):

Wenn Sie sich nochmal entschuldigen, weil Sie mir Sendungen anbieten, dann weiß ich wirklich nicht, was ich Ihnen antworten soll. Es ist ja nicht so, daß ich Ihnen mit der Abnahme dieser Sendungen einen Gefallen erweise, sondern Sie bereichern den Süddeutschen Rundfunk mit Ihren Manuskripten um wahre Perlen in seinem Programm. Die Selbstunterschätzung des produzierenden Künstlers in seinem Verhältnis zum Abnehmer ist in Ihrem Fall gänzlich unangebracht. Ihre Sendungen gehören zu den meistgehörten unseres Programms.

Entschuldigen Sie diese kurze, rauhe Ansprache.

Ich habe die ›Meisterdiebe‹ noch nicht und den ›Pape‹ noch nicht wieder gelesen, aber ich kann Ihnen die Abnahme dieser beiden Sendungen zusichern, und ich bedanke mich schon jetzt für diese Manuskripte. Bis zum Sonntag werden sowohl Heißenbüttel wie ich die beiden Arbeiten gelesen haben.

Nochmals PS: (Entschuldigen Sie diesen verwirrten Brief, aber ich war zwei Wochen weg, hatte die asiatische Grippe, habe das Donaueschinger Musikfest besucht und befinde mich in einem Zustand leichter geistiger Verwirrung).

Meine Frau und ich sprechen sehr viel über Ihre Wohnungs- und Küster-Pläne in Norddeutschland. Meine Frau ist dagegen, daß Sie Küster von St. Jürgen werden, während ich es mir vorstellen könnte. Es hätte die Qualität einer ebenso subtilen wie grandiosen Ironie. Meine Frau, die da realistischer denkt, meint, Sie riskieren ein Mißverständnis, das Sie dann eines Tages zu bezahlen hätten. Heißenbüttel wiederum, der die Verhältnisse sehr genau kennt, sagte mir, in der Lüneburger Heide z. B. seien Pfarrer wie Küster gänzlich abhängig von den umwohnenden Großbauern. Er fügte allerdings einschränkend hinzu, in der bremer Gegend sei dies nicht so stark ausgeprägt. Wahrscheinlich handelt es sich hier um eine Sache, die wirklich nur vom Betroffenen selbst entschieden werden kann.

Ich selbst würde es bedauern, wenn Sie plötzlich wieder in kimmerische Gefilde entschwinden würden. Aber was heißt schon »bedauern«.

Brief A4, 2 S., auf Papier des SDR, diktiert, B.
vier Gebete : ›Piazza San Gaetano‹, S. 50–71.

152. H. Heißenbüttel an Arno Schmidt

Stuttgart, 5. November 1957

Lieber Herr Schmidt,
ich habe inzwischen Ihre beiden Sendungen gelesen. Sehr gut! Die Meisterdiebe habe ich für den 24. 1. 1958 ins Programm genommen. Bei dem Pape bin ich noch am Überlegen, wie ich ihn unterbringen kann.

Darüber und über weitere Pläne würden Herr Andersch und ich uns sehr gerne mündlich mit Ihnen unterhalten. Was halten Sie davon, wenn Sie einmal auf Kosten des Süddeutschen Rundfunks nach Stuttgart kämen? Zeit: nach Ihrem Belieben (möglichst bald) das heißt, wir bitten Sie dringend, doch einmal herüberzukommen. Es hat sich, glaube ich, auch sonst allerlei angesammelt, was man mündlich besser bereden kann als schriftlich. Schreiben Sie bitte ob Sie Lust haben und wann Sie können. Noch eins: auf eine Kritik (1 Satz) Ihrer Klopstock-Sendung hatte Herr Andersch um eine detaillierte Begründung gebeten. Die Antwort des Kritikers lege ich Ihnen bei in der Überzeugung, daß Sie der Kompetentere sind für eine Antwort. Wenn Sie schreiben, geben Sie uns doch bitte einen Durchschlag.

Mit herzlichem Gruß, auch an Ihre Frau und hoffentlich auf Wiedersehen Ihr Heißenbüttel

P.S. Herr Andersch kann nicht am 11.11. Er ist dann in Ulm zu einer Dichterlesung.

Brief A4, 1 S., auf Papier des SDR, diktiert, B.

153. Arno Schmidt an H. Heißenbüttel

Darmstadt, den 6.11.57

Lieber Herr Heißenbüttel !

Dank für Ihr Schreiben; es freut mich, daß Sie die ›Meisterdiebe‹ gebrauchen können (der Wert liegt hier in dem ganz neuen Material), und auch den Pape erwägen wollen : ich habe gerade dazu viele und stille Studien getrieben (lasse auch den Namen, im ›Faun‹ etwa, vorkommen; von der Fouqué=Biographie ganz zu schweigen), und wenn Sie es bringen könnten hätte es vor allem noch die – für mich unschätzbare – Wirkung : daß ich dadurch in Norddeutschland bei allen mir wichtigen Stellen, und aufs Unanstößigste, bekannt würde : ich vermöchte mich jederzeit darauf zu berufen, usw. usw. Sie würden mich sehr verbinden, wenn sich eine Sendung ermöglichen ließe ! –

Wegen eines Besuches in Stuttgart gebe ich Ihnen noch Bescheid; im Augenblick übersehe ich meine vorherigen Verpflichtungen noch nicht ganz. –

Sie legen mir eine Kritik an meiner Klopstock=Sendung bei : entschuldigen Sie, daß ich darauf nicht eingehe. Ich habe ein Prinzip daraus gemacht, nie einem Rezensenten zu antworten. Ganz abgesehen davon, daß sich die Leser=Hörer solche Zumutungen an einen Autor abgewöhnen sollen : man hat, will man nur je etwas einigermaßen Neues noch liefern, keine Zeit, sich mit Vergangenem zu befassen. / (Daß Klopstocks Thusnelda ein Flintenweib ist, brauche ich Ihnen nicht zu demonstrieren. Ebensowenig, daß er mir aufmutzt, nur eine Lessingsche Stelle gebracht zu haben : wenn er will, kann er sich eine geschlagene Stunde mit Lessingscher Polemik gegen K. herumschlagen, der ja andernorts ›Klopstocks Gesang ein Quaken‹ nannte, usw. usw.; jedenfalls habe ich wahrlich nicht Muße, die Kindlein zu lehren. / Habe ich, der ich K.s Sprache der ›Gel. Rep.‹ enthusiastisch pries, nötig, mir von einem

Salzknaben nasenhaft sagen zu lassen : ›Will man K. verstehen, nein erleben, so setzt das allerdings voraus, daß man sich... von der unerhörten Spannung seiner Sprache erfassen läßt‹ ? Aber genug, und schon zuviel, der Worte; wir sind unsere Arbeitskraft schließlich ernsthafteren Dingen schuldig – hoffentlich haben Sie ihm geschrieben, Sie hätten seine Kritik an mich weitergeleitet, o.ä.; ansonsten tun Sie's doch noch – von mir hört er dann nichts weiter, und darf mich nach Herzenslust für einen Rüpel halten; oder meinetwegen auch, daß seine Argumentation mich total vernichtet hätte. – Ich lege den Brief Ihnen wieder bei; und bitte für zukünftige ›gleichgelagerte‹ Fälle immer diese Erledigungsart zu wählen : dem Mann schreiben, Sie hätten's an mich weitergeleitet – und dann rinn in'n Papierkorb.) –

Sonst nichts Neues von mir. / Die Wohnungsangelegenheit im Bremischen hat Herr Andersch Ihnen wohl geschildert : Ist Sankt Jürgen nun eine Messe wert, oder nicht ? .

Ich verbleibe, bis auf weitere Nachricht, mit Dank und Gruß (auch von meiner Frau) Ihr Arno Schmidt.

Brief A5, 2 S., St.

154. Alfred Andersch an Arno Schmidt

Stuttgart, den 7. 11. 1957

Lieber Herr Schmidt,

sanft vor mich hin grippisierend, hatte ich die Muße, Ihr neues Stück in einem Zug zu lesen ... wieder ein Suite, würdig der vorhergehenden.

Und doch unverkennbar etwas Einzigartiges: Ihr Utopie-Entwurf. Möge dieses Buch Ihr einziges un-realistisches bleiben, denn es wäre zu schauerlich, wenn Ihre Utopie Realität würde. (Ist dieser Andersch etwa ein flacher Optimist?, werden Sie grimmig fragen.)

Am liebsten mag ich in Ihrer Prosa die kleinen lyrischen Inseln, die drin herumschwimmen.

Eine Frage unter Auguren: sind Sie bei diesem Stoff nicht doch an die Grenzen Ihrer Kompressions-Technik geraten? Oder anders herum: müßte dieses Buch nicht doch 100 Seiten mehr haben? Fast scheint es mir nämlich – zum erstenmal bei der Lektüre eines Ihrer Bücher – als ob die Form, rein quantitativ, den Inhalt nicht ganz fassen könne. Er quillt allerdings nicht über, aber er wird ein bißchen gequetscht. Ihre Schuld, wenn man solche Fragen stellt: warum haben Sie soviel Phantasie?

Herzlichst Ihr Alfred Andersch

Brief A4, 1 S., B.

Ihr neues Stück : ›Die Gelehrtenrepublik‹

Stuttgart, 12. November 1957

155. H. Heißenbüttel an Arno Schmidt

Lieber Herr Schmidt,

nur ganz kurz Dank für Ihren Brief vom 6. 11.

Über den Pape müßten wir am besten mündlich sprechen. Ich hoffe, daß Sie in nicht allzuferner Zeit sich einmal frei machen können, um nach Stuttgart zu kommen.

Für heute herzlichen Gruß, auch an Ihre Frau,

Ihr Heißenbüttel

Brief A4, 1 S., auf Papier des SDR, diktiert, B.

Darmstadt, den 15. 11. 57

156. Arno Schmidt an Alfred Andersch

Lieber Herr Andersch !

Dank für Ihre Anmerkungen zur ›Gelehrtenrepublik‹ !

Ich wollte ursprünglich nicht darauf antworten – ich weiß : ›antworten‹ ist schief und unerfreulich doof; aber ich liege seit 1 Woche mit wüster Grippe fest, und mein bißchen Schädel rotiert noch wie die IRAS seligen Angedenkens – aber Sie sind mir zu wichtig; und es ist 1 ganz bedeutender Punkt dabei; nämlich der :

Sie wandten ein, daß dieses Buch 100 Seiten mehr haben müßte; und ich antworte : diese 100 Seiten existieren bereits ! Sie wurden vor nunmehr 7 Jahren geschrieben, und nennen sich ›Schwarze Spiegel‹. / Dazu muß ich noch etwas weiter ausholen. / Meine Sachen hängen bewußt alle irgendwie zusammen : eine ›Trilogie‹ – und nicht nur in Anführungsstrichen – bilden ›Faun‹, ›Brand's Haide‹, etc. / Der Plan zur ›Gel. Rep.‹ ist alt; wenn Sie den ›Faun‹, S. 117 ff. nachschlagen wollen, erblicken Sie ihn in nuce dort angegeben. Ebenso habe ich in der ›G.‹ jetzt ausdrücklich betont, daß Europa ›zerstrahlt‹ ist, und Niemand weiß, wie es dort aussieht – wer's wissen will, muß die ›Schwarzen Spiegel‹ lesen ! Ich sah eine besondere ›Pikanterie‹ darin, daß der robinsonhaft=Einzelne sich vorstellt – praktisch vorstellen <u>muß</u> ! – er sei der ›Letzte Mensch‹; und damit hat er recht. Aber auch in den ›Schw. Sp.‹ ist bereits angedeutet, daß ›auf den Südzipfeln der Kontinente‹ vielleicht doch noch andere Menschen in irgendwelchen Verbänden leben könnten : die Wahrheit ist : es kribbelt und wibbelt weiter ! Ich wollte in diesen beiden Stücken meine Überzeugung darstellen, daß in Zukunft nur überleben können

a) der – vor allem geistig – bedeutende Einzelne; der enzyklopädische Mensch, der autarke; und
b) der Techniker=Reporter; der elastisch genug ist, sowohl bukolischen als auch wissenschaftlichen Karneval zu registrieren (und dadurch zu verdauen).

(entschuldigen Sie; ich kann's im Augenblick, bei meiner Kopflastigkeit, nicht klarer formulieren). / Dadurch ›erledigt‹ sich auch Ihr nächster leiser

Einwand, den Sie, gentlemanlike, also formuliert hatten : daß Sie die ›kleinen lyrischen Inseln‹ am liebsten bei mir läsen : Für solche ›Lyrik‹ hat Typ a) Zeit – nein; das ist auch schon wieder unpräzise : dafür ist a) zuständig : folglich wimmelt's in den ›Schw. Sp.‹ von (guten) Lyrismen. Und weiterhin folglich : hat Mr. Winer, der ›Rasende Reporter‹ keine Zeit dafür; er hat, um nur überleben zu können, genug damit zu tun, all die huschenden Eindrücke erst einmal schnell in ein paar ungefähr roh=angemessene Schubladen zu verstauen; denn er ist Typ b), der in Gesellschaft überleben will. / Auf Einzelheiten eingehen kann und darf ich nicht : ich muß dergleichen Geschriebenes unmittelbar danach verdrängen und verkapseln, wenn ich wieder Neues machen können soll ! / Evtl. noch dies : die Buchstaben des filiströsen Übersetzers – einzig und allein das Körpergewicht hat er mit dem Verfasser gemein : auch hierdurch ist ein Problem aufgeworfen; nämlich ob ein Greis das Buch eines jungen Mannes übersetzen dürfe ! – CHRMSTADION sind ein Anagramm von ARNOSCHMIDT. Thalja ist eigentlich die Muse der Komödie, Thalia (durch die in der Anmerkung absichtlich auf falsche Fährte lenkende Aussprache getarnt). – Aber es sind zu viel Einzelheiten (es waren im Ganzen über 1000 ›Zettel‹ – Sie haben ja meine Kästen einmal gesehen), als daß ich mir noch einmal gestatten dürfte, intensiv darauf einzugehen. Ich hoffe, Sie nehmen mir's nicht übel (falls Sie irgendeine Einzelheit noch genau wissen wollen, fragen Sie aber getrost, ich sehe dann nach). / So; nun genug (und wahrscheinlich schon viel zu viel) von der ›Gel.=Rep.‹

Dank für die Annahme der ›Meisterdiebe‹. / Über den ›Pape‹ – der mir in ganz Norddeutschland als das Alibi gelten würde; sei es für Wohnung, sei es für Verbindungsaufnahme zu neuen Zeitungen, denen ich Lokalhistorien andrehen könnte – schrieb mir Herr Heißenbüttel, daß wir das mündlich noch behandeln müßten; und lud mich zu einem Stuttgart=Besuch ein : leider ist mir die verruchte Grippe dazwischen gekommen; und ich bezweifle, daß ich binnen 8 Tagen wieder mobil sein werde. Ich melde mich jedenfalls bei Ihnen, sobald ich wieder z. D. bin. / Meine Besprechung Ihres Buches ist indessen in der ›Anderen Zeitung‹ erschienen. – Sie treten für Muschg ein : das kann ich vom Persönlichen aus begreifen; vom Sachlichen her empört sich alles in mir,

1.) daß einem Schweizer der literarische ›Gütestempel‹ derart in die Finger gedrückt wurde; und
2.) daß Dieser sein Urteil in Ausdrücken abfaßte, die, wie gesagt, allenfalls bei irgend einer ›Schnulze‹ indiziert wären !

Es gibt nun einmal ganze Völker, die für gewisse Dinge unzuständig sind :

die Schweizer wissen seit 100 Jahren nicht mehr was ›Krieg‹ ist – das ist ihr Glück; aber dieses Glück ist menschlich und literarisch ihr ›Pech‹ ! Die Leute wissen nichts von dem, was wir – z.B. Sie und ich – in diesen 6 Jahren durchgemacht haben (und auch vorher & nachher : 2 Mal Inflation; und Flucht; und Hunger; ach undsoweiter, was soll ich's erst aufzählen, Sie kennen ja alles selbst !); solche Menschen können nicht ›mit reden‹ ! (Und wenn sie's doch tun, dann sind ihre ›feinsinnigen‹ Bemerkungen – die Einem in den Fingern zerbröckeln, wenn man sie anpackt ! – ad absurdum zu führen; und die betreffenden Herren selbst hinter den Grenzpfahl zu treiben ! Ich habe nichts, gar nichts, gegen M., wenn er auf seinem Gebiet bleibt; aber die Schweizer sollen doch nie verkennen, daß sie nur eine erbärmlich kleine Provinz im deutschen Sprachraum sind : sie können nicht 1 Namen nennen, dem wir nicht sogleich aus dem Stegreif 20 gleichwertige sowie 10 bessere gegenüberstellen könnten ! In jeder Kunst. Und sie sollen nie vergessen, daß sie an menschlichen Erlebnissen – eben an ›Kenntnis der Urfänomene‹, wie ich es, Sie wissen es, gern nenne – so weit dahinten sind, daß sie sich lieber fein demütig und aufmerksam aufs Bänkchen hocken, und von uns : UNS (UNS, D.H. IHNEN UND MIR !!!) lernen sollten ! (Daß Ihr Verleger dergleichen hinten auf's Buch drucken mochte, gibt mir keinen guten Begriff von ihm; aber die Kerls sind ja alle nicht anders : ich war mit meinem auch wieder mal so weit, daß ich ihm schreiben mußte, ›entweder entschließen Sie sich binnen 4 Tagen, die ›G.‹ unverändert abzudrucken, oder Sie schicken mir das Manuskript zurück ! ‹ : er schiß sich ein wegen der herrlichen Erfindung vom ›Formindalls‹; und daß ich an einer Stelle mal den Namen ›Adenauer‹ genannt hatte : was haben wir dagegen in der ›Seelandschaft‹ riskiert !!). / Womit ich beim nächsten wäre : haben Sie in der Schweiz wegen ›Texte und Zeichen‹ etwas erreichen können ? – Es lohnt sich nicht mehr, Stücke wie die ›Pocahontas‹ oder auch nur wie die ›Tina‹ zu schreiben : wo soll man die denn nun noch unterbringen ?! (Ich sehe so schwarz hinsichtlich dieses langsamen methodischen Zeitschriften=Mordens, daß ich schon fürchte, man wird anläßlich des Agartz=Prozesses uns auch die ›Andere Zeitung‹ abwürgen !) / Falls ich Ihnen einmal eine Besprechung eines neuen Buches einschickte – Sie wissen, das kommt alle Jubeljahre einmal vor – bestünde dann die Möglichkeit, daß Sie die in Ihrer Reihe ›1 Buch & 1 Meinung‹ bringen könnten ? Und wie lang müßte ein solches Stück dann sein ? (Ich habe nämlich einen Fall, wo ich unbedingt eingreifen muß; und wohl auch der Einzige bin, der es mit ausreichender Wucht könnte). / ›Sankt Jürgen‹ hat sich inzwischen erledigt : die Gemeindeversammlung hat sich doch lieber für einen normalen Küster entschieden. (Schade : es war so still dort; und genau die Landschaft, die ich für ›Lilienthal‹ brauche – L. liegt ja nur 10 km entfernt ! – – wenn ich nicht bald nach Norddeutschland gelange, entsteht das Buch nie. Je nun : ›Es ist nicht schad'.....‹; ich habe mein Teil Unfug in der Literatur gestiftet. (Aber trotzdem : es wäre ein gutes Stück geworden.....)). / Entschuldigen Sie meine Geschwätzigkeit. /

Ich verbleibe bis auf Weiteres, Herzlichst Ihr Arno Schmidt.

Brief A4, 2 S., M.
IRAS rotiert : Vgl. GR S. 222
z.D. : zur Disposition
Formindalls : Siehe GR S. 64/65
Agartz=Prozeß : Der sozialdemokratische Gewerkschaftler und Wirtschaftswissenschaftler Viktor Agartz (1959 wegen seiner marxistischen Position aus der SPD ausgeschlossen) war Mitte der 50er Jahre wegen angeblicher verfassungswidriger Beziehung zur SED angeklagt worden. Im Dezember 1957 endete der Prozeß mit Freispruch.
Besprechung eines neuen Buches : Siehe Brief Nr. 160.

157. H. Heißenbüttel an Arno Schmidt

Stuttgart, 21. November 1957

Lieber Herr Schmidt,

Herr Andersch zeigte mir Ihren Brief vom 15. 11., auf den er Ihnen noch selber antworten wird.

Für mich wichtig daran war nur (redaktionell und auch sonst), daß Sie, wer hätte es gedacht, bereit sind zu Besprechungen innerhalb unserer Reihe. Nichts ist uns lieber! Was ist es für ein Titel, den Sie besprechen wollen? Ich möchte es nur sehr gern schnell wissen, da ich ja hier meine Planung mache und verhindern möchte, daß es eventuell doppelt besprochen wird.

Im übrigen wünsche ich Ihnen gute Besserung.

Mit herzlichem Gruß, auch an Ihre Frau, Ihr Heißenbüttel

Brief A4, 1 S., auf Papier des SDR, diktiert, B.

158. Arno Schmidt an Alfred Andersch

Darmstadt, den 25. 11. 57.

Lieber Herr Andersch !

Ich werde vermutlich nächsten Sonntag – also am 1. 12. – nach Stuttgart kommen; vorausgesetzt, daß ich von Prof. Bense, den ich mit einem Buchhändler bekannt machen muß, zustimmenden Bescheid erhalte. Würde es Ihnen und Herrn Heißenbüttel evtl. passen uns ein paar Sonntagsstunden zusammen zu setzen ? Ich weiß, daß es eine Zumutung für alle Beteiligten darstellt; allenfalls könnte ich noch in Stuttgart übernachten, so daß wir uns dann am Montag Vormittag sprechen. Wenn Sie aber weder am Sonntag noch am Montag Zeit haben sollten, bitte ich auch dann um Benachrichtigung; damit ich Sie nicht etwa von Bense aus telefonisch vergeblich anrufe oder aufstöre.

Mit herzlichen Grüßen, auch an Ihre Frau und von der meinen

Ihr Arno Schmidt.

Postkarte, St.
Buchhändler : Der Antiquar und Verleger Josef Bläschke; vgl. Brief Nr. 173.

159. Alfred Andersch an Arno Schmidt

Stuttgart, 26. November 1957

Lieber Herr Schmidt,
wir freuen uns sehr über Ihren angekündigten Besuch am nächsten Sonntag, und ich stehe Ihnen an diesem Tag, wann Sie es wünschen und wie lange Sie es wünschen, zur Verfügung. Martin Walser ist am nächsten Sonntag nachmittags bei mir, und er wird sich sicher auch freuen, Sie bei dieser Gelegenheit zu sehen.

Ich darf noch sagen, daß Sie Gast des Süddeutschen Rundfunks sind, und bitte Sie, mir kurz mitzuteilen, ob wir Ihnen für die Nacht von Sonntag auf Montag ein Hotelzimmer bestellen sollen.

Mit herzlichen Grüßen Andersch

Brief A4, 1 S., auf Papier des SDR, diktiert, B.

160. H. Heißenbüttel an Arno Schmidt

Stuttgart, 4. Dezember 1957

Lieber Herr Schmidt,
schade, daß ich Sie nur so kurz gesehen habe. Erfreulich dagegen, daß die Weiterführung des ›Augenblick‹ gelingt. Eine empfindliche Lücke wird sich wieder schließen.

Dank für Ihre Buchbesprechung. Wir werden sie machen. Eine kleine Frage: ist es Ihnen recht, wenn wir auf Seite 3 am Ende des vierten Absatzes ›Josef Stalin‹ durch ›Karl Marx‹ ersetzen?

Dann noch folgendes: es ist an sich üblich, daß diese Buchbesprechungen vom Verfasser selber gelesen werden, das heißt, Sie müßten entweder hier oder beim nächsterreichbaren Sender den Text auf Band sprechen. Würden Sie damit einverstanden sein und, was ist Ihnen am bequemsten? Günstiger wäre es natürlich hier, da wir hier sozusagen unter uns sind. Allerdings wäre es die längere Reise. Die Reisekosten würde der Süddeutsche Rundfunk übernehmen. Die Frage ist nur, ob Sie es zeitlich einrichten können. Wenn Sie es nicht selbst sprechen wollen, werde ich es hier durch einen Sprecher verlesen lassen.

Das Honorar von DM 200.– (vom Sprecher gelesen) oder DM 240.– (wenn Sie selbst lesen) erhalten Sie, sobald die Bandaufnahme vorliegt.

Das wär's für heute.

Mit herzlichem Gruß, auch an Ihre Frau, Ihr Heißenbüttel

Brief A4, 1 S., auf Papier des SDR, diktiert, B.
Weiterführung des ›Augenblick‹ : Vom 3. Jahrgang an (März 1958) erschien der ›Augenblick‹ im Verlag J.G. Bläschke, Darmstadt.
Buchbesprechung : ›Die aussterbende Erzählung – Zu Fritz Lockemanns »Gestalt und Wandlungen der deutschen Novelle«‹

161. Arno Schmidt an H. Heißenbüttel

Darmstadt, den 18. 12. 57

Lieber Herr Heißenbüttel !

Schönen Dank für Ihr Schreiben, und die Mitteilung, daß Sie die Rezension ›Lockemann‹ bringen wollen : selbstverständlich ist die Änderung von ›Josef Stalin‹ in ›Karl Marx‹ von mir genehmigt (›Marx‹ ist zwar weniger aggressiv; dafür aber weltanschaulich repräsentativer; und vor allem – was ausschlaggebend ist – kommt dafür die Assonanz Marx=Maria hinein : sehr gut !). / Wie wir's mit dem Sprechen halten können, entscheidet sich Anfang Januar; ich gebe Ihnen dann gleich in den ersten Tagen Bescheid. –

Besonders gefreut hat mich die Mitteilung von Herrn Andersch, daß Sie den ›Pape‹ für's Frühjahr übernommen haben ! Ich habe den Mann nicht nur gewissermaßen ›entdeckt‹ – in fleißigster Urkundenarbeit ein paar nähere Lebensumstände festgestellt, aus Kirchenbüchern, Briefschatullen der Nachkommen, usw. – sondern vor allem auch 5 lange Heidejahre genau an der Gegend seines Wirkens (Visselhövede) gewohnt, und mich dort oftmals mit ihm und der Landschaft identifiziert; ihn auch immer wieder in meinen Büchern erwähnt; sodaß es mir eine besondere Befriedigung ist, den schlichten Mann, der mir oft in elendester Zeit ein paar Stunden hinbringen half, öffentlich zu erwähnen. / Teilen Sie mir doch bitte den genauen Termin dieser Sendung fest; ich habe in Norddeutschland so manchen Interessenten davon zu unterrichten; vor allem eben die schon erwähnten Nachkommen : einen alten bankerotten Pfarrer; einen Sparkassenangestellten (bei Ahlden, wo's ›Steinerne Herz‹ spielt – Sie sehen, wie sich das alles verflicht (oder, vielleicht präziser : verfitzt)). –

Weiterhin sagte mir Herr Andersch, daß ich Ihnen für 1958 noch 2 Funkessays präsentieren dürfte; und da wären mir am liebsten

L u d w i g T i e c k und
C h a r l e s D i c k e n s.

Ich fange jedenfalls erst einmal an mit Tieck, der einer der ganz großen Götter meiner Jugend war; und lege Ihnen das Resultat dann vor. (Es kann aber auch geschehen, daß sich Ludwig Holberg einmischt, oder gar der ›Ruodlieb‹; von Lucian oder Jules Verne noch ganz zu schweigen). / Ich hoffe, daß Sie nunmehr genügend in Verwirrung gebracht sind. –

Tja, der neue ›Augenblick‹. / Wir werden ja in ihm ganz spezielle ›Kollegen‹ sein, insofern wir jeder eines der ›Beihefte‹ bestreiten sollen. (Ich gebe allerdings nur eine ältere ›Materialzusammenstellung‹, die freilich – obwohl sprachlich anspruchslos – eben ein äußerst interessantes Material zum ersten Male servieren wird. Herr Andersch kennt das Stück (und ästimiert es nicht); ich lasse es aber, und gerade jetzt, drucken : ich habe viel (allzuvielen) historischen Sinn; und in's augenblickliche West=Ost=Getümmel paßt es wie die Faust auf's Auge !).

Ich verbleibe, mit herzlichem Gruß und Glückwunsch für's Neue Jahr, Ihr Arno Schmidt.

Brief A4, 1 S., St.
Marx=Maria : Der von Arno Schmidt in abgewandelter Form noch öfters gebrauchte Satz lautet: »Ob der Verfasser wohl noch einmal einsieht, daß es für die ästhetische Bewertung eines Kunstwerkes und seiner Struktur völlig gleichgültig ist, ob es Karl Marx besingt oder die Jungfrau Maria ?«
Teilen...fest : So im Brief.
Beihefte : Ein undatiertes Briefentwurf-Fragment Schmidts an Bense belegt, was dieser Absatz vermuten läßt: Daß anstelle des ›Fouqué‹ ursprünglich die historische Revue ›Massenbach‹ zur Veröffentlichung in der begleitenden Reihe bestimmt war. (Vgl. Anmerkung zu Brief Nr. 173)

162. Arno Schmidt an Alfred Andersch

Darmstadt, den 19. 12. 57

Lieber Herr Andersch !

Vor allem anderen noch einmal Ihrer Frau meinen Dank ! : das ›Haus der Umsiedler‹ hängt (und schlägt natürlich den ganzen übrigen Raum tot); Jeder, der eintritt, fängt erst einmal an zu blinzeln, stellt sich davor, und läßt nachdenklich & anerkennend das Maul hängen. (Es ist ja auch zu appetitlich : ich fange freilich erst an, einen Teil der hineingearbeiteten Feinheiten zu sehen : die Stellen, wo das Blau mit Carmin unterlegt ist; oder wie das Ockerfeld im Detail ›lebt‹). Jedenfalls ist es genau wie seinerzeit bei der ›Schweren Artillerie‹ : wenn's trifft, ist der Betreffende bedeutend=vernichtet; wenn's nicht trifft, ist aber immer noch ›die morallische Würkung an un'gheure‹ (ist wienerisch zu sprechen). / (Von der stupenden Reklame für die ›Umsiedler‹ noch ganz zu schweigen : es lebe der Egoismus). –

Kurz noch der ›Dienst‹ : ich schreibe gleichzeitig an Herrn

Heißenbüttel, und versuche ihm anzudeuten, was wir seinerzeit über Funk=Essays sprachen. / Ich offeriere also zunächst

Ludwig Tieck und
Charles Dickens.

Es kann aber auch geschehen, daß sich Ludwig Holberg einmischt, oder gar der ›Ruodlieb‹ (›So fing es an‹ würde diese Sendung heißen : es ist nämlich der allererste deutsche Roman von 1030; und ein einundeinzigstes Fänomen dazu ! Das Ding ist von einem Realismus wie Zola und Bahnwärter Thiel zusammengenommen; und der Gegensatz zu den gleich anschließend jahrhundertelang dominierenden verblasenen Ritter= und Feengeschichten in Reimprosa geradezu unglaublich : hier muß etwas passiert sein ! Wir sind freilich ohnehin nur selektiv über jene Literatur unterrichtet; aber hier muß eine ganze Richtung verschwunden sein; eine Richtung, die der Entwicklung unserer Literatur dann eben unheilvoll gefehlt hat.) Auch Lucian oder Jules Verne stehen zur Debatte. / Entschuldigen Sie, daß ich wieder 6 Namen vorlege : das ist mit nichten ein ›Schwanken‹; sondern viel hängt auch davon ab, wie ich die – zumeist äußerst rare – Fachliteratur über die einzelnen Themen zusammenbekomme. Der sogenannte ›auswärtige Leihverkehr‹ der Bibliotheken ist mit dem auf der IRAS leider gar nicht zu vergleichen ! / Ich bin jedenfalls fleißig; und lege Ihnen jedes fertige Stück erst einmal vor. (Für Januar haben Sie ja noch die ›Meisterdiebe‹; und für's späte Frühjahr den alten ›Pape‹ – für dessen Akzeptierung ich Ihnen nochmals speziell und ausdrücklich danken möchte; es ist tatsächlich eben ‘a labour of love’, so merkwürdig es klingt (und vielleicht auch ist)). –

›Texte & Zeichen‹ : da war es, und ungeheuchelt, ausgesprochen Halbmast im Hause Schmidt, als (über Kastel) die letzte Nummer hier einging ! : ›Nun singet laut den Pillalu / zu mancher Klage Sorg' und Not / : Och orro orro ollalu ! / : O weh, des Herren Kind ist tot !! ‹. – Gewiß : blamiert haben sich nur ›die Andern‹; aber das ist ein schwacher Trost, wenn man, weil böse Buben das einzige Lämpchen ausgepustet haben, mit im Dunkeln sitzen muß. La literature allemande est en marche ! –

Daß Ihre Frau eine Leinwand riskieren will, um meine lichtvollen Züge einer staunenden Nachwelt zu überliefern, ist mir eine Ehre ! Ich habe lediglich 3 Bedenken :

a) Werden Sie im Januar überhaupt noch Zeit für dergleichen haben ?
b) Ist ›das Licht‹ nicht zu schlecht ? (Gewiß; mein ›Inkarnat‹, oder wie das Dings heißt, wenn ich mich gewaschen habe, ist ohnedas unchristlich genug…)

c) Ich kann jetzt noch keinen der 2 Tage nennen, die Ihre Frau sich dafür ausbedungen hat. (Z.B. hat Krawehl sich für 2 Tage zu wichtigen Verhandlungen angemeldet – und er scherzt mit solchem Adjektiv nicht; dazu ist er zu sehr ›königlicher Kaufmann‹ !).

Ich schlage deshalb dieses vor : wenn ich nächstes Jahr Ihre freundliche Einladung anzunehmen in der Lage bin : dann ist gute Beleuchtung; störungsfreie Zeit für beide Teile – : ?! / Verhandeln Sie doch bitte nochmals mit Ihrer Frau. –

Ich verbleibe inzwischen, mit herzlichsten Grüßen und Neujahrswünschen (auch von meiner Frau und an die Ihre),

Ihr Arno Schmidt.

Brief A4, 1 S., St.
Haus der Umsiedler : Gemälde Gisela Anderschs von 1952, das als Vorlage zum Umschlag der ›Umsiedler‹ diente (siehe Faksimile auf der rechten Seite). Das Bild hing bei Arno Schmidts Tod in seinem Archiv- und Arbeitsraum.
Ludwig Holberg und Ruodlieb : Zu beiden Funk-Essays fanden sich in Arno Schmidts Nachlaß Fragmente von mehreren Schreibmaschinenseiten.
literature : recte littérature.
Leinwand : Das von Gisela Andersch geplante Schmidt-Porträt wurde nie ausgeführt.

163. H. Heißenbüttel an Arno Schmidt

Stuttgart, 20. Dezember 1957

Lieber Herr Schmidt,

Dank für Ihren Brief vom 18. Dezember. Die Meisterdiebe sind also bereits in den Geschäftsgang eingetaucht, und wir müssen abwarten, wie sie wieder als Sendung daraus hervorkommen. »Den letzten des Hainbundes« habe ich nicht ganz ohne Vorbehalt in unsere Planung aufgenommen. Mir scheint der persönliche Bezug von Ihnen zu Pape, den ich auch so schön aus Ihrem Brief ablesen kann, stärker zu sein als das, was man mit einem Schlagwort die literaturhistorische Bedeutung nennen könnte. Es ist ein abgelegener Bezirk, in den Sie sich begeben, und diese Expedition gewinnt Bedeutung dadurch, daß Sie sich dorthin begeben. Es wäre mir, ehrlich gesagt, lieber gewesen, wenn die subjektive Komponente Arno Schmidt stärker in dem Manuskript zum Ausdruck gekommen wäre. Es geht natürlich auch so, nur dürften wir die Realisierung der Sendung nicht zu sehr belasten, das heißt primitiv gesagt, sie müßte in einem etwas lockeren Ton inszeniert werden. Ich wäre Ihnen dankbar, wenn Sie mir zu diesen beiden Gesichtspunkten ganz kurz eine Stellungnahme schreiben könnten.

Zu Ihren weiteren Plänen: da möchte ich am Schwanz anfangen und sagen, daß mir eine Jules Verne-Sendung am interessantesten

studio frankfurt
arno schmidt
die umsiedler

erscheint, danach Ludwig Tieck, Lucian und Dickens. In dieser Reihenfolge. Holberg und Ruodlieb halte ich wieder für etwas abgelegene Bezirke. So, schlicht und unumwunden, meine Meinung.

Im übrigen freue ich mich natürlich, daß Sie voller Pläne sind. Halten Sie es noch aus in Darmstadt? Ich selber habe immer wieder Sehnsucht nach dem Flachland. Vor einiger Zeit sah ich in einer Fotoausstellung zufällig ein Foto mit ostfriesischer Landschaft und Windmühle: da wurde mir ganz anders.

Wie steht es eigentlich mit der Möglichkeit, daß Sie noch mehr in unsere Nähe, an die Ufer der Donau, rücken? Oder hat sich das zerschlagen?

Den neuen Start des »Augenblick« finde ich außerordentlich begrüßenswert. Mit einiger Sicherheit werde ich Sie ja wohl im Januar bei Bensen lesen hören. Ich selber habe meine Lesung am letzten Dienstag absolviert. Es gab eine sehr lebhafte und aufmunternde Diskussion.

Ihnen und Ihrer Frau wünsche ich einen recht guten Start in das neue Jahr. Ihr Heißenbüttel

Brief A4, 1 S., auf Papier des SDR, diktiert, B.

164. Arno Schmidt an H. Heißenbüttel

Darmstadt, den 21. 12. 57

Lieber Herr Heißenbüttel !

Ich erhielt Ihr Schreiben vom 20. 12. –

Das mir Wichtigste : den ›Pape‹ anlangend ! : ließen sich nicht alle Schwierigkeiten beheben, durch einen Vorspruch etwa dieser Art :

Sie lassen einen ›Vorspruch‹ lesen, kombiniert aus meinen Briefen an Sie (bzw. an Herrn Andersch), die sich mit dem Thema befassen. / Dann lassen Sie eine erstaunte Pause eintreten (illustrativ dafür : wie Sie mich in der Zwischenzeit anfragen, <u>wer</u> denn dieser ›Pape‹ meiner Briefe sei ? <u>Wer</u> dieser absolut Unbekannte gewesen sei, der mir damals die grausame Zeit vertreiben half ?). Dann : »Es ergab sich das Merkwürdig=Folgende.....« : Gongschlag : Pause : –

(Und dann eben mein ›Letzter des Hainbundes‹ : das tertium comparationis ist relativ einfach; meine Briefe haben es ja ausreichend und überflüssig ›gestanden‹ : ich gehöre eben zu jenen Realisten a la Johann Heinrich Voß !).

Bitte, geben Sie mir Bescheid, ob es so geht. / Ich füge noch hinzu : daß das Interesse an dem Gegenstand doch auch rein ›objektiv‹ weit größer ist, als Sie annehmen ! Die ›Hannoversche Presse‹ hat vor Jahren einmal einen kurzen Artikel über Pape – natürlich von mir – gebracht, der ein ungewöhnlich gutes Echo hatte : Leserzuschriften, etc. / (Wieso hat sich das überhaupt wieder verknäult ? Herr Andersch sagte mir doch, der ›Pape‹ sei fest angenommen ?). –

– – – – –

Sie würden also als Erstes den ›Jules Verne‹ preferieren ? Bon. Ich habe zwar erst Tieck/Holberg/Ruodlieb fertig gemacht – und die Sachen sind weit interessanter, als Sie wohl glauben ! – werde mich aber dann dem Jules Verne widmen; da haben Sie recht : es gibt kaum etwas Interessanteres ! Ich melde mich damit im neuen Jahr wieder.

– – – – –

Schönen Dank für Ihren Neujahrsglückwunsch, den ich erwidere !

Ihr Arno Schmidt.

Brief A5, 1 S., St.

21. 12. 57, im Spießer-Drecknest

Dear Arno,

165. Alfred Andersch an Arno Schmidt Dank für Ihren Brief. Wegen der Funk-Dinge schreibt Ihnen Heißenbüttel. Mir steht der Funk im Moment bis da:

Bild-Termine: »meine« Frau steht bis 10. 1. 58 zur Verfügung, sodaß es vielleicht gescheiter wär', einen Mal-Termin für Frühjahr oder Sommer anzusetzen, in Darmstadt oder im Tessin. It's up to you.

Merry Christmas + happy new year für Sie und »Ihre« Frau.

Ihr Alfred Andersch

handschriftlicher Brief 15,7 × 19,7 cm, 1 S., B. (Siehe Faksimile auf der rechten Seite)

Stuttgart, 23. Dezember 1957

Lieber Herr Schmidt,

166. H. Heißenbüttel an Arno Schmidt Dank für Brief vom 21. 12. 1957 und Dank für Vorschlag Pape. Ist so in Ordnung.

Ihre übrigen Vorschläge: die Reihenfolge, nach der ich mein Interesse für Ihre Vorschläge eingestuft hatte, stellte lediglich meine persönliche Meinung zu Ihren Vorschlägen dar, das heißt natürlich nicht, daß mich die anderen Sendungen, die Sie machen, gar nicht interessieren. Ich wäre Ihnen sehr dankbar, wenn Sie mir das, was Sie gemacht haben,

21. 12. 57, im Spiesser-Dreckneste

Dear Arno,

Dank für Ihren Brief. Wegen der Funk-Dinge schreibt Ihnen Heissenbüttel. Mir steht der Funk im Moment bis da:

Bild-Termine: "meine" Frau steht bis 10. I. 58 zur Verfügung, sodass es vielleicht gescheiter wär', einen Mal-Termin für Frühjahr oder Sommer anzusetzen, in Darmstadt oder im Tessin. It's up to you.

Merry christmas + happy new year für Sie und "Ihre" Frau.

Ihr Alfred Andersch

schicken könnten, damit ich es wenigstens lesen kann. Was ich ins Programm nehmen kann und in welcher Reihenfolge, dazu würde ich mich dann äußern, sobald ich den Jules Verne hier habe. Ist Ihnen das recht? Schließlich gibt ja doch das, was Sie zu dem Thema zu sagen haben, den Ausschlag und nicht das Thema als solches.

Mit herzlichem Gruß Ihr Heißenbüttel

Brief A4, 1 S., auf Papier des SDR, diktiert, B.

167. Arno Schmidt an H. Heißenbüttel

Darmstadt, den 30. 12. 57

Lieber Herr Heißenbüttel!

Dank für Ihr Schreiben vom 23. 12. –
Das freut mich, daß Sie den Pape nun doch endgültig akzeptiert haben! / Ich lege Ihnen einen Zettel mit ein, aus dem Sie einige der Stellen ersehen, wo ich ihn in meinen Büchern erwähnt habe. / Es ist ja, wie immer in solchen Fällen bei mir, mit nichten so, daß es sich um preziösen Snobismus handelte, oder steifhosige Gelehrsamkeit oder verschrullte Freude am entlegenen Biographicum : es sind jedesmal Untersuchungen gewesen, die intensiv in mein Leben eingegriffen haben; nicht friseurhaft=flinke ›Blitzeinfälle‹, sondern die – wirklich! – bescheidenste Form der Hindeutung auf Materialien, die, zusammengedruckt, jedesmal ein halbes Hundert Seiten, und nicht unbedeutend, füllen würden. Wieviele ›Tandemstunden‹ über leere Heidewege hängen nicht daran; wieviel Pfarrer habe ich nicht, hopheißa bei Regen & Wind, derb damit ennuyiert; wie oft habe ich nicht – in der herrlichen bösen Zeit vor 49 – besorgt kalkuliert : ob ich noch einmal 10 Postkartenpfennige daran wagen könne, um den nächsten, noch entfernteren, Verwandten Papes zu ermitteln : vielleicht besaß der noch eine alte Briefschatulle ?! / Enfin : das Thema hat uns häufig Motion gemacht; und es ist sehr, <u>sehr</u> gut, daß nicht nur der süße Lesepöbel, sondern auch so mancher nasenhafte Kritikus einmal du fond erfährt : was so im allgemeinen zugrunde liegt, wenn Schmidt dergleichen beiläufig anmerkt! / (Ganz zu schweigen von so mancher geistigen und persönlichen ›Verwandtschaft‹ – aber das wird ja alles in der Sendung gesagt). / Bitte : teilen Sie mir möglichst bald den Termin der Pape=Sendung mit; ich will damit eine ›Norddeutsche Aktion‹ im allgemeinen verbinden, hinsichtlich Wohnungssuche, Alibi als präsumtiver local boy, Visitenkarte bei Zeitungen (denen ich daraufhin Beiträge einzureichen gedenke), usw. usw. : Sie sehen, auch in solcher Beziehung ist eine Verbindung Pape=Schmidt immer gegeben und aktuell! –

Weitere Funkessays mache ich also erst einmal fertig, und lege sie Ihnen dann vor. –

(Eine Frage noch : ich habe vor etwa dreiviertel Jahren für den seligen Herrn J a n c k e einen Beitrag über ›Konformismus‹ nicht nur geschrieben, sondern auch abgeliefert, und sogar selbst gesprochen (im Studio Heidelberg) – bisher aber nichts von Sendung oder gar Bezahlung mehr vernommen : können Sie evtl. einmal bei der Kasse herumhorchen, ob das vergessen worden ist ? –

Die Rezension ›Lockemann‹ kann ich diesmal noch nicht selber sprechen (ich mußte ganz allgemein für die nächste Zeit ›Vorlesungen‹ absagen; auch Bense, usw.); werde es aber in Zukunft dann gern tun – obwohl ich gar nicht weiß, wann und über was das der Fall sein wird. (Die Änderung von ›Josef Stalin‹ in ›Karl Marx‹ hatten wir ja bereits vorgenommen, ja ?). –

Daß ich noch immer in Darmstadt hause, ist unsagbar traurig; das Ende des nächsten Jahres jedoch wird mich in einer norddeutschen Wohnung sehen ! Denn das schwöre ich bei allen Göttern, die den Umzügen der Poeten günstig sind : und wenn ich sie auch am Quecksilbersee mitten unter den Ungeheuern der Fee Lionne, im Ringe des Saturnus, ja selbst in der großen Aquavitflasche der Prinzessin Babiole suchen müßte : bis ich sie gefunden habe, soll kein ruhiger Schlaf auf meine Augen sich senken ! –

Und nun ein möglichst gesundes & zufriedenes 1958 ! –

Ich verbleibe indessen, mit den besten Grüßen, auch von meiner Frau, Ihr Arno Schmidt.

Brief A5, 2 S., St.
Zettel : Auf dem Zettel werden zwei Pape betreffende Stellen aus dem ›Faun‹ (S. 69 u. 94) und eine aus der ›Tina‹ (S. 424) zitiert.
(Eine : Klammer von AS nicht geschlossen.

168. Arno Schmidt an Alfred Andersch

Darmstadt, den 31. 12. 57

Lieber Alfred Andersch !

Dank für Ihr Schreiben, und Ihren Glückwunsch zum Neuen Jahr 1958 : wir erwidern ihn aufs Aufrichtigste für Sie und Ihr ganzes Haus ! –

Mein präsumtives Porträt anlangend, schlage ich also endgültig den kommenden Sommer vor – den Ort lassen wir noch offen; ich weiß ja noch gar nicht offiziell, wo die ›Casa di Ciriegia‹ (ist es richtig so ?) stehen wird (die ›Casa del Fauno‹ mit betrüblich hoher Wahrscheinlichkeit noch am Darm). Aber wo mir auch in schlaffer Hose knacke das morsche Knie : ich bleibe Einer, der porträtiert werden will, soll und muß ! (Jott, was werden sich meine Gegner mokieren – und neidisch sein !). –

Möge uns bis zum letzten Augenblick die Fähigkeit versagt bleiben, die Milch der frommen Denkungsart keimfrei zu liefern !

Alice & Arno
Schmidt
grüßen
Gisela & Alfred
Andersch

Brief A5, 1 S., M.

169. H. Heißenbüttel an Arno Schmidt

Stuttgart, 3. Januar 1958

Lieber Herr Schmidt,

Dank für Ihr Schreiben vom 30. Dezember.

Die Pape-Sendung kommt ins zweite Quartal. Ein genauer Termin liegt noch nicht fest. Ich schreibe Ihnen, sobald unsere Planung so weit fortgeschritten ist. Ich denke, daß wir wenigstens einige Zitate, die sich mit Pape befassen, in die kleine Vorrede hineinarbeiten, die ich dann selbst zusammenstellen würde. Ist Ihnen das recht?

Ihre Anfrage nach dem Konformismus-Beitrag: dieser Beitrag sollte verarbeitet werden in einer Sendung, die Herr Günther Anders für uns in Angriff genommen hat. Diese Sache hat sich sehr in die Länge gezogen, und es ist im Augenblick auch noch nicht heraus, in welcher Form diese Sendung bei uns laufen wird. Es war ursprünglich vorgesehen, daß die Honorierung der Einzelbeiträge im Rahmen dieser Sendung geschehen sollte. Ich werde mich noch einmal um die Sache kümmern und Ihnen dann schreiben.

Mit herzlichem Gruß, auch an Ihre Frau, Ihr Heißenbüttel

Brief A4, 1 S., auf Papier des SDR, diktiert, B.

170. Arno Schmidt an H. Heißenbüttel

D., den 4. 1. 1958

Lieber Herr Heißenbüttel !

Dank für Ihr Schreiben ! –

Natürlich bin ich einverstanden, daß Sie eine kleine Vorrede zum ›Pape‹ aus Briefstellen zusammenstellen. (Ich bitte nur noch um Mitteilung des genauen Termins). –

Betr. ›Konformismus‹=Beitrag : falls die Sache tatsächlich noch aktuell ist (Sie also eine spätere größere Sendung vorhaben), ist alles gut & erledigt. Bon. –

Wann werden Sie meine Rezension des ›Lockemann‹ bringen können ? (Es ist ja wahrlich Zeit, daß den Herrschaften der Daumen aufs

Auge gehalten wird – vielleicht geht's dann doch noch 1 Jahr länger : Wissen Sie, daß ein westberliner Gericht bereits ein Bewährungsurteil mit Kirchgang verhängt hat ??!!). –

Inzwischen verbleibe ich, mit Gruß, Ihr Arno Schmidt.

Postkarte, St.

171. H. Heißenbüttel an Arno Schmidt

Stuttgart, 7. Januar 1958

Lieber Herr Schmidt,

Dank für Ihre Karte.

Pape-Termin steht, wie gesagt, noch nicht fest.

Die Lockemann-Rezension habe ich leider, da ein ziemlicher Andrang herrschte, erst zum 19. 3. ins Programm nehmen können. Das lag daran, daß wir eben schon eine Reihe von Verabredungen vorliegen hatten, als Ihr Vorschlag kam. Ich denke doch, daß es noch ein Jahr, auch noch einige weitere Jahre weitergehen wird.

Mit herzlichem Gruß Ihr Heißenbüttel

Brief A4, 1 S., auf Papier des SDR, diktiert, B.

172. Arno Schmidt an Alfred Andersch

Darmstadt, den 27. 1. 58

Lieber Herr Andersch !

Lieber Herr Heißenbüttel !

Schon von Knabenbeinen an hat mich – der ich ansonsten durchaus geneigt bin, Adalbert Stifter für einen großen Mann zu ästimieren ! – der ›Nachsommer‹ geärgert. Anläßlich einer, zum hundertjährigen Jubiläum seines Erscheinens, erneuerten intensiven Lektüre, habe ich es nicht länger ausgehalten – : und mich endgültig auf die Seite Friedrich Hebbels gestellt (Sie werden sein Urteil in extenso lesen). Ich bitte, das sorgfältig ›angespitzte‹ Stück nicht lediglich als ›einen Akt ausgleichender Ungerechtigkeit‹ zu betrachten; sondern als eine ganz ernsthafte Meinung, die man vertreten kann ! : Zwischen die ›Studien‹ auf der einen Seite, den ›Witiko‹ auf der anderen, ist dieses barometrische ›Tief‹ des ›Nachsommers‹ eingeklemmt – meinetwegen betrachten Sie es als ›1 Buch & 1 Meinung‹ : ich berufe mich nochmals auf Hebbel !

Falls Sie es bringen wollen : deste baz ! (Aber bitte nicht meinen lieben ›Pape‹ deswegen zurückstellen !). / Wenn Sie es nicht gebrauchen können, bitte ich, wie üblich, um Rücksendung.

Gruß, Ihr Arno Schmidt.

Brief A5, 1 S., St.

›angespitztes‹ Stück : ›Der sanfte Unmensch‹

173. *Arno Schmidt an Alfred Andersch*

Lieber Herr Andersch ! *Darmstadt, den 15.2.58*

Darf ich einige Fragen stellen ? – Ich tu's :

1.) Habe ich gestern Abend mit dem Verleger des neuen ›Augenblick‹ den Vertrag unterzeichnet – über den F o u q u é !! Dieser Bläschke hat sich verpflichtet, den ganzen riesigen Stoß Papier in 1 Doppel=Taschenbuch von 500 Seiten zusammenzupressen; mit entsprechend kleiner Type, jedoch auf holzfreiem Papier – und das alles zum Preise von nur 4.40 D=Mark ! Es klingt unglaublich; aber einem Druckereibesitzer scheint tatsächlich alles möglich zu sein – ich habe ja den Vertrag in der Brieftasche im Koffer ! –; und wir (wir Autoren) können eigentlich nur tief nachdenklich werden : was für Chancen könnten uns unsere sonstigen Verleger geben, wenn die Brüder nur wollten !! / Aber zur Sache : Herr Bl. war gestern wieder von der alten Reihe ›studio frankfurt‹ und deren famosen Umschlägen so hingerissen, daß er – wenn es sich irgend machen läßt – gern Ihre Frau für die Umschläge der neuen Taschenbuchreihe gewinnen möchte. (Und es wird eine ganze längere Reihe werden; der Mann hat sowohl Geld als auch Pläne). Allerdings kann er, seinen Worten nach, die Bände kalkulatorisch nicht stark belasten; und ein Honorar von 100.– Mark pro Band möchte er nicht überschreiten – gewiß : für 1 Band wäre's wenig; aber ›die Menge bringt es‹ vielleicht ? Wenn Ihnen diese Summe also nicht von vornherein zu gering ist, würde Niemand lieber einen Dauerkontrakt abschließen als Herr Bläschke. Bitte, überlegen Sie es doch einmal mit Ihrer Frau (die ja, so viel ich weiß, gar nicht in St. ist ?). Ich hätte ein äußerst starkes sogenanntes ›berechtigtes Interesse‹ daran; weil der Einband des Fouqué ja eine besonders komplizierte Mitte einhalten muß, zwischen Lockung und Solidität; ›anständige Sensation‹ möchte ich es formulieren. // Allerdings dies : ich ›schieße‹ mit dieser ganzen Erörterung vielleicht irgendwie in den Zuständigkeitsbereich Bense's (oder vielmehr : bestimmt); weiß aber, aus Bläschkes Mund, daß B. ebenfalls durchaus dafür wäre. // Bitte, bewegen Sie's in Ihrem Herzen, ob Sie Ihrer Frau überhaupt etwas sagen wollen, von solchem 100.–Mark=Antrag. Selbstverständlich ist einer ihrer Einbände nicht damit bezahlt, das weiß ich wohl; aber immerhin haben die ›Umsiedler‹ bei mir an der Wand wieder einmal mehr ihre anregende Wirkung gehabt. // (Falls Sie ebbes Offizielles wollen, wird Bläschke sofort an Sie oder Ihre Frau schreiben !).

2.) Besteht im stuttgarter Rundfunk die Möglichkeit : daß ich dort einmal 6, 8, 10, Geschichten auf Band vorlese – etwa in der Art, wie sie in der Frankfurter Allgemeinen erschienen sind –, und die man so 5= bis 10=minutenweise ins Programm einzumischen pflegt ? Können Sie mir schreiben, an w e n (bzw. an welche Abteilung) ich mich da zu wenden hätte ? // (Der nordische Umzug kommt wieder einmal greifbarer näher; und ich würde gern noch meine Revenüen steigern : meingott, wenn ich wieder einmal in einem Bett, einem veritablen weichen Bett, schlafen könnte ! – Den Raum zum Aufstellen eines solchen soll eben diese noch hypothetische ›Neue Wohnung‹ ergeben.)

3.) Haben Sie den ›Sanften Unmenschen‹ erhalten ? – Falls Sie ihn nicht gebrauchen können, bitte ich, wie üblich, um Rückgabe; andernfalls will ich noch Gottfried Kellers Gedicht ›Kleine Passion‹ einschieben (um dem Hörer zu zeigen, wie ein Mensch über die Insektenfrage zu denken hat !). –

Sonst wenig Neues. –

Ich verbleibe, mit bestem Gruß, Ihr Arno Schmidt.

Brief A4, 1 S., St.

Fouqué : Arno Schmidts ›Biographischer Versuch‹ (Untertitel) ›Fouqué und einige seiner Zeitgenossen‹ erschien 1958 in der den ›Augenblick‹ begleitenden Taschenbuch-Reihe ›tendenz und experiment‹.

Stuttgart, 28. 2. 58

174. Alfred Andersch an Arno Schmidt

Lieber Herr Schmidt,

ich mußte während der letzten Wochen zweimal kurz aber intensiv verreisen und laboriere momentan an der dritten schweren Erkältung seit Jahresbeginn, sodaß ich Sie nur bitten kann, zu entschuldigen, daß ich mich sowohl auf Ihre Stifter-Sendung als auch auf Ihren Brief vom 15. 2. noch nicht gerührt habe. Zuerst zu diesem:

Ich gratuliere Ihnen sehr herzlich zum Erscheinen des Fouqué. Ich finde es wunderbar, daß diese Arbeit von Ihnen gedruckt und damit nicht mehr aus der Welt zu schaffen sein wird. Ich bin sehr gespannt auf die Lektüre.

Was die Umschläge der neuen Taschenbuchreihe betrifft: meine Frau würde sie sehr gern machen. Ich hatte gestern ein Gespräch darüber mit Bense, der kürzlich meiner Frau vorschlug, sie solle die belletristischen Einbände machen, die wissenschaftlichen hingegen ein gewisser Faigle, ein Schüler von Bill. Ich habe dies stellvertretend für meine Frau abgelehnt und zwar deshalb, weil ich es einfach blöd finde, dieser neuen Taschenbuchreihe zwei Gesichter zu geben statt eines, abgesehen davon, daß mir diese geschickten kleinen Bill-Schüler auf die Nerven gehen. Wenn meine Frau diese Reihe macht, dann wird sie etwas ganz Einzigartiges, und Herr Bläschke kann sich dazu nur gratulieren. Ich finde aber, es ist jetzt das Stadium erreicht, wo eben doch etwas Offizielles von Herrn Bläschke an meine Frau geschrieben werden muß, am besten ganz konkrete Angaben über Format, Drucktechnik, Kaschierung, Zahl der Farben, genaue Titeltexte usw., wobei ja Herr Bläschke zunächst einmal einen Skizzenauftrag erteilen kann. Am Honorar wird die Angelegenheit bestimmt nicht scheitern.

Für Ihre Intervention in dieser Angelegenheit danke ich Ihnen auch im Namen meiner Frau sehr herzlich.

Aber mit dem ›Sanften Unmenschen‹ haben Sie uns nun wirklich in ein außerordentliches Dilemma gestürzt. Die Verve Ihres Angriffs ist, wie immer, hinreißend. Aber Heißenbüttel und ich befinden sich in der Situation von Leuten, die, von Ihnen mitgerissen, kurz vor dem Ziel stolpern und liegen bleiben und ein wenig beklommen zusehen, wie Sie den armen Stifter zurichten. Haben Sie etwas übrig für Psychologie? Dann müssen Sie verstehen, daß unsere Sympathien hier auf der Seite Stifters liegen. Außerdem erinnern wir uns eines Arno Schmidt, der schon einmal vehement <u>für</u> Stifter Stellung genommen hat.

Kurz und gut, ein Gewirr von Bedenken durchkreuzt unsere Köpfe, und wir können uns nicht entschließen, diese Breitseite über den Radio-Essay abzuschießen. Wären Sie ein Mann, der sich zu Debatten herbeiließe, so könnte man sagen: sprechen wir einmal ganz gründlich über den ganzen Komplex. Aber ich fürchte, Sie wollen das nicht.

Die Lesung von Geschichten geschieht in Sendungen, die von Herrn Schwedhelm geleitet werden. Ich werde mit ihm sprechen und ihn auf die Möglichkeit aufmerksam machen, Sie einmal zu einer Autorenlesung in Stuttgart zu gewinnen. Hoffentlich findet er diese Anregung so gut wie ich.

Herzliche Grüße, auch an Ihre Frau und von der meinen,

Ihr Alfred Andersch

Brief A4, 2 S., auf Papier des SDR, diktiert, B.

175. Arno Schmidt an Alfred Andersch

Darmstadt, den 1. 3. 1958

Lieber Herr Andersch !

Dank für Ihren Brief ! –

Hinsichtlich der Umschläge zur neuen Taschenbuchreihe stimme ich Ihnen rückhaltslos zu : es wäre ausgesprochen läppisch, <u>zwei verschiedene</u> ›Gesichter zu ziehen‹ ! Der Start einer ganz neuen Reihe ist ohnedies schon schwierig genug; man braucht wahrlich nicht noch von vornherein einen Bruch hinein zu bringen. (Und was diese schnellfingrigen Ulmer anlangt, so kann ich nur sagen, daß sie mir ebenfalls sattsam zum Halse heraushängen – weshalb ich ja auch, trotz der ›günstigsten‹ Angebote nicht daran denke, hinzugehen !).

Ich begreife Bense in dieser Hinsicht nicht! Er sollte doch weißgott den Unterschied sehen können, zwischen den Beiheften zum alten ›Augenblick‹, mit ihrem Optimum an Einfallslosigkeit – und den Kabinettstücken Ihres ›studio frankfurt‹! (Ich fürchte, da sind ganz andere Motive ausschlaggebend).

Ich mache jetzt jedenfalls folgendes: ich rede in den nächsten Tagen noch einmal mit Bläschke[, (der ganz für ›Andersch=Umschläge‹ ist!);] und werde ihm aus Leibeskräften – es geht ja schließlich auch um mein eigenes Buch! – zusetzen, den Auftrag an Ihre Frau zu geben. (Ich weiß allerdings nicht, inwieweit er Bense in dieser Hinsicht freie Hand gegeben hat; der ist schließlich der offizielle Herausgeber; und Bläschke noch zu unerfahren=bescheiden, um sich gegen ihn auf die Hinterbeine zu setzen – Bense wird mich ohnehin schon gefressen haben, wegen meiner ewigen ›Einmischung‹ in die Redaktionsgeschäfte. / Es ist aber (dies sehr unter uns) grausam anzusehen, wie er sich so in heiterer Erhabenheit über alle notwendigen einleitenden Propagandaaktionen hinwegsetzt! : Längst müßten überall Handzettel kursieren, mit dem Programm der Zeitschrift, dem Titelverzeichnis der neuen Taschenbuchreihe, hier ein kräftig Wörtlein, und da ein Inserat – : <u>nichts</u> ist bisher geschehen! Das bißchen dpa rechne ich nicht. / Welch ein Fluch: daß wir nicht ›T&Z‹ fortsetzen, und <u>damit</u> die neue Taschenbuchreihe koppeln konnten! Da wären sämtliche Voraussetzungen des Erfolges beisammen gewesen; denn jetzt sehe ich zum erstenmal, was der Besitzer einer eigenen Druckerei und Binderei machen kann – wenn er will. Falls jedoch dieses ›Unternehmen Augenblick‹ in der bisherigen schlaffen Weise weiter geleitet wird, erlaube ich mir schon jetzt die Profezeihung, daß sein Ende mit dem des Jahres zusammenfallen dürfte. Hoffentlich gelingt es dann, die Taschenbuchreihe davon abzulösen, und selbstständig weiterzuführen!).

– – – – –

Nun zum ›Sanften Unmenschen‹. –

1.) Bitte, legen Sie doch das beigefügte Blatt auf S. 10 ein (das rote Doppelkreuz bitte zwischen Zeile 25 und 26 von oben).

2.) Selbstverständlich habe ich auch schon einmal <u>für</u> Stifter Stellung genommen (und würde <u>auch heute</u> noch jederzeit einige der Studien, der Erzählungen, und meinethalben auch den Witiko rühmen!): aber sollte Sie eben das nicht nachdenklich machen? Ich betone, und mehrfach, ausdrücklich in meiner Sendung: daß ich nur den ›Nachsommer‹ anfasse; und nenne ihn auf S. 18, also ganz am Ende, an der Stelle, die schließlich ›sitzen bleibt‹, einen Tiefpunkt zwischen Studien und Witiko. : Ich spreche doch nicht gegen Stifter, sondern gegen den Nachsommer !! (Zur Illustration : ich spreche bei Klopstock, und werde das immer tun, aufs leidenschaftlichste gegen den Messias : ebenso aber voller Bewunderung für die Gelehrtenrepublik – von der ich ja, als ausgesprochene Verbeugung, sogar den Titel entlehnt habe !).

Sie hätten Recht (möglicherweise Recht; obwohl meine Arbeit auch dann immer noch unter ›1 Buch und 1 Meinung‹ rangieren könnte), wenn ich allein mit meiner Ansicht stünde ! Aber : hätten Sie auch Hebbel abgelehnt, wenn der Ihnen seine Ansicht über den Nachsommer eingereicht hätte ?! Würden Sie Hermann Hesse ablehnen, der über Stifters große Romane, in unübertrefflichem Spott, urteilte : dort würde beschrieben, wie sich 3 Personen auf 3 Stühle setzen ?! – Aber dieser Beider Meinung, obwohl es doch wahrliche mächtige Eideshelfer sind, trifft noch nicht einmal den Kern; denn :

3.) das Entscheidende ist heutzutage : daß eben Stifter, und zumal sein ›Nachsommer‹, bewußt von den interessierten Stellen propagiert werden; und zwar als unübertrefflicher Nachweis jener verruchten These : daß man ein sehr großer Mann sein könne, ohne sich mit der ›verwirrenden Gegenwart‹ einzulassen ! : Deswegen kontere ich in der einleitenden Rhapsodie mit all den Dichterstellen; deswegen muß ich auf die ›Unmenschlichkeit‹ des Stückes hinweisen : damit nicht der Chor a la Karl Krolow immer heimchen=vergnügter wird »Will im Thymian bedenken, daß ich tief im Leben bin ! «.

Ich habe selbst im Stück den Ausdruck von ›einem Akt ausgleichender Ungerechtigkeit‹ geprägt : sie ist notwendig, um all der – ebenso möglichen, ich gebe's zu ! – feinsinnigen Interpretation der Yes=Männer die ›andere‹, gleichermaßen berechtigte Meinung, und dröhnend, entgegenzusetzen ! : die ›Wahrheit‹ wird ziemlich genau in der Mitte liegen. –

Machen wir's so : überlegen Sie bitte noch einmal ganz kurz. Und dann, wenn Sie sich, wie Sie schon schrieben, nicht zur Annahme entschließen können, geben Sie mir das Stück wieder her : deswegen keene Feindschaft nich ! –

Dank noch für Ihre Vermittlung in der Vorlesungs=Frage ! (Ein Herr Schwedhelm hat, glaube ich, früher einmal an mich geschrieben; ich muß allerdings erst einmal nachsehen). (Frankfurt hat neulich die ›Tina‹ gebracht – freilich etwas zusammengestrichen; aber immerhin !). –

(Darf ich noch einmal um Einlegung des Beiblattes bitten ?). –

Herzlichen Gruß, Ihr Arno Schmidt.

PS : Als Kuriosum : wissen Sie, was die eigentliche letzte Zündung zum ›Unmenschen‹ war ? – : der (mündlich schon erwähnte) 10=Minuten=Besuch des Herrn Dr. Schöffler; der, unter anderen knolligen Kurzhypothesen, auch diese aufstellte : der ›Nachsommer‹ sei einer der besten ›zeit= und gesellschaftskritischen‹ Romane ! Und er wolle das auch einmal ›nachweisen‹; und was des schwarzen ölscheiteligen Gewäsches mehr war.

Brief A4, 2 S., M.
Tina : Eine halbstündige Lesung der ›Tina‹ war am 23. 2. 58 vom HR 2 gesendet worden.

176. Alfred Andersch an Arno Schmidt

Stuttgart, den 3. März 1958

Lieber Herr Schmidt,
Dank für Ihren Brief vom 1. 3.
Ich bin in der Angelegenheit Herr Bläschke/Veröffentlichungen gänzlich und rückhaltlos Ihrer Meinung. Es müßte verhindert werden, daß dieser gutgewillte Mann sich zuletzt als eine von einem Zirkel alerter Intellektueller ausgenützte Type empfindet. Ich finde, man muß ihm sagen, daß er gar keine Taschenbuchreihe herausbringt, sondern Bücher, die aussehen wie Taschenbücher, die aber in Wirklichkeit Kleinstauflagen schwierigster Literaturunternehmungen sind, mit denen er sich ein unsterbliches geistiges, aber gar kein materielles Verdienst erwirbt.

Ich mische mich da in etwas hinein, was mich nichts angeht, fühle mich aber ermutigt durch die offenbar gleichen Bedenken, die Sie mir gegenüber äußern. Der mir hochsympathische Bense hat eine Eigenschaft, die mich und viele um ihn manchmal fuchsteufelswild macht, nämlich eine ganz spezifische Art von Optimismus, die dort, wo es sich um kniffligste Realitätsfragen handelt, überhaupt nicht angebracht ist. Die Leute, die Sie als Schreckensmänner bezeichnen, bringen etwas zustande nicht wegen ihres Optimismus', sondern trotz ihres Pessimismus'.

Stiftern betreffend schreibe ich Ihnen, sowie ich das Manuskript von Bense zurück habe. Ihre Argumente überzeugen mich sehr. Ich will aber das Ding jetzt noch einmal ganz genau lesen.

Wie geht es Ihnen sonst? Was machen die norddeutschen Wohnungspläne?

Ihnen und Ihrer Frau herzliche Grüße. Ihr Alfred Andersch

Brief A4, 1 S., B.

177. Arno Schmidt an Alfred Andersch

Darmstadt, den 4. 3. 1958

Lieber Herr Andersch !
Dank für Ihr Schreiben. –
Dreierlei ist dazu zu sagen :
1.) Gestern Abend war Herr Bläschke bei mir, und wir besprachen allerlei im Zusammenhang mit dem neuen Unternehmen. / (Es ist

tatsächlich so : ich habe die Sache ja gewissermaßen ›eingerührt‹ – indem ich die Verbindung herstellte – und möchte nun doch nach Kräften verhüten, daß Bl. mich, wie Sie in unübertrefflicher Präzision schreiben, am Ende auch zu den ›alerten Intellektuellen‹ zählt, die ›einen gutgewillten Mann ausnützen‹ !). / Eines der zwei Hauptthemen waren die Umschläge der neuen Taschenbuchreihe; und ich machte mir den Scherz – (es ist natürlich in Wahrheit plus que cela !) – die beiden Reihen nebeneinander zu legen : oben die ›graphisch gestalteten‹ Einbände der alten ›Beihefte zum Augenblick‹; und unten ›studio frankfurt‹ – : er beschloß noch am selben Abend, an Sie zu schreiben; und wird, wie ich fast sicher annehme, die Gestaltung der ganzen Reihe Ihrer Frau offerieren. (Vielleicht haben Sie seinen Brief inzwischen schon).

2.) In Ihrem Brief heißt es von der Reihe : »mit der sich Bl. ein unsterbliches geistiges, aber gar kein materielles, Verdienst erwirbt«. / Da muß ich allerdings auch sogleich eingreifen ! / (Nicht deshalb, weil es ›unklug‹ wäre, ihm dergleichen klipp und klar zu sagen : gingen meine Gedanken nur so weit, dann gehörte ich freilich zwanglos und sofort zu der oben von Ihnen charakterisierten Literatenklasse. Aber ich widerspreche – und bitte auch Sie, Bläschke gegenüber (Sie werden ja, falls der Umschlag=Auftrag klappt, zwangsläufig mit ihm persönlich zu tun bekommen) so etwas nur zu äußern, wenn Sie tatsächlich solcher Überzeugung sind. – Und hier mein Gegenbeweis : Vergessen Sie bitte nie, daß der Mann Druckerei & Binderei besitzt, und die Bändchen enorm billig herstellen kann. Da ist sofort folgendes passiert : Stahlberg, also mein Verleger, wird vom FOUQUÉ eine kostbarste Ausgabe herstellen lassen; Dünndruck, Ganzleder, und wie sie alle heißen : unter Verwendung des Bläschkeschen Satzes (deshalb geht's so billig !) ! Bläschke verdient also auf der Stelle an Druck und Einband für Stahlberg sogleich etwas Namhaftes; hängt sich außerdem propagandamäßig an die Stahlberg=Inserate an, sowie an dessen Buchvertreter (überall muß mit auf die Taschenbuchausgabe hingewiesen werden !) – enfin : Bläschke zahlt also – zumindest beim FOUQUÉ ! – mit nichten <u>zu</u>; sondern verdient sogar, und jetzt schon, daran ! (Ganz abgesehen davon, daß so ein Papierklumpen immer geht; schlimmstenfalls ist's'n Brikett !). / (Aber, bitte, zunächst noch Schweigen über die Dünndruck=Ausgabe; es soll natürlich nichts über die Art der Fertigung durchsickern – es ist ja in a certain sense ›beschämend‹ für Stahlberg, daß er den FOUQUÉ nicht wagen wollte oder konnte – ; und ich schrieb auch Ihnen nur deshalb davon, weil ich Ihnen zumindest zu denken geben mußte, hinsichtlich des ›Risiko‹ : so kosmische Ausmaße hat das gar nicht !! Und wenn ›wir‹ ab und zu in die Reihe, so immer alle 3 oder 4 Bände, einen einmischen können, der leidlich ›geht‹ : dann müßten ›wir‹, meines geringen Erachtens, das Unternehmen doch vielleicht ein paar Jahre über Wasser halten können. (Wobei ich natürlich auch das mit einkalkuliere, daß, wenn Ihre Frau die Umschläge macht – hoffentlichhoffentlich willigt sie ein ! Das Honorar ist nicht angemessen; das weiß ich sehr wohl ! – daß dann auch Sie im Rundfunk mit Hinweisen und Besprechungen einsetzen.) / Das Betrübliche an der ganzen Situation freilich ist, und wird immer sein, daß ›wir‹ in gewissen Sinne ›gegen‹ Bense stehen müssen; ihn ›zu seinem eigenen Glück zwingen‹; und Bläschke andererseits vor allzu=totgeborenen Kindern schützen. (Das wird nicht allzuschwer sein; denn er sieht itzt schon langsam : daß die 2 Inserate der ersten Nummer des ›Augenblick‹ ich besorgt habe; daß der FOUQUÉ sogleich Geld bringt; daß gar kein Vergleich zwischen den Ulmer Klecksographien und den Prachtstücken Ihrer Frau möglich ist; usw. usw.). / Nun, wir können vielleicht einmal darüber sprechen. Für heute wollte ich lediglich Sie etwas nachdenklich machen; und Ihre, mir allzu=felsenfeste, Überzeugung von der Unrentabilität des neuen Unternehmens ein wenig erschüttern : geschickt geleitet – was, wir wissen es Beide, zur Zeit bekanntlich nicht der Fall ist ! – müßte sich die Taschenbuchreihe nicht unbedingt als Fehlschlag erweisen, auch in finanzieller Hinsicht nicht ! (Bl. ist nicht per fas et nefas darauf aus, damit Geld zu scheffeln : er will – begreiflicherweise unter Vermeidung allzugroßer Verluste – dadurch in die Hochliteratur einsteigen; im Herbst schon mit seiner Produktion zur Frankfurter Messe gehen (das ist schon was für ihn : das erste Mal; und er ist jetzt schon stolz darauf !); und wird zufrieden sein, wenn er ›einen Namen‹ damit macht. Das sollte sich, glaube ich, machen lassen !). –

3.) Hinsichtlich ›Stifter‹ : ich freue mich, daß Sie das Stück noch einmal durchsehen wollen ! Ich habe es ebenfalls in der Zwischenzeit getan; und bin doch der Ansicht, daß es Fälle gibt, in denen eine Heftigkeit, wie meine, durchaus wohltätig wirkt. Und auch die ›Ungerechtigkeit‹ ist so arg groß nicht : ich lege eben nur den Finger auf die Wunde, die unleugbar bei Stifter vorhandene. Es wäre schon einseitig genug, wenn seine Verehrer diesen Faulfleck verschwiegen, und mit dem immer zur Hand liegenden Schleier christlicher Nächstenliebe zudeckten; aber wenn die Brüder ihm gar noch ein Verdienst daraus machen wollen – dann wird es (endlich !) wieder einmal Zeit, einzugreifen ! / (Ich bin, wie ich schon schrieb, durchaus bereit, jederzeit seine – wenn auch eben ganz anders als meine geartete – ›Kunst der Landschaft‹ ehrerbietig zu würdigen; oder seine früheren, sehr ›menschlichen‹, Studien (die für mich immer der Gipfel seines Werkes bleiben werden) zu rühmen. (Vor allem den ›Hagestolz‹; oder – aus konstruktiven Gründen – die mir immer merkwürdiger werdende ›Narrenburg‹; von der, wie von einer geheimen Zentralstelle aus, die Fäden in alle anderen Stücke gehen; sehr merkwürdig). / Falls Sie's des lieben süßen Hörer= oder Intendanten=Pöbels wegen nicht bringen können, bitte ich um Rückgabe. (Bitte nicht etwa wieder an Bense geben; sonst kann ich zehnmal schreiben, und sehe das Stück doch nicht wieder; »Gleich, Herr, gleich ! « heißts dann, wie beim Shakespeare, zerstreut und fliegenhaft=geschäftig; und wenn ich auch sehr wohl einsehe, daß ein Mann, der an 2 Hochschulen fleißig lehrt, wenig Zeit für andere Geschäfte hat, so sage ich mir doch immer : ›Freund, warum übernimmste se dann ? ‹; und segne ›unsere‹ Angestelltentätigkeit in der Großindustrie : wenn's auch eine verfluchte Zeit war; aber kaufmännische Raschheit und Ordnung haben wir uns eben doch entscheidend angewöhnt, wie ?).

– – – – –

Dank auch für Ihre freundliche Erkundigung nach dem Stand unserer Wohnungssuche : wir haben jüngst in 10 Kreisblättern inseriert, und einige Offerten erhalten; vielleicht ist doch eines davon möglich (ein alter Bauernhof bei Bremen). / Was macht Ihr Haus im Ticino ? Das wird natürlich, von Ihrer Frau ausgestattet, eine Bleibe wie in 1001 Nacht ! / (Dies noch : die ersten 4 Umschläge müßten ziemlich rasch geliefert werden; weil Bl. die Bände noch in der ersten Jahreshälfte vorlegen will; den FOUQUÉ z. B. bis 15. Juni; das hab' ich schriftlich. Ich habe ihm schon gesagt, daß er Ihnen von jedem Buch die Fahnen hinschicken müßte. Wird sich das rein zeitlich machen lassen ? – Nun; das können Sie ja dann mit Bl. direkt besprechen : mich soll's diebisch (und egoistisch genug) freuen, wenn Sie miteinander einig werden !). –

Herzlichen Gruß, Ihr Arno Schmidt.

PS : Als Beilage noch 1 Kuriosum (wie die Darmstädter mich ›vereinnahmen‹); ich schick's deshalb, weil auch Ihr Name darin erscheint, und

›T& Z‹; der Rest ist gut gemeinter Wind eines Schülers von Prof. Kogon – zumindest ist er auf der rechten schiefen Bahn.

Brief A4, 2 S., M.
2 Inserate : Vermutlich die der Zeitschrift ›konkret‹ und des Stahlberg Verlags.
Großindustrie : Arno Schmidt war von 1934 bis 1940 graphischer Lagerbuchhalter bei den Greiff-Werken in Schlesien; Alfred Andersch war von 1933 bis 1940 Büroangestellter in München und Hamburg.
Kuriosum : Vermutlich Rolf Becks Artikel »Ni Dieu-ni Maitre« aus der Nr. 32 (Wintersemester 57/58) der ›Darmstädter Studentenzeitung‹.

178. Arno Schmidt an Alfred Andersch

Darmstadt, 16. 3. 1958

Lieber Herr Andersch !

Wie beiliegender Prospekt zeigt, haben ›wir‹ sogleich Ihr Frau ›vereinnahmt‹ : er schließt mit den Umschlagentwürfen. (Bläschke will Ihnen selbstverständlich heut oder morgen ebenfalls eine Anzahl dieser Handzettel zugehen lassen). –

Eine Bitte noch zum ›Pape‹ : könnten Sie im Vorspruch zur Sendung die folgende, ganz kurze, Stelle erwähnen, die ich bei Ludwig Tieck gefunden habe – und das ist ja immerhin kein unbekannter Eideshelfer ! – :

»Auf einen Dichter, Pape, von welchem ich bisher noch nichts gelesen hatte, möchte ich Sie aufmerksam machen : in seiner ›Ahnung eines Gefangenen‹ sind außerordentlich schöne poetische Züge ! «.

(Ich bin auf dieses doch wichtige Werturteil erst vor 14 Tagen gestoßen, als ich die Jahrgänge einer längst verschollenen Zeitschrift von 1796 durchsah; es ist noch ganz unbekannt, und ich werde es auch noch in die Fouqué=Biographie einarbeiten, wohin es ja gehört, und von wo aus ich schließlich ausgegangen bin). –

Haben Sie hinsichtlich ›Stifter‹ einen Entschluß gefaßt ? (Ich will Sie nichts weniger als drängen; und wenn Sie tatsächlich noch schwanken, behalten Sie's selbstverständlich noch da. Aber falls Sie's doch ablehnen sollten, ist mir ein rasches ›Nein‹ das liebste. Ich werde von München und Frankfurt um ›Originalbeiträge‹ geplagt; und könnte den Herren dann wenigstens meinen guten Willen zeigen.) –

Sonst nichts sonderlich Neues. / Ich verbleibe mit freundlichem Gruß, (das Gedam beider Seiten mit eingeschlossen),

Ihr Arno Schmidt.

Brief A5, 1 S., St.
Ihr : recte Ihre

179. Alfred Andersch an Arno Schmidt

Stuttgart, 18. März 1958

Lieber Herr Schmidt,

besten Dank für Ihre Zeilen vom 16. 3.
›Pape‹ ist leider schon produziert.

Was den ›Stifter‹ betrifft, so bitte ich Sie, mir in diesem Falle ganz ausnahmsweise eine Option bis zum 8. April zu geben, d.h. also bis zum Beginn der Woche nach Ostern. Spätestens zu diesem Termin kann ich Ihnen definitiv sagen, ob diese Arbeit bei uns kommt. Ich selbst bin sehr bemüht, daß dies möglich wird.

Heute noch etwas anderes:

Ich habe ein bißchen meine Finger in einer neuen Erzählungsreihe, die beim Claassen-Verlag erscheinen soll, drin. Leiter des Claassen-Verlags ist Dr. Franz Schonauer, einer von »unseren« Leuten, wie Sie wissen. Er läßt durch mich bei Ihnen anfragen, ob Sie bereit wären, ihm für diese Reihe die Buchausgabe von »Seelandschaft mit Pocahontas« zu übertragen. Eventuell könnte man noch in den gleichen Band die beiden Stücke »Tina« und »Goethe und einer seiner Bewunderer« aufnehmen. Ich würde mich freuen, wenn Sie mir darüber bald eine kurze Notiz zukommen ließen.

Über die Bedeutung des Wortes ›Gedam‹ habe ich lange nachgedacht. Schließlich ist sie mir klar geworden. Würden Sie da nicht doch den etwas altmodischeren Ausdruck »Weiberzeug« vorziehen?

Herzliche Grüße Ihr Alfred Andersch

Brief A4, 1 S., auf Papier des SDR, diktiert, B.
Claassen : Alfred Andersch gab die Reihe ›Claassen Cargo‹ heraus, die 1965–1967 in Hamburg erschien.

Stuttgart, 27. März 1958

180. Alfred Andersch an Arno Schmidt

Lieber Herr Schmidt,

noch vor Ablauf des von mir genannten Optionstermins kann ich Ihnen mitteilen, daß wir Ihre Stiftersendung »Der sanfte Unmensch« ins Programm nehmen werden. Ihr Arbeitshonorar ist angewiesen. Da es sich in diesem Fall nur um eine halbstündige Sendung handelt, können wir nur DM 450,– dafür ansetzen, jedoch erhalten Sie dafür noch ein »automatisches« Wiederholungshonorar in Höhe von ein Drittel dieser Summe. Ich hoffe Sie damit einverstanden.

Herzliche Grüße Ihr Alfred Andersch

Brief A4, 1 S., auf Papier des SDR, diktiert, B.

Darmstadt, den 28. 3. 58

181. Arno Schmidt an Alfred Andersch

Lieber Herr Andersch !

Schönsten Dank für Ihr Schreiben, mit dem Sie mir die Annahme des ›Stifter‹ mitteilen !

Eines ist mir dabei allerdings noch unklar – Sie schreiben : »Da es sich in diesem Fall nur um eine halbstündige Sendung handelt ...«; da sind nun die berühmten 2 Möglichkeiten, nämlich

1.) das MS hat 18 Seiten. Hinzu kommt die 1 Seite mit dem Keller'schen Gedicht (die ich Sie einzulegen bat); macht 19. – 19 Seiten mit meiner kleinen Perlschrift entsprechen aber gut und gern 30–32 Seiten mit Normaltype, die ja, à 2 Minuten gerechnet, dann 60–64 Minuten ausmachen würden. Ich glaubte, das Stück wäre fast zu lang geraten; denn die Sprecher müssen schon ziemlich allegro parlieren, wenn sie das Ganze in 1 Stunde pressen wollen.

2.) Oder aber, Sie wollen=müssen das Stück auf die Hälfte kürzen – was aus Ihrem Brief nicht hervorgeht. Nicht, daß ich etwas dagegen hätte; ich bin froh, daß Sie's bringen (wie ich denn ja grundsätzlich alle diese Sachen immer zuerst Ihnen anbiete). – Nur, ich muß das wissen; damit dann später die ursprüngliche große 1=Stunden=Fassung noch anderen Sendern als ›Original‹ offeriert werden kann. –

Bitte geben Sie mir doch Bescheid darüber. –

(Im neuen ›augenblick‹ ist ein dummer Druckfehler unterlaufen : auf S. 15, letzte Zeile von unten, muß es natürlich »52 Sekunden« heißen, was ich auszubessern bitte. – Das Stück ist, nebenbei bemerkt, voriges Jahr im frankfurter Rundfunk als ›Erwachsenenbildung‹ gelaufen; solche Sachen habe ich noch mehr in petto; und wenn's auch nicht ›schneidig‹ genug war für den ›augenblick‹, so hatte ich doch eben nichts anderes zur Hand – und es ist immerhin so solide Arbeit, daß ich, ohne mich schämen zu müssen, meinen Namen vor dergleichen setzen kann : schlicht aber instruktiv; verläßlich und voller guter Information. / Welches Wort mich auf die hiesige Epiphanie Benses anläßlich des ›Darmstädter Gesprächs‹ bringt – ich war während dieser Tage in Bremen – unser Journalissimus, Georg Hensel, kein unfeiner Kopf, prägte das witzige Wort : Bense habe den Beweis erbracht, daß es möglich sei, stundenlang über ›Information‹ und ›Kommunikation‹ zu reden, ohne daß der Hörer im geringsten informiert, noch ihm irgend etwas kommuniziert werde. Die Verheerungen, die er anrichtet, habe ich ja sattsam in Ulm kennen gelernt : sämtliche Schüler, bis zum unbedarftesten Pferdeschwanz hinunter, schwatzten, und rasend schnell, so viel von ›ontisch‹ und ›semantisch‹, daß man nicht folgen konnte; dabei war alles eitel Zungengaukelei, und die Kerls verstanden den Teufel von dem, was sie so sicher vortrugen, wer nicht mitmachte war doof. – Nun, dies unter uns.) –

Für die Vermittlung Schonauer=Claassen schönen Dank ! Ich glaube aber nicht, daß Stahlberg, der selbst demnächst einen Sammelband mit all diesen zerstreuten und unzugänglichen Stücken vorhat – es kämen ja noch dazu ›Umsiedler‹, ›Alexander‹, ›Kosmas‹ – sein placet geben wird. Geschrieben habe ich ihm jedenfalls schon; und werde dann Ihnen und Schonauer seine Entscheidung mitteilen. –

Sie werden aus dem Prospekt ersehen haben, daß der FOUQUÉ auf Nr. 3 vorgerückt ist – (ein ganz kleines Exempel von Bense's herausgeberischem Fleiß nebenbei dies : außer meinem ist bisher noch kein anderes MS in die Druckerei geliefert worden !!!) – vertrauliche Anmerkung hierzu : Stahlberg läßt 500 erlesene Stücke herstellen ! – nun aber : der Umschlag ? / Menschenunmöglich ist's natürlich, daß Ihre Frau das MS liest – andererseits muß er doch irgendwie besonders ›beziehungsreich & solide‹ sein. Ich habe mir gedacht : Bläschke möge ihr die Fahnen senden; dann ist – ›dank‹ der schwierigen Mehrfachkorrekturen, und der Wahnsinnsanfertigung eines doppelsohligen, auf Rand genähten, Registers : mir graut jetzt schon vor der Tollmannsarbeit ! – immer noch genügend Zeit für den Entwurf – meine ich. Fragen Sie doch bitte einmal Ihre Frau an, wie wir das halten wollen; oder ob Begriffe wie ›Undine‹ genügen ? –

Ich verbleibe inzwischen, mit nochmaligem Dank, und herzlichen Grüßen, Ihr Arno Schmidt.

Brief A4, 1 S., St.
Druckfehler : In Arno Schmidts Beitrag ›Das schönere Europa‹.
voriges Jahr : Laut Bock'scher Bibliographie nur am 1. 2. *58* vom HR 2 gesendet worden.
in Bremen : Laut Arno Schmidts Tagebuch waren Schmidts am 23./24. 3. 58 in Lilienthal und Umgebung auf Wohnungssuche.

182. Alfred Andersch an Arno Schmidt

Stuttgart, 9. April 1958

Lieber Herr Schmidt,
in der Anlage schicke ich Ihnen Kopie meines heutigen Briefes an Herrn Bläschke.

Ich war in der Osterwoche bei meiner Frau, und sie bittet doch sehr darum, daß Sie ihr die Fahnen Ihres Fouqué-Buches schicken, denn den Umschlag dafür möchte sie doch nicht einfach auf Verdacht machen. Vielleicht schreiben Sie ihr auch noch dazu. Adresse: Frau Gisela Andersch, Berzona, Val Onsernone, Tessin/Schweiz.

Ihr Einspruch wegen der Länge der Stifter-Sendung ist berechtigt. Entschuldigen Sie die Panne. Sie bekommen also das volle Honorar (DM 900,–).

Nur dies für heute und in aller Eile herzliche Grüße!

Ihr Alfred Andersch

PS: Bisher habe ich noch kein Exemplar des ›Augenblick‹ bekommen oder auch nur gesehen.

Brief A4, 1 S., auf Papier des SDR, diktiert, B.
Anlage : In dem Brief teilt Alfred Andersch Bläschke die Fertigstellung der ersten beiden Umschlagentwürfe mit.

183. Arno Schmidt an Alfred Andersch

Darmstadt, den 10.4.58

Lieber Herr Andersch !

Dank für Brief und Durchschlag Bläschke ! –

Daß Sie eine Neuberechnung des ›Stifter‹ vorgesehen haben ist scharmant ! Recht schönen Dank dafür ! / 1 Bitte : kann ich noch ein Quartalsprogramm bekommen, in dem die ›Pape‹=Sendung erwähnt ist ? / Als nächstes werde ich Ihnen vermutlich vorlegen : ›Herder, oder der feinste Selbstmord‹; Ludwig Tieck; oder den alten Holberg – nun, das ist noch ganz Mellonta Tauta.

Einen ›augenblick‹ lege ich bei : das ist ja die übliche Verlagsschweinerei, daß die wichtigsten Mitarbeiter ihre Exemplare entweder als Letzte oder gar nicht bekommen ! Hat Bense Ihnen denn nicht wenigstens eines gegeben ? Er weiß doch genau, daß Ihre Frau die Umschläge ›seiner‹ Reihe macht ! (Oder ist er derart kleinlich=wütend auf Uns ?). / Daß die ersten Entwürfe schon fertig sind, ist sehr begrüßenswert – das war nämlich auch einer von B.'s Einwänden, daß es ja viel zu lange dauern würde, etc.; und der nun ganz simpel auch widerlegt ist; sehr gut ! – Sie in Stuttgart besuchen können werde ich aber wohl kaum : die Hand des HERRN lastet schwer auf mir : GRIPPE !!! Ich kann nur gorillig knurren, und mit der Faust fluchen. Je nun, vielleicht gibt sich's bis dahin wieder.

Ad FOUQUÉ : ob Bläschke schon zu setzen begonnen hat, weiß ich nicht (hoffe es aber); er behauptete, er wäre kapabel, das ganze dicke MS innerhalb von 14 Tagen setzen zu lassen – on verra. / Aber daß Frau Gisela das ganze Opus lese : das halte ich doch für eine allzu gußeiserne Auflage ! Die ersten 50 Seiten würden's, meines geringen Erachtens, ohne weiteres tun – es ist ein Buch wie andre mehr. – Ich werde selbstverständlich Stahlberg=Krawehl proponieren : diesen Taschenbucheinband auch als Schutzumschlag für die Glacé=Diamantnadel=Goldblatt=Ausgabe zu verwenden (weiß jedoch nicht, ob ich Erfolg haben werde – die Wege der Herren sind allzu wunderlich !). Jedenfalls wird Stahlberg für sich 500 Stück herstellen lassen; etwa 400 schmiegsames Ganzleinen, 100 dito Leder. –

Überdem wird er – er will eben auch nicht dahinten bleiben – zur Messe einen weiteren Band von mir vorlegen; und zwar, das wird Sie interessieren, als seinen Beitrag zu meinem ›literaturgeschichtlichen Jahr‹, : 8 Nachtprogramme; dazu den ›Goethe‹ und die ›Tina‹. Er kämpft noch schwer; denn ich habe ihm bereits kurz & kernig angedeutet, daß

›natürlich‹ die Senderechte bei mir bleiben müßten, da ich den größten Teil meiner Revenüen daraus ziehe : das will ihm gar nicht in den Kopf! (Je nun; schlimmstenfalls biete ich ihm 10% der Einnahmen : die Kerls sollen auch mal schmecken, wie Uns bei dieser fatalen Zahl immer zumute ist !). –

Bei Ullstein ist eben ein von mir übersetztes Buch erschienen : wahrlich, ich erfülle mein Soll dies Jahr wieder ! / Die Lockemann=Rezension (die Sie gesendet haben) hat neulich auch die ›Andere Zeitung‹ gebracht : der Bube ist Dozent für deutsche Literatur in Mainz; und vergiftet ergo laufend die Jugend ! (Nu, was heißt ›vergiften‹ : das sind ja doch alles Katholen, und denken genau wie er – nun, solange es geht, will ich den Teufel machen, der solche Buchstabenmänner holt !). / Ich sah Ihre Unterschrift unterm Atomprotest der ›Kultur‹ : mich fragt man bei sowas anscheinend nie. (Was man natürlich auch wiederum ehrenvoll auslegen kann : ich bin ohnehin notorisch derart ›dagegen‹, daß sich ein besonderer Hinweis erübrigt; denn wenn alle deutschen Literasten seit 10 Jahren so gepredigt & geflucht hätten, wie ich – dann ständen wir heute anders, und besser, da !) / (Zudem ist der Protest auch noch ungenügend : wissen Sie, was meiner Ansicht nach bei der ganzen Aktion herauskommt ? : daß die Bundesregierung feierlich auf die Herstellung und Bewaffnung mit Atomwaffen verzichtet ! Und uns damit wiederum hinters Licht führt !!! Denn sie läßt sich halt welche schenken [wobei auch noch die sinnigsten Wortspiele möglich sind : die Bundeswehr kriegt keine; aber vielleicht der Bundesgrenzschutz ??]; und für uns ist es ja wohl gleich fatal, ob auf den westdeutschen Abschußbasen nun deutsche Bundeswehrsoldaten stehen, oder Amerikaner ! Die Lage wird dadurch nicht um einen Deut geändert; die Losung muß vielmehr heißen : daß auf deutschem Gebiet Niemand mit Atomen spielen darf !!! So wie die Dinge jetzt eingefädelt werden, verschafft man dadurch Adenauer nur ein gütiges Alibi mehr : wenn er so väterlich auf den Wunsch seines lieben Volkes eingeht !/ Abrüstung & Neutralisierung, that's my vow ! Alles andere ist Wind & Lufterscheinung ! – Aber schon zuviel davon.)

Gruß, Ihr Arno Schmidt.

Lieber Herr Andersch !

Noch ein Nachtrag – oder vielmehr zwei :

1.) ich lege das MS einer Sendung bei, die Sie nicht lesen sollen ! Wohl aber bitte ich Sie, das Machwerk weiterzuleiten an den Chef der Abteilung ›Erwachsenenbildung‹, ›Lebendiges Wissen‹, oder wie die betreffenden Reihen in Stuttgart nun heißen – Sie sollen gar kein

›gutes Wort‹ oder dergleichen einlegen; ich weiß lediglich die Anschrift der betreffenden Persönlichkeit nicht, und möchte, um der lieben Beschleunigung willen, daß das Stück gleich in die richtigen Hände kommt. / (Es ist bestimmt nichts, was Ihrer Kenntnisnahme wert wäre; lediglich ein weiteres Stück einer meiner ›Reihen‹, von der der ›augenblick‹ eben den Venusdurchgang gebracht hat, und die ich als Brotarbeiten nebenher betreibe – ich stecke, wie Sie wissen, derart voll schnurriger Materialien, daß dies der beste Gebrauch ist, den ich von solchen entlegenen Kenntnissen machen kann).

2.) lege ich den Kassenzettel über den Stifter wieder mit bei. Ich hatte ihn noch nicht unterschrieben, weil ich eben Ihre Entscheidung noch abwarten wollte; habe aber inzwischen schon 225.– Mark erhalten. – Am einfachsten dürfte es sein, wenn die dortige Kasse diesen Urhebervertrag durch einen neuen, über 900 lautenden ersetzt; mir nochmals 225 sendet; worauf ich dann anstandslos diesen unterzeichnen würde. (Oder auch, wie es beliebt, einen weiteren über die gleiche 450.– =Mark=Summe – das sollen sich die Angestellten dort selbst aussuchen, was ihnen für ihre Buchungsarbeiten am simpelsten erscheint). – Ich bitte Sie also, den Zettel wieder in die Kasse zu geben.

Nochmals Gruß, Ihr Arno Schmidt.

Brief A4, 1 S., Postscriptum auf Zettel 21 x 9 cm, 2 S., M.
Schutzumschlag : Der Umschlag der Stahlberg-Ausgabe wurde von Imre Reiner entworfen, der für die Umschläge der meisten bei Stahlberg erschienenen Schmidt-Bände verantwortlich ist.
von mir übersetztes Buch : Hassoldt Davis, ›Das Dorf der Zauberer‹
›Kultur‹ : ›Die Kultur – eine unabhängige Zeitung mit internationalen Beiträgen‹ erschien in den 50er Jahren im Verlag Kurt Desch.
Machwerk : ›Krakatau‹ (Vgl. Brief Nr. 184)
Venusdurchgang : ›Das bessere Europa‹

184. Alfred Andersch an Arno Schmidt

Stuttgart, 11. 4. 1958

Lieber Herr Schmidt,

heute kurz folgendes: die Sache mit dem Honorar für die Stifter-Sendung geht in Ordnung. Die Honorarabteilung überweist Ihnen in den nächsten Tagen den Rest des Werkhonorars (DM 225.–) und schickt Ihnen einen neuen Verpflichtungsschein über 900.– DM.

Mit freundlichen Grüßen Ihr Andersch

Entschuldigen Sie die Eile des folgenden; ich bin furchtbar im Druck!

Dank für Ihren Brief v. 10. 4. 58, den »Augenblick«. Bläschke hat sich noch nicht gemeldet. Ist er gar nicht in Darmstadt?

Unglaublich, daß Stahlberg sich an den Funkrechten beteiligen will! (Andererseits tut er wirklich was für Sie.)

Gisela Andersch erwartet also die Fouqué-Unterlagen (in Berzona). Alles weitere wird sich ja dann aus dem Kontakt mit Bläschke ergeben.

Und dann noch: es gibt hier keine Abt. Erwachsenenbildung, überhaupt nichts vergleichbares. Der Schulfunk erklärt sich für unzuständig. Ich kann also gar nichts tun als Ihnen das Ms. Krakatau, das ich mit Vergnügen gelesen habe (ich bin halber Vulkan-Spezialist) zurückgeben.

Brief A4, 1 S., auf Papier des SDR, diktiert, Postscriptum handschriftlich, B.

185. Arno Schmidt an H. Heißenbüttel

Darmstadt, den 28. 4. 58

Lieber Herr Heißenbüttel !

Kann ich von dem Jubiläums=Prospekt, ›3 jahre radio-essay‹, noch ein halbes Dutzend bekommen ? (Herr Andersch hatte es mir bereits zugesagt; hat es aber wohl in der rage des Umzugs vergessen). – 2 Fragen noch :

1.) Können Sie mir die Adresse von Dr. Enzensberger angeben ?

2.) Leitet Herr Dr. Jedele noch die Stuttgarter Fernsehabteilung ? –

Ich verbleibe inzwischen, mit freundlichem Gruß,

Ihr Arno Schmidt.

Postkarte, St.

186. H. Heißenbüttel an Arno Schmidt

Stuttgart, 30. April 1958

Lieber Herr Schmidt,

herzlichen Dank für Ihre Karte vom 28. 4. Beiliegend die erbetenen Jubiläumsprogramme.

Die Adresse von Dr. Hans Magnus Enzensberger lautet: Stranda/Norwegen, Sunnylfsfjord.

Herr Dr. Jedele ist nach wie vor Direktor des Stuttgarter Fernsehens und zurzeit Koordinator für das Deutsche Fernsehen.

Das wär's. Vielleicht komme ich im Mai einmal nach Darmstadt. Es wäre nett, wenn ich Sie dann sehen könnte. Falls ich fahre, werde ich mich rechtzeitig anmelden.

Mit herzlichem Gruß Ihr Heißenbüttel

Brief A4, 1 S., auf Papier des SDR, diktiert, B.

187. Arno Schmidt an H. Heißenbüttel

Darmstadt, den 8. 5. 58

Lieber Herr Heißenbüttel !

Dank für die Zuleitung der Jubiläumsprogramme vom ›radio-essay‹. Dank auch für Ihr Schreiben : Sie sind mir hier sehr willkommen; falls sich's machen läßt, erbitte ich vorher kurze Angabe von Tag & Stunde. –

(Ich hoffe, Ihnen Ende des Monats etwas wirklich Gutes offerieren zu können : der HERDER scheint zu gelingen). –

Eine Bitte noch : ist es möglich, die beiliegende Sendung Herrn Dr. Jedele weiterzugeben ? Ich behellige Sie damit, weil ich keinerlei Anschrift weiß; (die Herren auch nicht mit ›herabsetzenden‹ Wendungen, wie ›Süddeutscher Rundfunk/Abteilung Fernsehen‹ oder so kränken möchte – nachher heißt es ›Deutsches Fernsehen/Zentrale Stuttgart‹, und der erste hitzige Sekretär gibt mir's deswegen sofort zurück !). –

Ich verbleibe inzwischen, mit nochmaligem Dank und

Gruß, Ihr : Arno Schmidt.

Brief A5, 1 S., St.

beiliegende Sendung : Der Brief Arno Schmidts vom gleichen Datum lautet:

Sehr geehrter Herr Dr. Jedele !

Darf ich Ihnen einmal einen Vorschlag für eine ganz kurze Fernsehsendung machen ? : Ich lege Ihnen den Bilderband des Malers Eberhard Schlotter bei; in dem Sie an 3 Stellen, bei 3 farbigen Reproduktionen, jedesmal einen ganz kurzen Text von mir finden werden. Ich habe mich, im Gegensatz zu der sonst meist üblichen Art von Kunstkritik, auf eine Interpretation beschränkt, die nur zu dem einen einzigen Stück jeweils passen sollte – also nicht austauschbar wäre, wie die so häufig kursierenden allgemein=mitteleuropäischen Wendungen von Bildbetrachtern. Meinen Sie, daß man daraus eine ganz kurze Sendung machen könnte ? Ich denke mir : auf dem Schirm erschiene das Bild; und ich spräche, unsichtbar, meinen Text dazu – die Dauer des Ganzen, inklusive der biografischen Notizen über den Maler, würde höchstens 10 Minuten betragen. Die Originale der 3 Bilder befänden sich, jederzeit verfügbar, hier in Darmstadt; der Maler wäre gern einverstanden. – Überlegen Sie meinen Vorschlag doch bitte einmal. Falls es sich nicht machen lassen sollte, bitte ich um Rückgabe des Bildbandes.

Ich verbleibe inzwischen mit freundlichem Gruß, Ihr Arno Schmidt.

In seiner Absage vom 19. 5. 58 wies Dr. Jedele auf die für das populäre Fernsehprogramm zu hohen »intellektuellen und künstlerischen Ansprüche« Schmidts und Schlotters hin. – Vgl. Brief Nr. 228.

188. H. Heißenbüttel an Arno Schmidt

Stuttgart, 12. 5. 58

Lieber Herr Schmidt,

Dank für Ihren Brief vom 8. 5.

Die Sendung an Herrn Dr. Jedele habe ich weitergegeben.

Wann ich Sie evtl. besuche, steht noch nicht fest. Ich melde mich aber so rechtzeitig, daß Sie Bescheid wissen.

Wie ich Ihrem Brief entnehme, wird das Nächste, was Sie für uns haben, sich doch mit Herder beschäftigen. Ich war an sich durchaus darauf vorbereitet, nur sagte Herr Andersch mir zwischendurch, Sie würden evtl. vorher noch etwas über Jules Verne machen. Aber der Herder ist mir durchaus recht. Ein großer Unbekannter. Ich freue mich auf das, was Sie dazu zu sagen haben.

Mit herzlichem Gruß, auch an Ihre Frau, Ihr Heißenbüttel

Brief A4, 1 S., auf Papier des SDR, diktiert, B.

Darmstadt in der Barbarei, 20. Mai 1958

Lieber Herr Heißenbüttel !

189. Arno Schmidt an H. Heißenbüttel

Dank für Brief und Semesterprogramme ! – Anbei nun der HERDER – das war eine schwere Geburt ! Ich kannte bisher 20 Bände von ihm, und hielt das schon für was Rechtes; nun kenne ich sämtliche 60 – kenne sie : d.h. ich habe sie alle zweimal gelesen; manche auch viermal – und glaube das vertrackte Großfänomen nun immerhin soweit zu überschauen, um mein abschließendes Urteil für die nächsten 10 Jahre gegen männiglich verteidigen zu können.

Einen Haken hat's freilich : Sie werden 90 Minuten für die Sendung brauchen ! (Aber noch kürzer kann ich's nicht machen; der erste Entwurf war auf 2 volle Stunden angelegt !). Die Schwierigkeit bei Herder ist, wie Sie ja selbst wissen werden, daß

a) der Leser=Hörer ihn nur noch als Schattengestalt kennt;
b) er in Wahrheit ein Kerl war, wie die Front des Straßburger Münsters;
c) außer einem kondensierten Biogramm vor allem die richtige Deutung von Charakter und Werk zu finden war – ich bin überzeugt, daß Haym (immer noch die Autorität : 1954 erst hat man ihn in der DDR groß in 2 Bänden herausgebracht !) unrecht hat : der als Professor hatte keine Vorstellung von der Labilität Herders !

Ich hoffe, daß das Stück Ihnen gefällt; und daß Sie's trotz der polizeiwidrigen Länge bringen können – nachts ist der Spielraum ja eher da, als am Tage. Sollten Sie's nicht mögen, bitte ich, wie immer, um Rückgabe.

(Was das nächste – für 59 dann schon – sein dürfte, weiß ich noch nicht ganz genau; TIECK oder JULES VERNE oder DAS BUCH MORMON). –

Auf Ihren Besuch freuen wir uns ! –

Mit freundlichem Gruß, Ihr Arno Schmidt.

Brief A5, 2 S., St.
HERDER : ›Herder oder Vom Primzahlmenschen‹

Stuttgart, 23. 5. 58

Lieber Herr Schmidt,

190. H. Heißenbüttel an Arno Schmidt

Dank für Ihren Brief vom 20. und für das sehr gewichtig aussehende, und – soweit ich voller Neugier gleich hineingesehen habe auch sehr gewichtig zu lesende, – Manuskript über Herder. Ich bestätige Ihnen jetzt nur den Eingang und schreibe dann noch einmal, wenn ich Ihre Arbeit gelesen habe. Da ich das Manuskript rechtzeitig habe, können wir durchaus 1½ Stunden in Anspruch nehmen.

Leider werde ich es wohl nicht mehr schaffen, vor den Ferien, d.h. vor Juni noch zu verreisen. Ich verschiebe das, was ich vorhatte, auf Juli/August, und falls Sie dann noch in Darmstadt sitzen, melde ich mich an.

Mit herzlichem Gruß, auch an Ihre Frau, Ihr Heißenbüttel

Brief A4, 1 S., auf Papier des SDR, diktiert, B.

Stuttgart, 5.6.1958

191. Alfred Andersch an Arno Schmidt

Lieber Arno Schmidt,

ich habe eben den »Herder« gelesen. Ginge es auf dieser Erde mit rechten Dingen zu, so müßten Sie das donnernde Haupt einer deutschen Akademie sein. Aber es geht immer mit unrechten Dingen zu, und so bleibt uns nur die Freiheit unserer Zellen, deren freieste Sie bewohnen. Sie sind unser größter Autor – so groß, daß ich es ohne jeglichen Neid sagen kann.

Stets Ihr Alfred Andersch

PS. Ich bin für 14 Tage, bis zum 15.6. in Stuttgart, dann wieder in der Cassetta in Berzona. Wir müssen uns im Laufe des Sommers über einen Besuch dort verabreden; dergleichen muß gut vorbereitet sein. Inzwischen:

1.) Wann bekommt meine Frau ein paar Probefahnen des »Fouqué«? Bense sagt, der Einband-Entwurf müsse schnell kommen, von Bläschke, dem ich deswegen schrieb, höre ich nichts.

2.) Ich will versuchen, meinen Intendanten zu bewegen, daß er vom »Herder« einen ganz kleinen Privatdruck veranstaltet, (höchstens 500 Stück, oder auch nur 200) würde dies Ihnen und dem Stahlberg-Verlag convenieren?

Schöne Grüße an Ihre Frau! A.

handschriftlicher Brief A5, 2 S., B.

Darmstadt, den 9.6.1958

192. Arno Schmidt an Alfred Andersch

Lieber Alfred Andersch!

Deinen letzten Brief habe ich nicht verdient!

(Selbstverständlich weiß ich, daß ich als Wortweltenerbauer ein gewisses Maaß habe – es wäre läppisch, mich da preziös zu winden! – aber doch nur so, wie ein 6 Fuß großer Mann weiß, daß er die Meisten um sich überragt. Und manchmal habe ich eine Mordswut, und das Gefühl, als wäre ich 5 Meter hoch. (Freilich auch, sehr einzelne, Stunden, wo ich mich nicht mehr erinnern kann, ob Ruß schwarz ist – aber das liegt wohl daran, daß ich im fünfundvierzigsten bin; und wenn Allah (oder wie Du das Dings nennst) mir auch die Knochen eines Ochsen verliehen hat, und ich schreiben muß, als ob ich hinter einen Preßlufthammer stünde : es gibt schon Stunden, wo ich 2 vierzigstellige Zahlen nicht mehr miteinander multiplizieren kann !). Mag man getrost noch so vornehm auf meine derben und anmutlosen Nöte herabsehen – aber das müßte wahrlich ein schlechter Kerl sein, der nach der Lektüre von 60 Herder=Bänden nichts für seine Sprache geraubt hätte ! / :Also Dein Lob gilt nicht mir, sondern ihm.) –

(Es sind einige Schreibfehler im Nachtprogramm, die ich auszubessern bitte; nämlich :

1.) Seite 12; Zeile 6 von oben : für ›waren‹ ist ›werden‹ zu setzen.

2.) Seite 24; Zeile 7 von unten : muß es heißen :

A. (hitzig) : ›Hermann & Dorothea‹ – : das eine Flüchtlingsgeschichte ?! usw.

Ansonsten sind wohl kaum noch nennenswerte Schreibfehler darin; d.h. solche, die den Sinn entstellen könnten).

: Es ist doch vielmehr so, daß ich zwei Drittel meiner Einnahmen von Dir ziehe; und Dir dankbar – nicht nur ›sein muß‹, sondern bin – daß Du mir solchen Raum in Deiner Arena läßt, um den Scheißkerlen meinen Mantelzipfel um die Ohren zu schlagen : Lambe mihi ! –

(Amüsant das Foto in ›3 jahre radio=essay‹ : Deine ›Linke‹ werden die Buben schon betroffen bestaunt haben !). –

Ein Privatdruck des ›HERDER‹ beim stuttgarter Rundfunk ? : Bong; Mir ist es recht. (Obwohl die ›Auflage‹ nicht klein genug sein kann : 200 wären besser, denn 500. – Und für mich, bitte, 20 Freiexemplare zusätzlich; das ergibt eine ›Visitenkarte‹ ohnegleichen – zumal, wenn Deine Frau ihre Hand auf den Umschlag prägen würde !). –

Den FOUQUÉ anlangend : ja; allerdings : der Umschlag eilt. Denn wir sind mitten im Satz – es ist ja ›offiziell‹ die Nummer 3 der TB=Reihe – ; daß Bläschke keine Fahnen geschickt hat, nimmt mich Wunder. Ich erlaube mir, Dir das Original=Manuskript des ursprünglichen FOUQUÉ beizulegen : es enthält mehr als das Taschenbuch bringen wird (vor allem im Anmerkungsteil, dem eigentlich ›Sensationellen‹); und, falls Du Dich entschließen kannst, es in Deinem schweizer Heim aufzubewahren, wird mir dies ungemein lieb sein : weiß ich wenigstens künftig – falls es ebbes wie eine ›Zukunft‹ geben sollte ! – daß sich 1 komplettes Exemplar außerhalb Deutschlands, und sicher, befindet ! / Eines allerdings : meines geringen Erachtens könnte es ›stören‹, wenn sich Deine Frau in dem Labyrinth des FOUQUÉ verfänge ! Ich meine : es würde genügen, wenn man sich hypnotisierte mit folgenden Elementen : ›FOUQUÉ; RITTER;

Rauschender Wind undine Und Weserwinkel; »Die Nacht wird kalt, sagte der alte Rudolf; vom Wetterfähnlein kreischt es herunter, die Eichen fangen zu rauschen an : Lege mehr Holz an den Heerd, Alwin ! « – : Es gilt, das allerschwierigste Gemisch zu finden, zwischen steifhosiger Filologie (– Bitt' Dich : Wir haben 10.000 Seiten ungedruckte Briefe und Urkunden kopiert !! –), und (scheinbar) ›lockerer‹ Darstellung. – – (Licht wird auch fallen auf den ›Massenbach‹, den Du seinerzeit noch nicht würdigtest – nicht würdigen konntest : aber das ist meine Schuld : beim unvorbereiteten Leser habe ich immer Unrecht !). / Ergo würde ich sagen : das ›Nachtprogramm Fouqué genügt für einen Umschlag ! / Genug für heut. – Dein Arno Schmidt.

Brief A4, 1 S., M.
hinter einen : recte einem
Privatdruck : Nicht erschienen.

193. Alfred Andersch an Arno Schmidt

Stuttgart, den 11. Juni 1958

Lieber Arno Schmidt,

Brief und Manuskript erhalten. Heute nur ganz kurz zur Sache:

Ich habe Blaeschke vor ca. 6 Wochen aus Berzona geschrieben und ihn gebeten, verbindlich die nächsten Titel zu nennen. Er hat mir bis jetzt nicht geantwortet und in der Tat auch keine Fahnen des Fouqué geschickt. Heute telefonierte ich mit Frau Blaeschke. Er ist nicht da und irgendwo im Nürnbergischen nur schwer telefonisch zu erreichen. Bense nannte mir als nächste Titel den Fouqué und den Gomringer, sodaß ich also sofort nach meiner Rückkehr Gisela Andersch diese Titel in Arbeit nehmen lasse.

Ich sage Dir dies alles nur, um einen Zeugen dafür zu haben, daß es nicht die Schuld von Gisela Andersch ist, wenn die Entwürfe nicht ganz pünktlich eintreffen. Schade, jetzt wird es wieder eine Hetze!

Dies, wie gesagt, nur als sachlichen Einschluß in die große Freude über Deinen Brief. Dein Alfred Andersch

Brief A4, 1 S., B.

194. Alfred Andersch an Arno Schmidt

berzona, 4. 7. 1958

lieber arno schmidt,

anbei schicke ich Dir den entwurf für den fouqué-einband. bläschke läßt keinen ton von sich hören, schickt keine andrucke der ersten beiden bände, bense den entwurf schicken hat auch keinen sinn, denn wie soll er erklären, was da zu erklären ist, Du bist die instanz, die herrn bläschke zu sagen hat, daß

1.) die farben genau eingehalten werden müssen
2.) die schrift auf der titelseite (ich weiß übrigens gar nicht den genauen

titel Deines fouqué-buches) sich in schrifttyp, schriftgrad und stand g e n a u nach den ersten beiden bänden zu richten hat.

ich habe bläschke bisher vergeblich gebeten, uns für die beiden ersten bände probe-andrucke zu schicken und befürchte schlimmstes. es ist vereinbart, daß korrekturen der einbände das imprimatur meiner frau tragen müssen, ehe gedruckt wird. vielleicht gelingt es Deinem einfluß auf b., ihn dazu zu veranlassen. er weiß sicher gar nicht, daß er damit einmalig köstliche entwürfe in der hand hat, mit denen er in die ›50 schönsten bücher des jahres‹ kommen kann, wenn er gut druckt (bisher sind fast sämtliche der wenigen bücher von ga in diese auslese aufgenommen worden). es wäre ein unaussprechlicher jammer, wenn sie in der drucklegung verpatzt würden. das muß unbedingt verhindert werden.

entschuldige übrigens, daß der entwurf erst heute kommt. natürlich hat sie Dein ganzes manuskript gelesen, ist begeistert, und es war ja ein wunder zu vollbringen: das einpassen dieses buches in diese reihe. wie ihr das gelungen ist, finde ich überzeugend. –

von der nicht-wiederwahl ›meines‹ intendanten wirst Du gehört haben. was nun aus dem radio essay in the long run werden wird, weiß ich nicht. diesen schneidigen jungen cdu-abgeordneten, der nun – angeblich im tapferen alleingang, in wirklichkeit todsicher durch eine fette intrige – intendant geworden ist, kenne ich nicht. ich bin gespannt auf meine erste begegnung mit ihm. ich habe einen großen trumpf in der hand: meinen bis 1960 laufenden vertrag – er muß mich also hochoffiziell entlassen, wenn er den radio-essay nicht in der von mir gewünschten form weiterführen will. mich amüsieren solche situationen wie ein gesellschaftsspiel. natürlich sind immer wir es, die es verlieren, aber man kann manchmal ihre pyrrhus-siege zurichten. schade, daß man nicht mit der gegenseite taktieren kann; nach der hinrichtung von imre nagy ist es damit nun ein für allemal aus, auch die situation von positionen wie der ›anderen zeitung‹ u.ä. ist dadurch sehr prekär geworden. jetzt ist tabula rasa, ›alles muß neu geprüft werden‹ (gregor), aber komischer weise bin ich fast froh darüber und finde den platz zwischen den stühlen sehr bequem.

in aller freundschaft und mit herzlichen grüßen an frau schmidt

Dein alfred andersch

Brief A4, 1 S., B.

Fouqué-Einband : Siehe Faksimile auf S. 181.

Intendant : Zweiter Intendant in der Geschichte des SDR ist seit dem 1.9.58 Prof. Hans Bausch. Sein Vorgänger war der zur Zeit des Nationalsozialismus illegal in der SPD tätig gewesene Fritz Eberhard.

Imre Nagy : Von 1953 bis 1955 ungarischer Ministerpräsident; am 16. 6. 58 war er als einer der Führer des Aufstands von 1956 hingerichtet worden.
Gregor : Figur aus ›Sansibar oder der letzte Grund‹; das Zitat stammt von S. 193 der EA.

195. Gisela Andersch an Arno Schmidt

Lieber Herr Schmidt. Natürlich habe ich doch in dem Manuskript gelesen. Natürlich geschah das, wovor Sie warnten. Ich habe dann versucht mich daran zu erinnern was mir vorher das wichtigste schien: Arno Schmidt und das Leben eines Romantikers.

Es regnet übrigens so oft, so aus Nebelschraden heraus, ich denke, Sie können es riskieren uns zu besuchen. Ein kleines Nachbarhaus ist zu mieten, 3 kleine Zimmer + Küche. Allerdings eine Palme vor dem Balkon. Denn Sie haben fest versprochen sich malen zu lassen, und das sollte nicht endlos aufgeschoben werden.

An Sie und Ihre Frau sehr herzliche Grüße. Es ist schade, daß die Entfernung so groß ist. Ihre Gisela Andersch.

handschriftlicher Brief A5, 2 S., B.
Der Brief war vermutlich eine Beilage zu Nr. 194.

196. Arno Schmidt an Alfred Andersch

Darmstadt, den 16. 7. 58

Lieber Alfred Andersch !
Dir und Deiner Frau schönen Dank für Brief und Umschlagentwurf ! –

Ich hoffe, daß die Probeabzüge der Klischees für Bense und Quenault inzwischen bei Euch eingegangen sind. (Schuld an der Verzögerung trug auch die Anstalt in Langen, der die Sachen, der beständigen ›Fehlfarben‹ halber, mehrfach zurückgegeben werden mußten – jetzt wird's hoffentlich ungefähr stimmen. Wir hatten als Paradigma immer das Original der ›Umsiedler‹ und den Band Deiner ›studio‹=Reihe; da sind auch, freilich sehr geringe, Farbabweichungen; und eher habe ich nicht Ruhe gelassen, bis die Ähnlichkeit wenigstens ungefähr so herausgekommen war.) / Hier folgt nun gleich der FOUQUÉ : mir gefällt er sehr gut ! Und die 3 ersten Bändchen nebeneinandergelegt, ergeben jetzt schon eine Reihe, daß auf der Messe die graubärtigsten Taschenbuchverleger vor Neid erblassen werden ! Jetzt sieht man's wenigstens handgreiflich, was die Umschläge von Ro-ro-ro, Fischer oder Goldmann für Edelkitsch sind ! / (Ein Hinweis im Vertrauen : es besteht die Möglichkeit, daß Stahlberg den Verkauf der Reihe übernimmt; zumindest war Frl. Dr. St. bei Bläschke in seiner Fränkischen ›Offizin‹ und man hat lange und gewichtig verhandelt. Nach außen hin würde alles beim alten bleiben; aber in den Verkauf käme wahrscheinlich der richtige ›Zug‹ – Bläschke beherrscht wohl leidlich die billige Herstellung, hat aber keine Vertriebsorganisation, und kann zur Zeit wohl auch keine

arno schmidt

fouqué
und einige seiner
zeitgenossen

tendenz und experiment

Fouqué 1842

Pressestimmen:

„Ein tragbares Stückchen Altdeutschland!" (Jean Paul).

„Ingenious!" (Sir Walter Scott).

„Er herrscht als unumschränkter Herr im Reich des Wunderbaren." (ETA Hoffmann).

„Es bleibt Einem nichts, als Zusehen und Bewundern." (Friedrich Rückert).

„Allerliebst!" (Goethe).

„Ich kann nicht leugnen, daß Fouqués treffliche Arbeiten mir doch ziemlich den Mut zum Fortschreiten auf der Dichterbahn rauben." (Zacharias Werner).

„Fouqués Gedichte sind die Lieblichkeit selbst." (Heinrich Heine).

„Fouqué weiß nur manche Regeln nicht genau; sonst würde er sie, bei seiner sündlichen Gewandtheit im Versemachen, schon alle herausbringen." (Jakob Grimm).

„Viele seiner Lieder werden unvergänglich bleiben." (Joseph von Eichendorff).

„Ah, Sapperlot! : iek gratuliere!" (Adalbert von Chamisso).

„For one Fouqué there are fifty Molieres!" (Edgar Allan Poe).

Einem unserer großen deutschen Romantiker den ihm gebührenden Dank der Nation abzustatten, ist bisher versäumt worden: Friedrich Baron de la Motte Fouqué; ihm, der doch der Weltliteratur eine ihrer ganz großen Gestalten schenkte, jene ewige 'Undine', die immer wieder, bis in die allerjüngste Zeit, Leser und Schaffende gleichermaßen angeregt hat. In dem hier vorgelegten Band wird, auf Grund vieljährigen Quellenstudiums, der erste Versuch einer umfassenden Würdigung unternommen: Licht fällt nicht nur auf ganze, bisher ungekannte Personenkreise; sondern vor allem auf die Gestalt des zu Unrecht vernachlässigten 'Letzten Ritters'.

Schmidt 1958

aufbauen.) / Bl.'s Frau sagte mir eben, daß sie Euch vielleicht besuchen werden; da kann Deine Frau ja dann ihm alles weitere hinsichtlich der Umschläge erläutern. –

Tja, der Stuttgarter Sender ! – Ich habe auch sogleich ein schief Maul gezogen; denn wenn Du schon mit Entlassung rechnest, dann dürfte mein letztes Stündlein – im wahrsten Nachtprogrammsinne – ebenfalls geschlagen haben. Was meint Heißenbüttel denn dazu ? Der wird ja ooch Knopplöcher machen zum Einmarsch der Gottsucher (d.h. die Katholiken sind ja sehr für's Abstrakte : unverständlich gleich ungefährlich, denken sie wohl).

Dazu Nordrhein=Westfalen – neulich war Ernst Kreuder mit einem SPD=Funktionär hier, und beide erhoben ein tosendes Geschrei, als ich ihnen meine Meinung sagte : daß bei einer offiziellen Volksbefragung über Atomaufrüstung 60% dafür stimmen würden. / (Und gestern auch noch die Invasion der Amerikaner in Beirut). / (Und die Schweizer wollen auch Atomwaffen). / (Da lass'ich mich lieber noch nicht von Deiner Frau malen : ich müßte eine allzu bedenklich=flämische Visage ziehen, ›Siehstu das kalte Nachtgesicht/dort hoch am Himmel hangen ? ‹).

Meine Tage füllt die englische Übersetzung; und dazu die Korrekturen für Fouqué und Dya Na Sore / Gespräche in einer Bibliothek – so sollen nämlich die 8 oder 9 zusammengedruckten Sendungen heißen. Der Fouqué ist zu 90% fertig; die Dya fängt eben an. / Dann war der S. Fischer=Verlag bey mir, und hat mir die Übersetzung des neuen James Jones angetragen – ich weiß noch gar nicht, was ich mache. Es wäre ein Riesenobjekt (etwa 2.000 – in Worten : ›Zweitausend‹ ! – Druckseiten), und die Bezahlung vermutlich nicht schlecht. Wenn ich wüßte, ob Du noch in Stuttgart weiter mitarbeitest, bzw. mich bis 1960 noch ab und zu mit ins Programm einschmuggeln könntest, dann würde ich lieber ablehnen; denn es ist eine mörderische Arbeit, und würde vor allem Lilienthal um ein weiteres Jahr hinausschieben – dann besteht kaum noch Hoffnung dafür. Nun, das will überlegt sein. –

Hoffentlich bis Du mit Landschaft, Ort, Haus, Zimmer, Pflanzen & Klima, zufrieden. Hier herrscht wieder das ewig=widerliche Bergstraßen=Hoch, ein schlechtes Lüftchen schleicht odenwaldher, und der Vater Rhein stinkt still vor sich hin. – Sei froh, daß Du ›was Eigenes‹ hast !

* * *

Gruß, und zumal Deiner Frau herzlichen Dank für den zweiten schönen Umschlag, den sie mir gemacht hat ! Dein Arno

Brief A5, 2 S., M.
Quenault : *recte* Queneau
Dr. St. : Dr. Ingeborg Stahlberg
James Jones : Vgl. Briefe Nr. 204 u. 219

197. Alfred Andersch an Arno Schmidt

berzona, 4. 8. 1958

lieber arno schmidt,

ich sollte Dir auf Deinen brief vom 16.7. schon längst ausführlich geantwortet haben, aber ich habe immer auf die angekündigten besuche bläschke und bense gewartet, um Dir danach zu berichten, doch der bläschke scheint überhaupt nicht aufzukreuzen und der bense hat sich vage zum 9. 8. angekündigt (ohne inzwischen nochmal laut zu geben, sodaß es wohl nichts wird), sodaß es wohl besser ist, ich schreibe Dir jetzt, weil ich die antwort auf Deine frage nach Deiner mitarbeit im radio-essay nicht weiter aufschieben kann. selbstverständlich wird sich daran gar nichts ändern. es ist völlig unwahrscheinlich, daß der neue mann so dumm sein wird, irgendetwas zu verbieten. im allerschlimmsten falle kann er anfangen, Deine manuskripte zu lesen und dann ganz langsam beginnen, wegen der atheistischen stellen bei mir oder heißenbüttel zu bohren – so jedenfalls spielt sich so etwas in der praxis ab, wenn es sich abspielt. das viel richtigere system ist für ihn, den hauptverantwortlichen, nämlich mich, auf administrativem wege zu erledigen. aber ich habe, erstens, keine ahnung, ob er das will, und, zweitens, wäre das langwierig, denn ich habe vertrag bis 1960, und daß er mich vorher abschiebt und auszahlt, das wäre ja einfach zu schön, um wahr zu sein. nein, es bleibt, mindestens 1959, noch alles beim alten, und ich beschwöre Dich, Lilienthal zu schreiben und den james jones, der sicher nur eine prosa-elephantiasis ist, abzulehnen. (aber natürlich sind das entscheidungen, die jeder für sich selbst zu treffen hat.)

wenn meine frau von herausgeber bense und verleger bläschke weiterhin nichts hört, wird sie den gomringer-einband-entwurf, den sie grade in arbeit hat, wieder an Dich schicken. sie ist Dir außerordentlich dankbar, daß Du die andrucke für Deinen band so schnell und erstklassig veranlaßt hast.

ich komme im september für ein paar tage nach stuttgart und werde versuchen (wenn die arbeit dort nicht über mich hereinbricht) von dort nach darmstadt zu kommen, um vielleicht ein date zwischen uns im tessin zu vereinbaren.

wie geht es Deiner frau? grüße sie von uns! herzlichst Dein

alfred andersch

Brief A4, 1 S., B.

Lieber Arno Schmidt,

anbei das Manuskript meiner neuesten Arbeit, die als Hörspiel von dem Intendanten des Senders, für das es bestimmt war (Baden-Baden), bereits verboten wurde. Hier in Stuttgart ist mir eine Sendung von Heinrich Böll »Brief an einen jungen Katholiken« von dem jungen katholischen Intendanten aus dem Programm genommen worden. Ich glaube, es geht jetzt ganz schnell bergab mit dem bundesrepublikanischen Rundfunk. Natürlich muß noch ein hartes öffentliches Abschlußgefecht geschlagen werden. – Ich war nur 3 Tage hier in Stuttgart, möchte Dir aber doch diesen Gruß und, wie gesagt, das 1. Exemplar der Erzählung schicken, zugleich mit meinem Bedauern, daß ich so wenig von Dir höre. *198. Alfred Andersch an Arno Schmidt*

Ich bin ab morgen wieder in meinem rifugio, Ende Oktober wieder hier. Dann sollten wir uns eigentlich sehen.

Herzlichst Dein Alfred Andersch

handschriftlicher Brief, A5, 2 S., B.
neueste Arbeit : ›In der Nacht der Giraffe‹, vgl. Brief Nr. 199.

den 20.9.58
Am Grunde des Luftozeans

Lieber Alfred !

Da hast Du mir etwas Gutes geschickt ! Ich habe es sofort gelesen, und dann gleich neben die ›Kirschen‹ gestellt : wann und wo wird es ›offiziell‹ erscheinen ? (Ich hätte nämlich große Lust, öffentlich etwas dazu zu sagen – vermutlich in der ›Anderen Zeitung‹ – muß dann aber Verlag und Preis nennen können). Zu Deinem Thema selbst ..... aber das erfordert einen neuen Absatz : *199. Arno Schmidt an Alfred Andersch*

Das sich immer mehr konsolidierende Frankreich König=General de Gaulles. – / Du hast die ›Giraffe‹ dargestellt; gut; ich bestreite Dir gar nicht, daß jedwede Kopfbedeckung auf dem Buben wie ein Stahlhelm aussieht (den ich bekanntlich hasse !). Also ›absolut genommen‹ hast Du vollständig recht; recht<u>er</u> als die Meisten. Aber ich bin der Ansicht, daß man hier Viererlei berücksichtigen sollte (und entschuldige bitte meine dissolute Schreibe heute; aber auf ein solches Stück, wie das Deine muß ich ›nuklear‹ reagieren, muß sofort reagieren; muß mir, von Gedankenflöhen gepeinigt, selbst beweisen, daß ich mit nichten nur Selbstproblemler bin oder lediglich kühn als Schattenboxer. Und daß ich völlig integer bin; ein Mann, dessen ›Ideal‹ nach Marat hin konvergiert, weißt Du auch). – Also Viererlei :

a) de Gaulle selbst : da sind wir ziemlich einig; gut.

b) ›Europas Hinterland‹ : der Kleinstkontinent – eigentlich nur das zerklüftete Nordwestkap Asiens ! – kocht über von Menschen und Industrieenfülle; das ist eine Binsenwahrheit. In welcher Richtung wäre eine, unbedingt notwendige, ›Entladung‹ noch möglich ? / (Napoleon hat's das letzte Mal in Richtung Osten versucht, und ist dabei am Widerstand lokal=nationaler Schläger gescheitert; ich hab' die Tragödie im ›MASSENBACH‹ umrissen. – Seitdem gehört Nordasien den Russen; was vermutlich sogar gut ist !). / Bleibt also nur noch Afrika ! Sowohl der Lage als der ›Leere‹ nach : wenn Frankreich=Europa überhaupt noch 1 Zukunft hat, dann liegt die in Afrika ! (Es ist natürlich Alles viel zu spät; solche Überlegungen, das Mittel= in ein ›Europäisches Binnenmeer‹ zu verwandeln, hätten der ersten Hälfte des vorigen Jahrhunderts wohl angestanden; aber trotzdem – –). / Und das weiß de Gaulle vielviel genauer, als ›die Andern‹. (Ich habe ein umfangreiches Buch über de Gaulle und Afrika aus dem amerikanischen übersetzt; und anläßlich solcher Arbeit allerlei Studien über den ganzen Fragenkomplex getrieben – die Herrschaft d. G.'s während des Krieges dort; sein Verhältnis zur RDAN; usw. usw. – kurz : ich bin nicht ganz ununterrichtet). Meiner Ansicht nach wird er das gesamte Potential Frankreichs nach Süden, auf Afrika, richten. – Wodurch wir automatisch zu

c) kommen : die militärischen & politischen Auswirkungen : Hast Du die Wutschreie aus Bonn und Washington verfolgt, als er ›die Macht übernahm‹ ? Das ist für mich einer der Beweise, daß es gut so war ! Denn wen die mit ihrem Haß verfolgen : an Dem muß schon etwas sein, was ihre Plänchen stört ! Ich habe – was ich sonst nie tue; es ist mir zu widerlich – die Kommentatoren des Kölner Senders die ganze Skala durchgehen sehen; vom schieren Gift & Galle Speien an, bis zur kunstvoll verantwortungsbewußt=bekümmerten Frage : Ob sich die NATO etwa nun auflösen würde ? / Meine Antwort : die NATO zwar nicht; aber ihre Ziele ! Denn de Gaulle wird den Teufel tun, und die Herren ›Ostlandreiter‹ fördern ! Der biegt – siehe klein b) – die Spitze der NATO nach Süden um ! Der ist nicht mehr so verworren=instinktlos wie seine französischen Minister=Vorgänger, die Frankreich von Deutschland ins Schlepptau nehmen ließen : umgekehrt wird'n Schuh draus ! Der zieht französische Truppen nach Herzenslust ab aus Deutschland; und wirft sie nach Süden. / Und schon kommen sie Alle nach Canossa=Colombey, Alle die groß=greisen Buben ! / (Und der eigentliche Grund liegt noch tiefer :

das Ausscheren Frankreichs ließe sich allenfalls noch verschmerzen – aber England ? England verfolgt mit begierigen Blicken das Großexperiment : ob sich die Kolonien nicht doch noch einmal mit Gewalt ›heim ins Empire‹ holen lassen ?! Wenn es Frankreich gelänge – und es gelingt ihm : so ›stark‹ ist es immer noch, daß es die armen Araber da unten überrollt ! – tja, wenn das gelänge : da könnte Mütterchen England es doch auch noch einmal versuchen ?! (Wie sehr sie Lust dazu haben, siehst Du ja an jedem ›Ägypten‹, an jedem ›Libanon‹ – die können sich noch gar nicht an den Gedanken gewöhnen, daß es nicht mehr ›Rule Britannia‹ und ›Yankee Doodle‹ heißt; sondern ›Rule Yankee‹ und ›Doodle Britannia‹ !). – Mit anderen Worten : ich bin der Ansicht, daß Großbritannien das französische Experiment nach Kräften fördern, zumindest jedoch auf keinen Fall dulden wird, daß es durch etwelche Engagements in östlicher Richtung gestört werden könnte. D.h. also : nicht nur Frankreich hört endlich auf, sich von den Einkreisern in Washington das Gesicht ins Genick drehen zu lassen; und nimmt wieder eine angemessene, natürliche Kopfhaltung an; sondern auch England verliert die allerletzte Lust (die nie sonderlich groß war) den Amerikanern Vorspann zu leisten : die NATO steht vor ihrer unauffälligen Umwandlung in eine ATO. Und die Bundesrepublik wird, ich hoffe auf diverse Jährchen hinaus, zähneknirschend auf der Stelle treten müssen ! – Was weiterhin besagt, daß

d) wir deutschen Schriftsteller, auf die es ankommt, eine neue Galgenfrist erhalten haben. / (Erschrick bitte nicht ob solcher ›Selbstsucht‹ – wenn ich selbstsüchtig wäre, wäre ich längst ein Reichermann; ich bin es nicht – und sprich nicht gleich Deinen Fluch über mich aus. Ich gebe Dir von Herzen gern zu, daß jeder anständige Mensch, der sich weiß gemacht hat, sich dennoch wehrt, wenn ein Schornsteinfeger ihn abstauben will; aber seitdem ich gestern die Nachricht hörte, daß die französischen Kardinäle sich offiziell, in irgendwelchen ›Hirtenbriefen‹, darüber mokiert haben, daß in de Gaulles Verfassungsentwurf, zumal der Präambel, so gar nicht das Wort ›GOtt‹ vorkäme, seitdem habe ich 1 weiteren Pluspunkt mehr.) / Und ich traure gern mit Dir über das ›Wehe Frankreich‹ und ›Wehe Algier‹, das unverzüglich anheben wird, sobald de Gaulle gewählt sein wird (also nächsten Monat) : 10 Jahre lang wird Blut in Strömen fließen ! – Aber die ›Ostpolitik‹ der NATO ist verloren; und wir : wir sind zunächst wieder mal gerettet !

(..... glaube ich.....) –

Solche Betrachtungen sind nichts weniger als ›unmenschlich‹; denn ich behalte dabei ja vorzüglich die schönste ›Blüte‹ der Menschheit im Auge, die Literatur, die Kunst. Es gibt nun einmal Lagen – Situationen, mein' ich – wo es wichtiger ist, daß Homer überlebt, als die Freie und Hansestadt Troja. Reiche vergehen, daß wußten schon die Präselenen; aber was bleibt, stiften die Dichter : das wissen wir ! / Wenn GOtt einmal – was nicht ausbleiben kann – auf Grund seiner feinen Schöpfung, deren lebende Wesen dadurch existieren, daß Eins das Andre auffrißt, vor Gericht gefordert sein wird, und etwas zu seiner Rechtfertigung vorbringen soll – – tja; dann wird er wohl nicht umhin können, Haeckel's Radiolarientafeln vorzuzeigen; Mondfarben in der Septemberdämmerung; ein paar Langspielplatten voll Musik; oder eben das œuvre von Leuten, die mühsam ›das Schöne‹ herausdestillierten. / Ich resümiere : die Machtübernahme de Gaulles dürfte, eine auch nur leidlich ›normale‹ Entwicklung vorausgesetzt, uns eine weitere schöpferische Pause von einigen Jahren ermöglichen (wenn freilich der entsprechende usamerikanische oder bundesrepublikanische ›Böse Bube‹ – nur von diesen Beiden droht der Menschheit zur Zeit Gefahr; sei er General von Beruf oder Politiker – sich zu lange lüstern an der eigenen Atombombe spielt; dann werden alle Überlegungen hinfällig : ich bin auch darauf gefaßt). / Ich würde bei einer Besprechung Deiner ›Giraffe‹ also erstens einmal Deine Art der Erledigung des Stoffes aufs höchste würdigen; zweitens aber auch – ungefähr nach Art der Dir eben dargelegten Gedankengänge – den politischen Teil kommentieren. Nun möchte ich aber auf keinen Fall irgendwelche ›Erwiderungen‹ oder gar ›Widerlegungen=Distanzierungen‹ von Deiner Seite dadurch ausgelöst wissen : das Schauspiel fehlte den bekutteten und uniformierten Jungen gerade noch, daß wir Beide öffentlich aufeinander schössen ! Also, falls Du sehr starke Bedenken gegen meine oben vorgebrachten Theorien hast, auch gute Gegenargumente – dann korrespondieren wir lieber privat über das Thema. (Und, wie schon gesagt, ›absolut genommen‹ hast Du recht; Du hörst bereits die kommenden Schmerzensschreie der west= und südlichen Millionen; obwohl, rauher ausgedrückt, die Hälfte dieser Ochsen sich den Fleischer selbst zum König wählen wird. – Während ich bei meinem ›fiat poesia et pereat mundus‹ bleibe; werksbesessen, obwohl nicht eigennützig : meine Frau & ich, wir haben jahrelang nur von Pilzen & Eicheln gelebt ! Aber mein Vater war ›Zwölfender‹; ich kenne die Deutschen so genau, daß ich bei ihrem ›oi‹ kotzen könnte; und folglich sage ich achselzuckend : ›relativ‹ war der Regierungsantritt de Gaulles die einzige und letzte Möglichkeit – die freilich 2 Jahre früher hätte kommen dürfen; ehe die

Wiederaufrüstung passiert war ! – die Kriegshetzer in Bonn und Washington zu stoppen : ›Ich kenne die Maßnahmen der Regierung nicht, aber ich mißbillige sie ! ‹) –

* * *

Dein Bericht über den ›jungen katholischen Intendanten‹ war – obwohl erwartet – doch recht niederschlagend. Welche Wohltat müßte es sein, nicht mehr von und in Deutschland leben zu müssen ! – Teile mir doch bitte, nachdem Du das angekündigte ›Abschlußgefecht‹ mit ihm überstanden hast, mit, ob es überhaupt noch Sinn hat, daß ich Stuttgart weitere Funk=Essays einreiche ? Bleibt Heißenbüttel da ? – Ich mache in den nächsten Monaten, bis Jahresende, wenn möglich 4 Stück, die allmählich reif zur Niederschrift geworden sind : VERNE / OPPERMANN / CRAMER / TIECK. / (Was ist eigentlich vor sich gegangen, daß letzthin, anstelle des in den Programmen angekündigten STIFTER, plötzlich der HERDER nach vorn gezogen wurde ? Hast Du das arrangiert, um den Buben zu ärgern ? (Von wegen ›Wehrdienstverweigerer‹ und ›vor dem bösen Deutschen flieh' ich‹.) Oder hat er den STIFTER ganz gestrichen – was er ja, laut Kontrakt darüber, leider tun kann – und von 2 Übeln das ihm geringer scheinende gewählt ?).

* * *

Willkommen bist Du mir jederzeit, das weißt Du : wenn Du Dich anmeldest, schmeiß' ich den Kaiser von China raus ! (Das war auch der Grund, warum ich so lange nichts von mir hören ließ : ich hoffte, Du könntest diesmal schon von Stuttgart herüber kommen). / Meine beiden neu=alten Bücher wirst Du demnächst erhalten. – LILIENTHAL ist immer noch ein Monte Testaccio (allerdings ist diese spezielle Sparbüchse voll; das könnte ein leidliches Stück werden). Freilich, wenn Sender Stuttgart jetzt auch noch ausfällt – Zeichenderzeit, Zeichenderzeit : hatte ich Dir schon geschrieben, daß es bereits schwer fiel, eine Druckerei für die DYA NA SORE zu finden ?! : Man lehnte mehrfach ab, aus Furcht, dann keine Aufträge mehr von Regierung oder Großindustrie zu erhalten !!! : Istdasnichtwunnderbar ?! – werde ich es nochmals zurückstellen, und übersetzen müssen. Gestern bot mir auch Suhrkamp ein nicht uninteressantes Stück von Stefan Joyce an; ich kenn's noch nicht; mal sehen. (Ein Haus in Haide und Moor wär' eben doch was Feines : 1 gipserner Zenith, 100 alte Scharteken : da sollten die Kerls mal sehen, was Landschaftsschilderung heißt !) / Sonst nichts Neues. – Ich bin für mich allein; ich habe, als geborener Stuben= und Schreibtischmensch, keine gesellschaftlichen Fähigkeiten oder gar Bedürfnisse. / (Bitte, wähle Deine Briefmarken etwas sorgfältiger : wenn ich das Porträt unseres Bundespräsidenten sehe (und mir zusätzlich vorstelle, wie Du ihn, zwecks Befestigung desselben, auch noch am Gesäß lecken mußtest) möchte ich alle Geduld verlieren : das ist doch immerhin der Mann, der es, durch schlichte Nichtunterzeichnung der betreffenden Gesetze, hätte verhindern können, daß man hierzulande wiederaufrüstete !).

* * *

Entschuldige das heutige endlose Gewäsche. / Beste Grüße (auch vom und ans ›Gedam‹ !) Dein Arno Schmidt

Brief A4, 3 S., M.

Buch über de Gaulle und Afrika : Unklar; es kann sich nur um Davis' ›Das Dorf der Zauberer‹ handeln, das im Staat Elfenbeinküste spielt. De Gaulle wird mehrmals darin erwähnt.
RDAN : Rassemblement Démocratique de l'Afrique Noire
Colombey : Landsitz de Gaulles
Zwölfender : Soldat mit (freiwilliger) zwölfjähriger Dienstzeit; vgl. ›Porträt einer Klasse‹, S. 209.
Druckerei : Laut Ernst Krawehls Brief vom 11. 8. 59 an Arno Schmidt lehnte die bereits beauftragte Passavia-Druckerei nach Durchsicht des Manuskripts den Druck mit dem Hinweis auf ihre konfessionelle Bindung ab.
Stefan : recte Stanislaus Joyce, ›Meines Bruders Hüter‹

200. Alfred Andersch an Arno Schmidt

berzona, 13. 10. 1958

lieber arno,

es hat sich entschieden, daß ich am 27. oktober in stuttgart sein muß. ich richte es so ein, daß ich am sonntag, den 26. 10. hier wegfahre und den sonntag abend bei Dir verbringe, wenn Dir das recht ist.

wenn ich nichts gegenteiliges von Dir höre, werde ich am genannten tag frühestens 17 uhr, spätestens 20 uhr bei Euch anlangen. 20 uhr ist aber eine art katastrofentermin, eher komme ich doch schon am spätnachmittag, und wenn ich dann herrn bläschkes für eine halbe stunde habhaft werden könnte (falls er sich dann gerade in darmstadt aufhält), so wäre dies formidabel. denn ich bringe den entwurf für den gomringerband mit und hätte gerne endlich die ersten fertigen taschenbücher gesehen oder wenigstens ausfallmuster der einbände mit schrift. aber dieses kleine gespräch mit b. darf unsere verhandlungen nicht stören.

natürlich habe ich einige einwände gegen Deine de-gaulle-hypothese. daß ausgerechnet Du nicht an die collaboration der beichtväter von honnef und colombey-les-deux-eglises denkst, wundert mich. die werden die divergierenden tendenzen schon coordinieren. aber darüber mündlich.

herzliche grüße, auch an mme. schmidt, Dein alfred andersch

Brief A5, 1 S., B.

Lieber Herr Schmidt, *Stuttgart, 14. Oktober 1958*

201. H. Heißenbüttel an Arno Schmidt

an mich geriet ein Schreiben von Ihnen vom 7. 10., das überschrieben ist mit ›Sehr geehrter Herr !‹. Ich hoffe, daß Sie nicht mich persönlich damit gemeint haben, denn sonst müßte ich doch ernstlich Einspruch erheben.

Entschuldigen Sie bitte, daß die Honorarüberweisungen sich etwas verzögert haben, aber an sich wäre es besser, wenn Sie mir einfach eine Karte schreiben, dann telefoniere ich eben und kann die Sache im Auge behalten. Dies wäre dies!

Im übrigen habe ich leider selbst seit langem nichts mehr von Ihnen gehört. Ich hoffe, daß Sie mich nicht aus dem Gedächtnis verloren haben; vielleicht, da Sie ja auch nichts von mir gehört haben, nehmen Sie an, daß das bei mir der Fall ist. Das ist es ganz und gar nicht. Ich war nur sehr mit Arbeit überlastet, da ich ja hier allein sitze und verschiedentlich eilige Reisen machen mußte.

Mein Besuch bei Ihnen, den ich im Mai nicht durchführen konnte, ist nur verschoben worden. Ich sprach am Starnberger See, wo ich Dr. Franzen besuchte, Ernst Kreuder. Ich habe mit ihm vorläufig vereinbart, daß ich Sie an einem Zeitpunkt besuchen würde, an dem ich auch Herrn Kreuder treffen kann. Das wäre nach seinem Zeitplan etwa um den 23./24. Oktober. Würde Ihnen das passen? Wenn nicht, müßten wir einen Zeitpunkt kurz nach dem 15. 11. ins Auge fassen. Bitte, schreiben Sie mir, was Ihnen am angenehmsten ist.

Dann noch eine sehr dringende Bitte: ich hatte das Manuskript Ihrer Sendung über den ›Nachsommer‹ an Herrn Stefl gegeben, der es noch immer benötigt. Können Sie mir, bitte, sofort einen Durchschlag oder Ihr Original senden? Ich brauche es nur zum Abschreiben, und Sie können es anschließend sofort wieder haben. Für die Rücksendung übernehme ich jede Garantie. Es ist nur sehr dringend, da wir die Sendung präparieren müssen, und ich kann Herrn Stefl bei der Arbeit an seiner Replik nicht stören. Also, wenn irgend möglich, schicken Sie.

Im übrigen erzählte Kreuder, daß Sie eine Wohnung in Uelzen gefunden haben. Er sagte, er hätte Sie vor der D.P. gewarnt, worauf Franzen antwortete: ›Lieber tot in der Heide als lebendig in Darmstadt.‹ Dies nur nebenbei.

Pläne für das nächste Jahr werden wir, hoffe ich, dann Ende Oktober besprechen.

Mit herzlichem Gruß, auch an Ihre Frau, Ihr Heißenbüttel

Brief A4, 2 S., auf Papier des SDR, diktiert, B.
Schreiben : Ein Brief Arno Schmidts an die Honorarabteilung des SDR, in welchem ausstehendes Honorar angemahnt wird.

Replik : Der Literaturwissenschaftler Prof. Max Stefl war vom SDR um eine Stellungnahme zu Schmidts Stifter-Essay gebeten worden. Die Replik – ablehnend in der Sache, im Ton freundlich – wurde im Anschluß an Schmidts Dialog gesendet.
D.P. : Deutsche Partei, eine der in den 50er Jahren zahlreichen Rechtsparteien; vertreten im 1.–3. Deutschen Bundestag.

202. Arno Schmidt an H. Heißenbüttel

Darmstadt, den 15. 10. 58

Lieber Herr Heißenbüttel !

Dank für Ihr Schreiben. – (Mein ›Sehr geehrter Herr‹ war an die Abt. ›Honorare & Lizenzen‹ gegangen, und gar nicht für Sie bestimmt; mich wundert's, wieso man es an Sie gegeben hat ?).

Ihren angekündigten Besuch anlangend : gern; und sehr gern ! Bis zum 22. 10. (inclus.) bin ich mit hoher Sicherheit hier in D. anzutreffen; danach wird's schwieriger – eben weil an der ›Heidewohnung‹ etwas dran ist. Ich werde ein paarmal hin= und her=fahren müssen. (Auch überschneidet sich ansonsten gerade im Augenblick sehr viel bei mir; und ich muß alles sorgfältig zurechtschieben). / Versuchen wir also, wenn irgend möglich, uns bis zu dem genannten Termin zu sehen. Falls Sie erst später kommen können, müßten Sie schon 3–4 Tage vorher kurz anfragen; und ich gebe Ihnen dann bindenden Bescheid; im Augenblick kann ich über mehr als 8 Tage hinaus nicht zuverlässig disponieren. –

Vom Stifter lege ich Ihnen einen Durchschlag mit bei, den Sie behalten können. (Das Stück erscheint überdem gedruckt in der DYA – vgl. Prospekt – die sich allerdings noch in der Fertigung befindet, und vor Mitte/Ende November schwerlich herauskommen kann). – Was Stefl's ›Replik‹ anlangt : ich hatte immer in der Erinnerung, wie Andersch mir gesagt hätte, daß die längst fertig sei ? War das ein Mißverständnis ? –

(Sehr nett auch Ihre Franzen=Anekdote : es ist doch immer hübsch, wenn auch ältere, ›gesetztere‹, Kollegen allmählich zu dem gleichen Urteil über D. gelangen. Und noch hübscher, daß sie das öffentlich kundtun.) –

Inzwischen beste Grüße, Ihr Arno Schmidt.

PS : Sicherheitshalber bitte vorher anmelden.

Brief A5, 1 S., St.

203. H. Heißenbüttel an Arno Schmidt

Stuttgart, 22. 10. 1958

Lieber Herr Schmidt,

Dank für Ihren Brief vom 15. 10. Ich habe inzwischen mit Herrn Andersch telefoniert und von ihm erfahren, daß er Sie am Sonntag, dem 26. 10., besuchen wird. Ich hatte zuerst vor, mit ihm zusammen zu Ihnen zu kommen, kann aber jetzt leider den Sonntag nicht aufgeben, da ich einige private Arbeiten machen muß, die ich nur am Wochenende erledigen kann. Und daß Andersch und ich so kurz hintereinander kommen, halte ich auch nicht für sehr sinnvoll. Ich möchte dann doch lieber warten, bis Sie umgezogen sind. Ich werde dann eine Reise nach Hamburg machen und Sie auf dem Wege dahin aufsuchen. Das würde mir auch mehr Spaß machen, als eine Reise nach Darmstadt. Und Herrn Kreuder kann ich schließlich auch einmal auf der Durchreise nach Frankfurt sprechen.

Aber bitte schreiben Sie, wenn Sie ziehen und wohin genau. Ein wenig beneide ich Sie jedenfalls.

Sie fragen nach der Stefl-Replik. Die hat Herr Stefl immer wieder hinausgeschoben bzw. verworfen, und ich hoffe nur, daß es jetzt zum endgültigen Aufnahmetermin klappt. Wenn nicht, machen wir es ohne.

Mit herzlichem Gruß Ihr Heißenbüttel

Brief A4, 1 S., auf Papier des SDR, diktiert, B.

Stuttgart, 27. Oktober 1958

204. Alfred Andersch an Arno Schmidt

Lieber Herr Schmidt,

ich bestätige die gestern mit Ihnen getroffene Planung von Sendungen für das Jahr 1959. Wir haben vier Themen für Sendungen von je 1–1 ½ Stunden vereinbart zu den bisher zwischen uns üblichen Honorarbedingungen und zwar die folgenden Themen:

1.) Jules Verne
2.) Wezels »Belphegor«
3.) Oppermann »100 Jahre«
4.) Heinse.

Ferner haben wir ins Auge gefaßt, eventuell eine Sendung über das neue Buch von James Jones »Some came running« zu bringen, falls die Übersetzung des S. Fischer-Verlags so ausfällt, wie dies zu befürchten ist.

Wir werden ferner dafür sorgen, daß bei der Absage der Stifter-Sendung ein Hinweis auf das Erscheinen des Buches »Dya-na-sore« gebracht werden wird und uns für angemessene Besprechung des »Dya-na-sore«-Bandes und der Fouqué-Biographie verwenden.

Mit freundlichen Grüßen Ihr Alfred Andersch

Brief A4, 1 S., auf Papier des SDR, diktiert, B.
Übersetzung : Vgl. Brief Nr. 219

D., den 24. 11. 58

205. *Arno Schmidt an Alfred Andersch*

Lieber Alfred !

GEISTER & LEUTE ist gut ! (Ich habe es allerdings erst zweimal gelesen, und urteile noch nicht. Aber das kommt noch.) ((Mein Lieblingsstück die unvergleichlich höhnisch=traurige Weltreise alla tedesca : so wollen wir einhergehen : ›lederne Gewänder und eiserner Schmuck‹ !)). –

Und ich mache, wie Du aus beiliegender Anzeige ersiehst, wieder einmal mein Rechtsum nach Norden. Dort in der Haide will ich versuchen, die letzten Kräfte zusammenzunehmen, und noch einmal etwas ›Anständiges‹ zu fabrizieren. –

Sobald ich erst einigermaßen wieder fest sitze, melde ich mich ausführlich. Bis dahin Dank für Dein Buch; und Grüße (auch von meiner Frau und an die Deine), Dein Arno Schmidt.

(Die DYA geht Dir in den nächsten Tagen zu. / Den FOUQUÉ hast Du doch bei Deiner Ankunft richtig vorgefunden ?)

Brief A5, 1 S., M.
Weltreise : ›Weltreise auf deutsche Art‹, erste Erzählung in ›Geister und Leute – zehn Geschichten‹
Anzeige : Als Postkarte verschickte, von Dr. Wilhelm Michels für Arno Schmidt fotografierte Umzugsanzeige; siehe Faksimile rechte Seite.

Berzona, 27. 11. 58

206. *Alfred Andersch an Arno Schmidt*

Lieber Arno,

Deine Umzugs-Anzeige ist prächtig! Wir wünschen Dir und Deiner Frau einen guten Beginn.

Statt Salz und Brot schicke ich Dir die Kopie meines heutigen Schreibens an die FAZ als Morgengabe ins neue Haus. [bitte laß Krawehl davon wissen!] Ich fürchte es wird eines Tages zu einer gemeinsamen Aktion gegen Sieburg kommen müssen. Er ist die größte und stinkendste Kanalratte in dem, was sich heute »deutsche Literatur« nennt.

Dank für Deine Zeilen zu den GEISTERN. Dein Alfred.

handschriftlicher Brief A5, 1 S., B.
Kopie : Der Text des Briefdurchschlags lautet:
Sehr geehrter Herr Dr. Korn,
ich wende mich an Sie als dem einzigen mir persönlich bekannten Mitglied des Herausgeber-Kollegiums der »Frankfurter Allgemeinen«, mit der Bitte, die folgende Richtigstellung als ›Leserbrief‹ o. dergl. zu veranlassen:

> Im ersten Absatz seiner ›Leviathan und Undine‹ betitelten Rezension der Fouqué-Biographie von Arno Schmidt (FAZ v. 22. 11. 58) stellt Herr Friedrich Sieburg die Behauptung auf, durch die »albernen Lobhudeleien seiner Freunde« und die »finstere Besserwisserei seiner Verehrer« sei Arno Schmidt »jedes Widerstands verlustig gegangen.« Herr Sieburg fragt: »Gibt es einen melancholischeren Anblick als den eines geistvollen Provokateurs, dem alle Welt recht gibt?«

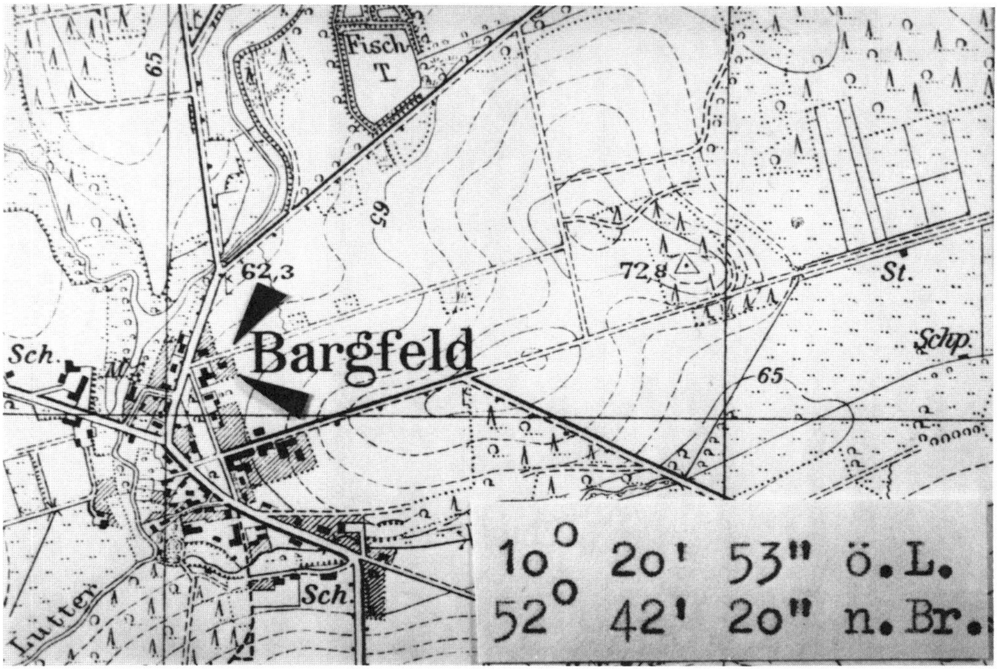
Fisch T
65
65
62,3
72,8
St.
Schp.
Bargfeld
Sch.
65
Sch.
Lutter
10° 20' 53" ö.L.
52° 42' 20" n.Br.

Alle Welt? Eine Untersuchung der kritischen Aufnahme des Werks von Arno Schmidt zeigt, daß Herrn Sieburgs Behauptung jeder Grundlage entbehrt. Seit dem Erscheinen seines ersten Buches, des ›Leviathan‹, bis zum Erscheinen der Fouqué-Biographie, haben sich die meisten namhaften deutschen Kritiker eher negativ als positiv zu den Arbeiten Schmidts geäußert, und zwar gerade solche Kritiker, denen führende Tageszeitungen und die maßgebenden Zeitschriften zur Verfügung stehen. Geradezu vernichtende Kritiken einzelner Werke Schmidts stammen von so bedeutenden Beobachtern des geistigen Lebens wie Max Rychner und Hans Egon Holthusen, dezidiert ablehnende Untersuchungen ließen Karl August Horst und andere bekannte Kritiker erscheinen, während Ihr Mitherausgeber Karl Korn in seinen Beurteilungen zwischen Wohlwollen und scharfer Kritik schwankt. Fest steht auch, daß alle wichtigen kulturellen und literarischen Zeitschriften dem Dichter verschlossen sind; weder der ›Merkur‹, noch die ›Akzente‹, noch die ›Frankfurter Hefte‹, noch die ›Neuen deutschen Hefte‹, aber auch nicht die ostzonalen Zeitschriften, haben jemals auch nur eine Zeile aus der Feder von Arno Schmidt veröffentlicht; niemals hat er irgendeine öffentliche oder halb-öffentliche Förderung erfahren, kein Literaturpreis ist ihm jemals zugesprochen worden (mit Ausnahme einer Ehrung durch Alfred Döblin, zu der Zeit, als Döblin noch Präsident der mainzer Akademie war), keine Akademie nimmt ihn auf. (Das letztere Schicksal teilt er allerdings mit einigen anderen, so wie er die gegenwärtige Literatur überragenden Schriftstellern, u.a. mit Ernst Jünger.) Der Absatz seiner Bücher ist äußerst gering.
Eine fortlaufende publizistische Unterstützung hat das Werk Arno Schmidts, außer durch seinen Verleger, nur durch die kritische und editorische Arbeit von Professor Max Bense und dem Unterzeichnenden erfahren. Die von mir herausgegebene Zeitschrift ›Texte und Zeichen‹ ist jedoch eingestellt; Max Benses Publikation ›Augenblick‹ fristet am Rande der deutschen kulturellen »Situation« eine Art Untergrund-Existenz. Keiner der Verteidiger Arno Schmidts wird jemals von einer großen deutschen Zeitung oder Zeitschrift eingeladen, eines der neuen Bücher des Dichters zu untersuchen. Dies ist die Lage, in der Herr Sieburg die Behauptung aufstellt, »alle Welt« gebe Arno Schmidt recht. Ich werde angesichts dieser Umstände das, was Herr Sieburg meine »albernen Lobhudeleien« nennt, fortsetzen.

Alfred Andersch, Berzona (Schweiz)

Ich danke Ihnen im voraus. Ihr Alfred Andersch

207. H. Heißenbüttel an Arno Schmidt

Stuttgart, 5. 12. 1958

Lieber Herr Schmidt,

da ich seit dem Besuch von Herrn Andersch bei Ihnen nichts von Ihnen gehört habe, möchte ich heute nur ganz kurz anfragen, ob der nächste Beitrag von Ihnen so wie ich es dem Brief von Herrn Andersch entnommen habe, Jules Verne zum Thema hat und wann ich mit dem Manuskript rechnen kann. Ich habe die Sendung vorerst im Februar ins Programm genommen, d.h. ich müßte das Manuskript bis spätestens 15. Januar hier haben. Wird das zu machen sein?

Da ich nicht genau weiß, in welcher Richtung Ihre Arbeit sich bewegen wird, und für unsere Programmvorschau einen Titel brauche, wäre ich Ihnen dankbar, wenn Sie mir möglichst sofort einen Titel nennen oder wenigstens umschreiben könnten. Das wäre sehr eilig.

Wie steht es im übrigen mit Ihrem Umzug? Sind Sie schon – oder sind Sie gerade auf Reisen? Da ich ja keine neue Adresse habe, schicke ich diesen Brief nach Darmstadt in der Hoffnung, daß er Sie, auch falls Sie nicht mehr dort sind, ohne Schwierigkeiten erreicht.

Mit herzlichen Grüßen und allen guten Wünschen

Ihr Heißenbüttel

Brief A4, 1 S., auf Papier des SDR, diktiert, B.

208. Arno Schmidt an H. Heißenbüttel

Bargfeld, den 10. 12. 58

Lieber Herr Heißenbüttel !

(Sie sehen : der Umzug ist bereits erfolgt !).–

Meine Arbeiten sind durch all den Wirrwarr natürlich unmäßig gestört worden; dennoch werde ich versuchen, Ihnen zum 15. Januar 59 das erste Stück zu liefern. Es wird allerdings nicht der Jules Verne sein – der kommt später – sondern heißt :

HUNDERT JAHRE

Einem Manne zum Gedenken.

(Sie sehen : ich befolge, dem einmal eingeschlagenen Prinzip (der DYA) getreu, wiederum meinen alten Grundsatz

ES IST NICHTS SO UNBEKANNT, DASS ES NICHT DURCH HINZUFÜGEN EINES ZWEITEN UNBEKANNTEN NOCH UNBEKANNTER WÜRDE !

Und, siehe da ! : Er ist wirklich unbekannt, der Heinrich Albert Oppermann, mit seinem Mammutroman der ›Hundert Jahre‹; dem, meines Wissens, einzigen politischen Roman der Deutschen. Ich glaube, daß es sich hier um einen echten ›Fund‹ handelt; die Anlage des riesigen, neunbändigen, Stückes ist schlechterdings großartig; die Gesinnung bester 1848er Jahrgang, eine ›Eiserne Lerche‹ 1. Größenklasse. Der Grund seiner absoluten Vergessenheit – oder präziser : seines Nie=Beachtet-wordenseins – hat, wie es sein muß, diverse Wurzeln : a) es erfordert ein intensivstes Studium; denn es ist voller ›Privataltertümer‹ und schrillst= aktuellster Historie / b) es erschien ausgerechnet im Sommer 1870 (und 8 Tage später schickte das Deutsche Reich sich an, eins zu werden – da gingen die Berichte vom Kriegsschauplatze vor. / c)..... aber ich werde den Teufel tun, und Ihnen hier jetzt schon alles erzählen !). –

Ich hoffe, daß Sie die DYA inzwischen bereits vom Verlag erhalten haben : zumindest sei es Ihnen eine Erinnerung an allerlei gemeinsame Unternehmungen. – Gruß Arno Schmidt.

Brief, A5, 1 S., St.

Stuttgart, 16. 12. 1958

209. H. Heißenbüttel an Arno Schmidt

Lieber Herr Schmidt,

Dank für Ihren Brief vom 10. 12. Ich hatte zwar erst im 2. Quartal mit Herrn Oppermann gerechnet, es ist mir aber recht, wenn es jetzt schon kommt. Ich müßte das Manuskript nur sicher Anfang des Jahres hier haben, da wir sonst in Produktionsschwierigkeiten kommen. Im übrigen weiß ich gar nichts von Oppermann, und auch das wenige, was ich mir an Hand von Literaturlexiken herausgesucht habe, hilft mir nicht weiter. Insofern bin ich außerordentlich gespannt, was Sie da entdeckt haben.

Den Titel habe ich ein wenig umgeschrieben, da 100 Jahre allzu leicht an ein hundertjähriges Jubiläum denken lassen und wir außerdem in diesem Sinne kurz vorher eine Darwin-Sendung deklarieren müssen. Ich habe folgendermaßen formuliert:

1770–1870
Heinrich Albert Oppermanns Zeit- und
Lebensbilder aus drei Generationen
wiederentdeckt von Arno Schmidt

Ich hoffe, daß Ihnen das recht ist.

Dya Na Sore ist vom Verlag gekommen. Herzlichen Dank. Ein wenig schade fand ich es, daß der Herder nicht mit darin steht. Aber vielleicht ist der Band so geschlossener. Im übrigen hat »der sanfte Unmensch« einiges Aufsehen erregt.

Wie fühlen Sie sich unter nördlichem Himmel? (Nicht mehr Darmstadt in der Barbarei? Oder?)

Grüße, auch an Ihre Frau Ihr Heißenbüttel

Brief A4, 1 S., auf Papier des SDR, diktiert, B.

Bargfeld, den 29. 12. 1958

210. Arno Schmidt an Alfred Andersch

Lieber Alfred !

Endlich kann ich wieder 1 Gedanken fassen (die Handwerker sind aus dem Haus; zum Rasieren läuft warmes Wasser; die Regale sind aufgestellt, auch am Schreibtisch hocke ich im Bücherhag, und kann an die Verfertigung neuer Schnurren gehen. – Dies allem anderen voraus : die Landschaft ist grandios, und gibt alles her, was ich für die nächsten Jahre brauchen werde; LILIENTHAL zumal. Freilich sind es, inklusive der, für Schwächlinge zu großen, Stille, nur subjektive Wirkstoffe – ein Anderer könnte vermutlich kopfschüttelnd vor dem einfältigen Gemisch von Wiesen Weiden Mooren Heiden Teichen Wäldern stehen, und sich verwundern, was ich daran finde : Ich komme mir vor wie Antäus !!!).

Nüchterner ausgedrückt : ich bin seit ein paar Tagen offiziell wieder an der Arbeit; und denke, Heißenbüttel das 1. der 4 Nachtprogramme doch noch pünktlich liefern zu können (woran mir schon Zweifel kommen wollten; es dauerte gar so lange, ehe wir wieder wie Menschen hausten). Es wird aber der OPPERMANN mit den ›HUNDERT JAHREN‹ sein – ich mußte, um nur den Termin einhalten zu können, dasjenige Thema ›vorziehen‹, was am schnellsten ging; und da ist eben vorhin der ›Erste Entwurf‹ fertig geworden. Ich hoffe also, unsere Abmachungen – wie immer – unschwer einhalten zu können. –

Für Deine Richtigstellung des elenden Sieburg'schen Gezischels in der FAZ meinen aufrichtigsten Dank ! Das ist ein großer Lump; an dem aber das Merkwürdigste doch wohl immer die eiserne Stirn bleibt. Dennoch meine ich, daß Du seine Rolle in unserer Literatur als allzu verhängnisvoll überschätzest : bei uns ist nichts mehr zu verderben ! Zumal da die Herren von Rechts nicht 1 einziges nennenswertes Talent vorzuzeigen haben, das sie uns auch nur annähernd entgegensetzen könnten – die Flaute in der ›Nationalen Literatur‹ ist so bemitleidenswert, daß es schon ein Spektakel ist ! Alle diese Arschlöcher, inklusive Karl Korn, sehen immer noch nicht ein, daß es Abend wird in Alt=Europa; und daß WIR zumindest die letzten merkwürdigen Luft= und Lichterscheinungen sind, dicht vorm Untergang. (Deutsch als ›Tote Sprache‹ – siehe ›GELEHRTENREPUBLIK‹ : die Komödie ist an vielen Stellen ernsthafter gemeint, als). / Krawehl hatte das betreffende Stück der FAZ schon mit – er war ›natürlich‹ bereits zu Besuch hier (gefahren von einem blutjungen, bräunlich=weichen Chauffeur, mit dem er weite Spaziergänge unternahm und auch zusammen mit ihm im Wirtshaus übernachtete). Herausgekommen ist dabei nicht viel – er will mir evtl. ein monatliches Fixum von 300 Mark ein Jahr lang zahlen; wofür ich dann allerlei Kontraktliches als Weißer Sklave abzudienen hätte.

* * *

Das Taschenbuch vom FOUQUÉ wird Deine Frau wohl inzwischen bekommen haben (die Texte der Rückseite, mit den fürwitzigen ›Pressestimmen‹ sind von mir) : ich finde, es sieht doch recht ordentlich aus !! (Um wenig zu sagen ! Wenn ich mir das prekäre Formatchen betrachte, glaube ich nicht, daß der renommierteste Einbandgestalter – zumal bei der bekannten Flüchtigkeit der Herren – auch nur annähernd Gleichwertiges vermocht hätte ! – Was die Schrift anbelangt, bin ich mir nicht ganz sicher, ob Alles ›stimmt‹..... aber das ist überhaupt meine schwächste Seite; ich habe bisher nie Zeit gehabt, mich mit mehr als dem <u>Inhalt</u> einer Druckschrift zu befassen; und da ist es nun wohl zu spät geworden, hinsichtlich Typografie, Satzspiegel, Umbruch, und wie die schönen Dinge alle heißen, noch etwas zu lernen – das muß ich schon Anderen überlassen.)

* * *

Ma Dame hat mir auf den Weihnachtstisch die alte, 40 Bändchen umfassende, Gesamtausgabe des Johannes von Müller gelegt – das war ein seltsamer Kunde, und wird nun doch vielleicht, nach diesem glücklichen Fund, schon eher ›bearbeitet‹ werden (Vorgesehen war er längst, um an ihm eine ganze merkwürdige Klasse von Intellektuellen zu exemplifizieren. Solche Polymathestatoi waren mir schon immer sehr nachdenklich und ehrwürdig – ›MÜLLER oder die Kunst der Excerpte‹ : weil ich nämlich selber so ein Vogel bin ! Das würde mir gut geraten.) –

* * *

Von der DYA wirst Du inzwischen Deine beiden Exemplare – wir sprachen damals in D., ›i. d. Barbarei‹, darüber – bekommen haben : wenn Du auch sämtliche Stücke kennst, so nimm das Ganze doch als eine Gedenktafel mehrjähriger, immer erneuter, gemeinschaftlicher Unternehmungen : mich freut's, daß auch das nun fixiert ist. –

* * *

Dir und Deiner Frau die herzlichsten, aufrichtigsten Glückwünsche für ein möglichst zufriedenes 1959, von mir und der Meinen – oder, wie wir, als Esquires, ja nunmehr, ohne die geringste Übertreibung, schreiben können : ›Von Haus zu Haus ! ‹ – Dein Arno

Brief A4, 2 S., M.
Pressestimmen : Siehe Faksimile S. 182.

211. Arno Schmidt an H. Heißenbüttel

Bargfeld, den 7. 1. 1959

Lieber Herr Heißenbüttel !
Anbei die ›HUNDERT JAHRE‹ – das Stück ist recht umfangreich geraten, was aber nicht zu ändern stand : wenn man über 100 Jahre Weltgeschichte zu referieren hat (bzw. diese an aparten und gleichzeitig möglichst unbekannten Episoden zu demonstrieren), dann kann man die unbedingt notwendigen Erläuterungen noch so knapp fassen – man kommt in die 30er Seiten ! –

Geben Sie mir bitte Bescheid, sobald das Stück wohlbehalten bei Ihnen angekommen ist. –

Ich verbleibe inzwischen, mit freundlichem Gruß,

Arno Schmidt

Brief A5, 1 S., St.

212. H. Heißenbüttel an Arno Schmidt

Stuttgart, 12. 1. 1959

Lieber Herr Schmidt,
in aller Eile Dank für Brief und Manuskript Oppermann. Ein außerordentliches Stück Arbeit, was Sie da geleistet haben, und sehr interessant auch für uns.

Leider muß ich Sie darauf aufmerksam machen, daß das Manuskript tatsächlich zu lang ist und ich kürzen muß. Eine Verlängerung der Sendezeit ist in den Spätsendungen unmöglich. Ich werde versuchen, die Kürzungen in Ihrem Sinne durchzuführen.

Mit herzlichem Gruß Ihr Heißenbüttel

Brief A4, 1 S., auf Papier des SDR, diktiert, B.

213. Arno Schmidt an H. Heißenbüttel

Bargfeld, den 21. 1. 1959

Lieber Herr Heißenbüttel !
Dank für Annahme des ›OPPERMANN‹, sowie die Zusendung des I. Quartalsprogramms. –

Anbei die zweite Lieferung, der ›BELPHEGOR‹ – ich möchte sagen, er ist recht impressiv geraten (›eindrucksvoll=wuchtig=geschlossen=undwiedieschönendingealleheißen). Bitte, lesen Sie es geduldig bis zum – wahrhaft ›bitteren‹ – Ende durch : zu einem solchen Groß=Dokument des ehrwürdigsten Pan=Diabolismus war weder eine konziliantere Einleitung noch überhaupt eine ›gefälligere‹ Behandlung möglich. –

(Mit den nächsten beiden Stücken wird es freilich noch eine zeitlang dauern : wann müßten Sie spätestens Nr. 3 haben ? / Oder gilt ganz allgemein die Regel ›Je eher, desto besser‹ ?). –

Bitte, bestätigen Sie mir doch kurz den richtigen Empfang dieser Sendung. –

Ich verbleibe inzwischen, mit freundlichem Gruß,

Ihr Arno Schmidt.

Brief A5, 1 S., St.

214. H. Heißenbüttel an Arno Schmidt

Stuttgart, 30. 1. 59

Lieber Herr Schmidt,
herzlichen Dank für Ihren Brief vom 21. 1. und für die Übersendung des Manuskripts ›Belphegor‹. So gut ich die Arbeit finde, fürchte ich doch, daß sie aus Gründen, die ich Ihnen wahrscheinlich nicht ausführlich auseinanderzusetzen brauche, außerhalb dessen steht, was man im Funk senden kann.

Um das endgültig feststellen zu können, muß ich aber die Arbeit noch genauer prüfen. Ich melde mich dann wieder. Falls es nicht geht, wäre ich Ihnen natürlich dankbar, wenn Sie mir möglichst bald das dritte

Thema bearbeiten könnten. Am liebsten wäre es mir dabei natürlich, wenn Sie den Jules Vernes machen könnten, auf den ich ja bereits seit letzten Herbst mit einiger Spannung warte. Im Zeitalter der Sputniks wäre er ja durchaus aktuell.

Mit freundlichen Grüßen Ihr Heißenbüttel

Brief A4, 1 S., auf Papier des SDR, diktiert, B.

215. Alfred Andersch an Arno Schmidt

berzona, 10. 2. 1959

Lieber Arno,

es sind leider 6 Wochen verstrichen, seitdem ich Deinen Brief erhielt, für den ich Dir herzlich danke. Aber ich bin leider gänzlich in meinem neuen Buch festgefahren, oder vielmehr, es segelt mit mir dahin. Bin gespannt, wann ich damit lande; diese Herren Verleger werden immer doller mit ihrem Anspruch, der Autor möge sich ihrem Druck-, Auslieferungs- und Reklame-Termin anpassen. Man kann sich davon nicht abhängig machen.

Wie geht es weiter in Bargfeld? Konveniert Deiner Frau und Dir das Haus weiterhin und endgültig? Davon hängt ja viel ab. Ich wünsche Dir, Du mögest vor allem bald zu LILIENTHAL kommen.

Bis jetzt ist noch kein Exemplar DYA-NA-SORE hier angelangt! Ermorde Krawehl (dessen Schilderung seines Besuchs bei Dir mich delektiert hat)!

Etwas sehr Unangenehmes: Heißenbüttel schickt mir den BELPHEGOR und sagt, er kann ihn nicht bringen. Ich habe ihn sofort gelesen: Heißenbüttel kann ihn wirklich nicht bringen, insbesondere die ersten 4 Seiten nicht. Bedenke bitte den radikalen Regime-Wechsel im Süddeutschen Rundfunk! Dort herrscht jetzt ein junger, scharfer, dabei taktisch gerissener Rechts-Katholik. Wir würden ihm direkt in die Hände spielen, wenn wir dies veröffentlichten. Da Du selbst Dir ja über den Charakter unserer »Demokratie« keine Illusionen machst, bitte ich Dich um Dein Verständnis dafür, daß H. und ich unsererseits taktisch »underground« gehen. (Ich spreche sehr offen und bitte Dich um Deine Diskretion!) Der BELPHEGOR könnte gerettet werden, wenn man in der Einführung lediglich darauf abstellte, daß Wezel gegen die Leibnizsche These von der besten aller Welten opponiert hat, sozusagen streng wissenschaftlich also, und ohne die Frage zu erörtern, ob's 'nen lieben Gott gibt oder nicht. (Für versierte katholische Dogmatiker ist die Tatsache, daß die Welt so schlecht eingerichtet ist, sowieso kein Beweis dafür, daß es ihn nicht geben kann.)

Den OPPERMANN fand ich wundervoll und ungeheuer anregend. Ich werde versuchen, ihn mir anzuschaffen.

Bläschke ist entweder ein Narr oder ein Schwindler. Ich glaube nun nicht mehr daran, daß die übrigen Bändchen jemals herauskommen. Damit Du siehst, welche Arbeit wir uns gemacht haben, schicke ich Dir auch die Kopie unserer Briefe vom 28. 12. + 3. 1. 59. [Bitte um Rückgabe!] Und das alles umsonst!

Sieburg hetzt weiter gegen Dich. Es war ein Fehler, daß ich auf die Schmähung des FOUQUÉ repliziert habe. Solche Kreaturen muß man geflissentlich übersehen.

Wir brauchen eine Zeitschrift. Oder wir müssen irgendeine Art von Club bilden. Irgendetwas, wovor das Pack sich fürchtet. Denn Furcht ist ihre hervorstechendste Eigenschaft. Aber vorläufig haben wir noch etwas Zeit.

Herzliche Grüße von Haus zu Haus. Ich bin stets Dein

Alfred.

Brief A4, 1 S., B.
mein neues Buch : ›Die Rote‹
4 Seiten : Entspricht EA S. 7–13

Berzona, 7. 3. 59

216. Alfred Andersch an Arno Schmidt

Lieber Arno, ich hoffe sehr, daß Du meinen Brief vom 10. 2. in Sachen BELPHEGOR nicht falsch aufgefaßt hast. Es blieb mir da einfach nichts anderes übrig, als mich vor Heißenbüttels Ablehnung zu stellen! Inzwischen habe ich mir bei einem Blitzbesuch in Stuttgart die DYA-NA-SORE geholt, die natürlich dort lag. Dank! Wir delektieren uns daran. Gisela kannte die TINA noch nicht und war begeistert. Ich vermisse den wunderbaren Brockes-Text darin, und natürlich den Herder. Saluti, anche per la signora, Dein Fred.

handschriftliche Bildpostkarte, B.

B., den 21. 3. 1959

217. Arno Schmidt an Alfred Andersch

Lieber Alfred !
Dank für Brief und Postkarte ! –
An Stelle des ›BELPHEGOR‹ – den Frisé für Frankfurt übernommen hat – habe ich Heißenbüttel eine Betrachtung über den, immer noch nicht richtig gewürdigten, Johannes von MÜLLER eingereicht; diesmal hat er das Stück akzeptieren können, und die Sendung für Anfang Juli vorgesehen. –

Zur Zeit übersetze ich wieder einmal – für Suhrkamp; die

Erinnerungen von Stanislaus Joyce (dem Bruder von James) – und es ist sogar möglich, daß ich (nachdem ich 1 oder 2 radio=essays versucht habe) gleich noch ein Stück anschließe. Wo ich einmal im Englischen ›drin bin‹, ist es in einem Aufwaschen. – Na, mal sehen. –

Deine Briefdurchschläge an Bläschke lege ich wunschgemäß wieder mit bei. – Du meinst, er müsse entweder Schwindler oder aber Narr sein: meiner Meinung nach ist er weder das Eine noch das Andere; wohl aber ein sogenannter ›einfacher Mann‹, etwas unbeholfen aber durchaus guten Willens; und der sich von einer Berührung mit Vertretern der Hochliteratur zwar keinen rauschenden Verdienst versprach, andererseits aber auch nicht auf Gestalten wie Frau Bense gefaßt war. Daß er dann & wann Pausen einlegen mußte (mußte : um durch den Druck sogenannter ›Akzidenzien‹ das Geld zur Finanzierung von Zeitschrift und TB=Reihe zu schaffen) konnte ich ihm nie übel nehmen. Im Grunde hatte er durchaus Interesse an dem Unternehmen; und ich halte ihn nach wie vor geeignet, gegebenenfalls für uns der Hersteller von Taschenbuchlichem zu sein; von Dingen, die sonst Niemand nimmt – sei es ob des Umfangs, der Tendenz, oder der Billigkeit der Fertigung. Ich kann immer nur auf den FOUQUÉ verweisen : Ecce signum ! : Ohne Bläschke wäre er noch heute und in 10 Jahren nicht erschienen ! / (Ich habe von ihm auch noch keinen Pfennig erhalten – auch noch nicht gefordert – aber ich mache das so : ich entnehme gegebenenfalls mal für 100 Mark Bücher aus seinem Antiquariat, die ich suche & brauche; und wir verrechnen dann. (Keine Angst : ich komme dabei nicht zu kurz ! Zu den wenigen Fachgebieten, von denen ich etwas verstehe, gehören auch antiquarische Bücher.)). –

An Kleinstkram so viel Neues, daß es des Herzählens nicht verlohnt. Ich lebe frugal und fleißig, und gefalle mir hier ganz exzellent (›an Deutschland denken‹ darf man freilich in der Nacht nicht. – Und am Tage erst : Eujeujeujeujeu !!!). / Dir und Deiner Frau, von mir & meiner, einen schönen Gruß, ›von haus zu HAUS‹ (das letztere ist Deines !),

Dein Arno

Brief 16 × 21,5 cm, 1 S., M.
Frankfurt : Gemeint ist der Hessische Rundfunk.

218. Alfred Andersch an Arno Schmidt

berzona, 20. 6. 1959

Lieber Arno,

ich schicke Dir anbei einen Brief Hermlins und meine Antwort darauf. Solltest Du anderer Ansicht sein als ich und mit den Leuten aus der DDR gern einmal zusammenkommen, so schreib' ihm – ich könnte das durchaus verstehen. Aber ich möchte den Briefwechsel gerne schnell wieder zurückhaben.

Ich weiß nicht, wie Du über den SPIEGEL denkst – für mich hat er sich in der Schmidt-Story denkwürdig entlarvt. Dergleichen kesses Gesindel ist eigentlich das Schlimmste, was es gibt; da ist mir jeder alte ehrliche Reaktionär lieber als die. Wie sie den Mob gegen Dich mobilisiert haben! Vielleicht siehst Du das ja ganz anders. Ich seh' es so. Aber allen Deinen Freunden bist Du dadurch noch lieber geworden.

Es ist schade, aber wir müssen es in Kauf nehmen, oft lange nichts voneinander zu hören. Aber das Schweigen zwischen Bargfeld und Berzona enthält vielleicht mehr als das derzeitige Gequatsche zwischen »Schriftstellern«. Wie geht es Dir? Wie geht es Deiner Frau? Wie geht es LILIENTHAL? Be a good fellow und schreib' es mir! Ich pußle weiter an meinem Roman und gegenwärtig an einem Text über den Wald in Schweden. Heute lese ich in der FAZ die Mitteilung des Herrn Norstad, daß die Bundeswehr mit Atomwaffen ausgerüstet ist. Schick.

Ich werde vielleicht ein Jahr lang den Literaturteil der FRANKFURTER HEFTE neu einrichten, incognito. (Mein Verlag, WALTER, ist gerade dabei, die Zeitschrift zu kaufen. Pst !) Wenn das was wird, rechne ich auf neue Texte und Zeichen von Dir.

Herzliche Grüße von meiner Frau und an die Deine.

Stets Dein Alfred

Brief A4, 1 S., B.
Brief und Antwort : Im Bargfelder Archiv beides nicht vorhanden; vgl. Brief Nr. 219.
SPIEGEL : Siehe Titelgeschichte über Arno Schmidt im ›Spiegel‹ Nr. 20 vom 13. 5. 59.
Wald in Schweden : Vermutlich ›Die Bäume des Herrn Ekelund‹

219. Arno Schmidt an Alfred Andersch

Bargfeld, den 24. 6. 59

Lieber Alfred !

Dank für Deinen Brief ! (Und die beigelegte ›Aktion Hermlin‹).

: Es ist nämlich eine reinrassige ›Aktion‹, wie ich jetzt erkenne ! Ich habe durch einen Mittelsmann (einen gewissen Gerd SEMMLER) eine Einladung Werner Steinbergs erhalten, zusammen mit Heinrich Böll nach Leipzig zu kommen (›notfalls Paul Schallück .....‹), und auch der September stimmt – vermutlich sollten wir Uns dann Alle zufällig dort treffen, a la ›Ach, Sie sind auch hier ?! ‹

Was Deine Antwort anbelangt, so bin ich völlig Deiner Ansicht (obwohl Du Dir viel zu viel Arbeit mit solchen Hand= bzw. Faust=Schreiben machst). Die einzige Antwort auf derlei Einladungen zu Tagungen, ›Aussprachen‹ oder ›Entschließungen‹, hast Du gegeben; wenn mir Einer damit kommt, sag'ich's auf meine Art : »Halt's Maul, und mach was ! « –

* * *

Im Einzelnen noch :

1.) Von den Spiegelaffen habe ich, nach altbewährter Taktik, keine Notiz genommen. (Vollständig ablehnen konnte ich den Reporter nicht; denn Krawehl hielt mir stumm & anklagend vorher die Verkaufsziffern entgegen : vom gängigsten Titel 1.300 ! Aber sei unbesorgt : I gave him a piece of my mind !).

2.) Falls Du tatsächlich den Literaturteil, den bewußten, eine zeitlang am Gängelband führen solltest, schreib's bitte : was ich habe, lege ich Dir selbstverständlich vor.

3.) Heißenbüttel habe ich den Ludwig T i e c k hingeschickt, den ich zwischen 2 Übersetzungen fertig gemacht hatte. Er hatte zwar mit anderen Themen gerechnet, hat ihn aber doch für Anfang Oktober übernommen. (Er war ja wohl bei Dir, und Ihr habt Euch auf JOYCE geeinigt – das ist nun so eine Sache. Ich bin durch einen dicken Übersetzer=Kontrakt Suhrkamp gegenüber gebunden, und muß erst einmal feststellen, wie weit ich meine Übersetzung für Euch benützen darf. Ich habe schon nach Frankfurt geschrieben, und stelle das fest. / Erinnerst Du Dich noch an den Jones ? Den Fischer mit seinen eigenen Händen kastriert hatte (bzw. im Verein mit seinem Cheflektor), und wovon ich das Originalexemplar hatte expropriieren können ? Der soll jetzt im Frühherbst erscheinen. Ich hatte Dir damals angeboten, die höchstwahrscheinlich nötig werdende Metzelsuppe con amore anzurühren : würde das nicht noch – rein zeitlich – dem Joyce, der uns ja nicht wegläuft, vorgehen ?).

4.) Hat Deine Frau inzwischen schon das Honorar für den Fouqué= Umschlag in Händen ? Bläschke war vor ein paar Tagen hier; er versprach mir, es sofort abzusenden (falls es nicht schon geschehen sei). Die ›2. verbesserte und beträchtlich vermehrte Auflage‹ des Fouqué soll zu Weihnachten als Leinenband erscheinen. / (Was die anderen Umschlagentwürfe angeht, so liegt die Verzögerung an Folgendem, laut Bläschke : Bense hat ihn ersucht, die anderen (bereits fertigen) Taschenbücher zurückzuhalten, da der neue Verleger des ›augenblick‹ sie mit übernehmen möchte, Druckbogen, Buchblock, Umschlag & Alles : Der würde dann Deiner Frau die Entwürfe bezahlen. – Ich weiß nicht, was daran wahr ist; ich habe seit – oweh : November ! – nichts mehr von Bense gehört.)

5.) Bis 15. August werde ich noch mit Übersetzungen und kleineren Arbeiten zu tun haben; dann will ich, nach einer ganz kleinen Umschaltpause, an LILIENTHAL ran gehen. / (Ein Sammelband mit den ganzen älteren Sächelchen – KOSMAS / POCAHONTAS / UM-

SIEDLER / ALEXANDER / BERECHNUNGEN – wird im Herbst erscheinen; da ist das wenigstens einmal geschlossen und wieder erreichbar.) –

Gruß, Dein Arno

Brief A4, 1 S., M.
SEMMLER : recte Semmer; mit einem Brief vom 6. 6. 59 hatte Semmer Schmidt zu einem Besuch der DDR eingeladen: Arno Schmidt entstünden bei dieser Reise keine Kosten, weil ›für diesen Zweck‹ ein West-Konto freigegeben worden sei.
Tieck : ›Funfzehn oder : Vom Wunderkind der Sinnlosigkeit‹
Jones : Die Übertragung von James Jones' 'Some came running' war Arno Schmidt vom S. Fischer Verlag angeboten worden (siehe Brief Nr. 196); Schmidt hatte abgelehnt, da Fischer den Roman nur mit sehr starken Kürzungen veröffentlichen wollte. Am 3. 2. 60 sendete der SDR 1 Schmidts Verriß der Übersetzung : ›Von deutscher Art und Kunst‹.
Sammelband : ›Rosen & Porree‹

220. Alfred Andersch an Arno Schmidt

berzona, 26. 6. 1959

Lieber Arno,

Dank für Deinen Brief. Heute nur schnell das Sachliche:

1.) Hinsichtlich der Sendungen kann ich nur auf H. H. verweisen. Ich bin ausgebooteter, als Du denkst. Ob H. sich wegen des Jones mit S. Fischer anlegen will, ahne ich nicht.
2.) Nein, Bläschke hat natürlich noch nichts bezahlt. Nett wäre es, wenn er meiner Frau wenigstens ein oder zwei Exemplare des Taschenbuchs geschickt hätte. Wir betrachteten es unlängst in einer züricher Buchhandlung mit einigermaßen bitteren Gefühlen. – Ich frage sofort bei Bense zurück, ob das, was Bläschke Dir wegen der anderen Bände erzählt hat, stimmt. Reizend, wie die Herren Verleger Abmachungen treffen, ohne die, die davon betroffen werden, zu fragen. Selbstverständlich bleibt Bläschke juristisch Partner meiner Frau, das weiß er auch ganz genau – er hat die Entwürfe bestellt, und nicht irgendein anderer, und er hat sie nicht bezahlt. Ich finde es reizend, daß er dabei ist, das ganze Zeug zu verscheuern, ohne es bezahlt zu haben. Er muß auch die Original-Entwürfe wieder zurückgeben, das ist ausdrücklich vereinbart. Glaubt er, er kann für seine lumpigen hundert Mark auch noch die Originale behalten? – Entschuldige, aber ich gerate jedesmal ins Kochen, wenn ich an die Wochen Arbeit denke, die meine Frau hatte.

Sehr freue ich mich, daß Deine verstreuten Erzählungen im Herbst herauskommen! Dein Alfred

Brief A5, 1 S., B.

berzona, 7. 8. 1959

221. Alfred Andersch an Arno Schmidt

Lieber Arno,

ich danke Dir, auch im Namen meiner Frau, für Deine Intervention bei Bläschke. Daraufhin erhielten wir vor vier Wochen wenigstens 4 Exemplare des FOUQUÉ. Heute erreicht mich der beigefügte Brief, den irgendjemand 4 Wochen in der Tasche herumgetragen haben muß. Von Geld inzwischen natürlich keine Spur. Wenn ich nicht gesundheitlich und in vieler Hinsicht so groggy wäre, wie ich es gerade bin, würde ich wieder Krach schlagen; so sage ich gar nichts. Was soll man da schon sagen. Hauptsache wohl, daß Frau Bense ihr Haushaltsgeld bekommen hat.

Las mit steigender Bewunderung, zuletzt mit Entzücken Deinen großen Tieck-Coup. Das ist wieder etwas vom Besten. (Habe nur zwei Einwände: 1.) Eichendorff, – ich mag ihn nun mal gern. 2.) Deine Abwertung des Theoretisierenden. Du theoretisierst ja auch – Deine Radio-Essays sind ja beinahe eine geschlossene Literatur-Theorie. Aber das sind kritische Marginalien, auf einen erratischen Block von heute ganz einmaliger Qualität geschrieben. Der nächste Regen wischt sie runter.)

Dir und Deiner Frau herzliche Grüße von uns Beiden.

Dein Alfred

Brief A5, 1 S., B.

Intervention : In einem Brief Arno Schmidts an Josef Bläschke vom 4. 7. 59 heißt es: »Alfred Andersch schrieb mir wieder; schicken Sie ihm doch das Geld für den Fouqué=Umschlag und auch 2 Belegexemplare – er hat nicht einmal die bekommen ! Das geht aber tatsächlich nicht, Herr Bläschke : Andersch ist ein sehr einflußreicher Mann, der nicht nur sehr nützlich, sondern auch, wenn man sich ihn zum Feinde macht, sehr schädlich sein kann. Zumal er in diesem Fall ja absolut im Recht ist.«

beigefügter Brief : Brief Bläschkes vom 6. 7. 59, in welchem er Andersch vier Belegexemplare und das Honorar ankündigt.

berzona, 10. 1. 1960

222. Alfred Andersch an Arno Schmidt

Lieber Arno,

entschuldige mein Schweigen in den letzten Monaten, ich war entweder mit meinem Roman beschäftigt, oder Krank. (Schreiben ist ein lebensgefährlicher Beruf.) Anbei ein Gruß. Er soll im AUGENBLICK erscheinen.

Herzlichst Dein Alfred Andersch

Brief A5, 1 S., B.

ein Gruß : Manuskript-Durchschlag von ›Mappa Mundi‹, erschienen 1960 im ›Augenblick‹ Heft 3, 4. Jg. mit der Widmung »Für Arno Schmidt«; später im Abschnitt ›Sonntag‹ des Romans ›Die Rote‹, EA S. 169–173.

den 13. 1. 1960

223. Arno Schmidt an Alfred Andersch

Lieber Alfred !

Dank für Brief & ›MAPPA MUNDI‹ ! –

(Du gibst das Stück in den ›augenblick‹ ? – Das ist so eine Sache geworden. / Auch bei mir war Bense, und hat mich um 1 Beitrag geplagt.

Aber als ich die erste Nummer dann, probeweise, aufschlug, fuhr mir ein solches asa foetida ›konkretesten‹ Gewäsches entgegen, daß ich alle Lust verlor ! / Darüber hat sich doch wahrlich schon der alte SWIFT (›Laputa‹, Kap. 5), genug mokiert : über diese nicht=neuen ›Stochastischen Texte‹ ! 995 Promille von dem, was die Maschine ergibt, sind Unsinn – die druckt er natürlich nich ap ! – ›und ab & zu 1 weißer Elefant‹ : den druckt er ap ! / Und der gute Heißenbüttel macht den ganzen Tinnef mit, in Gertrude's steinigster Weis' –. (Na; er wird ooch noch davon abkomm', das Nicht=Verstandenwerden, mit dem der Künstler ohnehin genug gestraft ist, noch mutwillig zu erhöhen : mit solchen Neu=Stammlern verglichen, sind wir natürlich die reinsten ›Klassiker‹.) / Ich wollte zuerst – in indigniertem stummem Protest – gar nischt mehr hingeben. Aber jetzt, wo Du Dich beteiligst, werd'ich mir's noch mal überlegen. –)

Ergebnisse des Jahres 59 bei mir : 25 ›Süße Nichtigkeiten‹ (also ›Kurzgeschichten‹, ›Kritiken, Glossen, Essays‹, und dgl.); 7 ›Nachtprogramme‹; 2 Bände übersetzt, (darunter den JOYCE, der Dir sicher Spaß machen wird; Suhrkamp druckt schon); für die 2. Auflage des FOUQUÉ – 150 Seiten mehr ! – sowie ›ROSEN & PORREE‹ Korrektur gelesen (davon geht Dir das Exemplar in den nächsten Tagen zu; falls Du's nicht schon hast); und endlich noch 1 umfangreiches eigenes=neues Buch geschrieben, rund 400 Normalseiten, (das ich bis Ende Februar ins Reine getippt zu haben hoffe; wann's erscheinen wird, weiß ich noch nicht. – Herbst ?).

Mir bekommt meine absolute ländliche Einsamkeit glänzend; und sobald ich erst werde etwas ›sachter treten‹ können, wird's noch besser werden. (Auch meine Frau beginnt sich hier zu gefallen; schwimmt & fährt Schi, wie einst im Mai.) / Wie habt Ihr Euch im Ganzen eingelebt ? – (Wenn Du so die herrlichen Nachrichten hörst, aus Bonnonien – nischt wie Hakenkreuze & ›Juden raus ! ‹ – muß Dir doch eigentlich recht wohl zumute werden.) –

Gruß, Dein Arno

Brief A5, 1 S., M.
neues Buch : ›KAFF auch Mare Crisium‹

15. 1. 60.

224. Alice Schmidt an Alfred Andersch

Lieber Herr Andersch !

Könnten Sie mir eventuell sagen, wer im Sender Hamburg das Nachtprogramm leitet ? Herr Heißenbüttel hat einige Radio-Essays abgelehnt, und ich möchte doch mit Hamburg einen Versuch machen.

Daß Sie krank waren, betrübt uns sehr. War's wieder das Herz ? Wie bekommt Ihnen das Klima in der Schweiz ?

Der Gesundheitszustand meines Mannes hat sich – trotz Heide – doch auch recht verschlechtert. Daran ist er aber leider viel selbst schuld. Schlagen Sie nicht die Hände zusammen über seine Arbeitsleistung des vergangenen Jahres ? Was'n Sonntag ist, weiß ich schon gar nicht mehr.

Mit vielen freundlichen Grüßen, auch an Ihre Frau,

Briefentwurf A5, 1 S., B.

225. Alfred Andersch an Alice Schmidt

Berzona, den 20. Januar 1960.

Liebe Frau Schmidt,

Herzlichen Dank auch für Ihr Lebenszeichen. Der Leiter des »Nacht-Programms« im Sender Hamburg ist immer noch Herr Jürgen Schüddekopf. Aber der, welcher die eigentliche Arbeit leistet, ist sein erster Assistent Herr Joachim Schickel, soweit ich recht unterrichtet bin. Ich weiß selbst nicht, ob ich Ihnen raten soll, an Herrn Schüddekopf oder Herrn Schickel zu schreiben. Im Zweifelsfalle ist es wohl richtiger, sich an Herrn Schüddekopf zu wenden.

Die Arbeitskapazität Ihres Mannes imponiert mir sehr, gerade weil ich selbst ein Arbeitstier bin; aber er soll es nicht zu toll treiben. Meine persönliche Auffassung ist die, daß Schriftstellerei – ohne alle Ironie – ein lebensgefährlicher Beruf ist. Sagen Sie ihm das.

Meine Frau läßt Sie bestens grüßen. Hoffentlich sieht man sich einmal. An Arno schreibe ich getrennt und hoffentlich in Kürze.

Beste Grüße Ihr Alfred Andersch

»Rosen & Porree« soeben hier eingetroffen. Gratulation + Dank!

Brief A4, 1 S., Postscriptum handschriftlich, B.

226. Arno Schmidt an Alfred Andersch

den 11.7.60

Lieber Alfred !

Eben taucht 1 Encyclopaedia Britannica auf; es ist dieselbe, die 13. Auflage, die Du bei mir gesehen hast. Der Preis ist – meinen, ziemlich beträchtlichen, Erfahrungen im Antiquariatsbuchhandel nach – immer noch sehr niedrig. –

* * *

Arbeit : den Faulkner endlich fertig übersetzt. (Unsäglich gelitten bei der bauchrednerischen Wiedergabe des so falschen Tones !). / Angria hat Heißenbüttel gesendet – falls es 1 einigermaßen Echo haben sollte, blase ich's vielleicht für Stahlberg zu einem ganzen Bande auf; ma sehn. / Zur Zeit drexle ich an einem Nachtprogramm Joyce – macht viel Mühe;

aber ich hoffe, einigen Effekt zu erzielen; ich habe da 1 allerliebsten Höllen=Schlüssel entdeckt. / (Dann wird vermutlich schon wieder 1 Übersetzung für den ›Nannen=Verlag‹ gemacht werden müssen – ich weiß wohl : ›ZEIT & STERN‹; aber die Leute meckern so wenig, und zahlen so gut, daß ich diese Sternthaler doch wohl wieder mitnehmen werde. / Bei meinem Buch, dem KAFF, hat eben der Satz begonnen – ich wollte, ich hätte die Korrekturen hinter mir ! / (Daß ich mit Stahlberg für 61 über einen weiteren Band vom DYA=Typ abgeschlossen habe – BELPHEGOR wird er diesmal heißen – sagte ich Dir wohl damals schon ?). / Und 62 dann, eventuell, ANGRIA – siehe oben. – / (Hast Du den JOYCE von Suhrkamp bekommen ?)

›Arbeit & Fleiß, das sind die Flügel‹, hieß es früher in den ›Stammbüchern‹ immer; jaja.

* * *

Von Euch gingen 2 Drucksachen ein : 1 Katalog Deiner Frau; und von WALTER 1 Verlagsanzeige – sonst weiß ich nichts weiter; ergo wird Alles bei Euch in Ordnung sein. Hoffentlich geht Dir's gesundheitlich einigermaßen; (ich keuche ziemlich unter der unsinnigen Arbeitslast; nur gut, daß ich hier bin – in D. hätte ich das Pensum nie & nimmer geschafft !). –

Gruß ! (die Damen mit eingeschlossen) : Arno

Brief A5, 1 S., M.
FAULKNER : William Faulkner, ›New Orleans‹
Nachtprogramm JOYCE : ›Das Geheimnis von Finnegans Wake‹
Übersetzung für Nannen : Pietro di Donato, ›Das Fest des Lebens‹

227. Alfred Andersch an Arno Schmidt

berzona, 10. 8. 1960

Lieber Arno,

Dein Brief vom 11.7. ist liegen geblieben, weil wir 5 Wochen in Sardinien mit Auto, Zelt und Kindern getrampt sind – ich weiß, Du mißbilligst meine viele Reiserei, aber mein Verlangen, von Zeit zu Zeit die Tapete zu wechseln, läßt sich vorläufig noch nicht abstellen. Vielleicht später. Man wird ja älter. Übrigens könnte ich mir vorstellen, daß auch Du einmal vorübergehend ins Reisen gerietest, Du kannst nicht ad infinitum in Deiner Klause einfach so weiter roboten, und außerdem würde ja einiges dabei herauskommen, wenn Du einmal nach Schottland, an den Großen Bären-See oder die Ob-Mündung führest, um Dir gleich die Plätze zu nennen, die ich Deiner für würdig halte.

Dank für Deinen Hinweis auf die ENCYCLOPAEDIA-opportunity. Ich habe mir das Dings sofort bei Gsellius bestellt und hoffe nur, daß es nicht weg ist.

Wie sehr ich ANGRIA schätze, habe ich Dir, glaube ich, schon geschrieben. Ich finde es sehr richtig, daß Stahlberg diese Dinge ediert. Aber über all das geht natürlich ROSEN & PORREE, das bei uns noch nicht den Weg auf die Bücherbretter gefunden hat. Riesige Spannung auf KAFF! – Einigermaßen verwirrt bin ich über Deine Notiz zu Faulkner. Mag sein, daß Du ein schwaches Werk von ihm übersetzt hast. Aber im Ganzen ist er ein Riese, und Sachen wie THE UNVANQUISHED und WILD PALMS rangieren für mich gleich neben Deinem LEVIATHAN oder POCAHONTAS.

Zu Deinem Kreuder-Verriß, den Du mir in Bargfeld gabst, ist noch etwas zu sagen: ich finde es abgründig dumm, daß Kreuder in seiner (von ihm abgelehnten) Galerie historischer Größen Roosevelt neben Hitler stellt. Das ist eine Infamie. Man mag zu Roosevelt stehen wie man will, (für mich ist er eine Figur von einsamer Größe), – daß wir heute nicht immer noch den österreichischen Dreckskerl haben, ist ausschließlich sein Verdienst. Ohne den Eintritt Amerikas, d.h. Roosevelts!, in den Krieg, säße auch Stalin heute noch in Irkutsk. Und auch, daß im Westen wenigstens noch ein paar Kategorien des Begriffs der Freiheit erhalten geblieben sind, ist dem Wunder zuzuschreiben, daß der Liberalismus in Roosevelt nocheinmal eine so mächtige und hintergründige Figur hervorgebracht hat. Ohne seinen Schatten gäb's hierzulande überhaupt nur noch den Vatikan und die Generale. Roosevelt und Hitler in eine Formel zu bringen, heißt den Nazis direkt in die Hände arbeiten. Aber das gehört ins Kapitel der politischen Ahnungslosigkeit der deutschen Schriftsteller. Die meinen, wenn sie irgendein sweeping statement von sich geben, dann wären sie wunder was für Kerle. Erklärungen gegen die Politik überhaupt herausgeben, erscheint mir ziemlich billig; es erspart die persönliche Entscheidung sowohl wie die Mühsal der Analyse.

Ich befasse mich neuerdings mit Filmkritik, ein Feld, das Dich wohl kaum interessieren wird, sodaß ich Dir meine Hervorbringungen in diesem Genre erspare. Mein neues opusculum DIE ROTE wirst Du erhalten haben; nimm es gnädig auf – ich bin mir seiner Schwächen wohl bewußt.

Gisela würde es immer noch sehr interessieren, zu hören, ob Du unter Umständen bereit wärst, ihr bei ihrer bildnerischen mathematischen Kompositionslehre sprachliche und gedankliche Hilfe zu leisten. Da ich von der Materie nichts verstehe, weiß ich nicht, ob ich mich richtig ausdrücke. Ich gebe den Wunsch einfach an Dich weiter. Ihre hiesige Ausstellung erwies sich als Durchbruch an der entscheidenden Nahtstelle. Ein wichtiger rheinischer Sammler (Kurator des Folkwang-

Museums in Essen) hat das wohl schönste Bild gekauft und das Stedelijk-Museum in Amsterdam, heute das bedeutendste Zentrum »moderner« Kunst in Europa, hat zu einer Ausstellung eingeladen. Dazu kommt im Winter eine Ausstellung in Zürich oder Winterthur. Du würdest Dich da also nicht mit einer gänzlich anonymen Bemühung verbinden.

Das wär's. Dir und Deiner Frau herzliche Grüße. Wir denken oft an Bargfeld, Euch, Euer Haus, den Wälder-Horizont. Dein Alfred.

Brief A4, 2 S., B
Gsellius : Antiquariat in Berlin
Kreuder-Verriß : ›Bedeutend; aber...‹

228. Arno Schmidt an Alfred Andersch

Bargfeld, den 16. 8. 1960

Lieber Alfred !

Mit der Annahme, daß ich Deine Reiserei mißbilligte, gehst Du fehl – womit man ›die Uhr‹ wieder aufzieht, ist letzten Endes ebenso gleichgültig wie subjektiv : Du hast eben, (um im Bilde zu bleiben), eine ›Unruhe‹ drin, ich 1 ›Ruhe‹. / Diesmal war's also Sardinien ? Nichts als ›NURAGHEN‹ und Sardonisches Gelächter. (Es gibt da so einen großen Bildband über alte Kleinplastiken : da sind arg schöne Sachen drunter !). –

Bisher habe ich weder Deine ›ROTE‹ erhalten – die ja aber sicher bald kommen wird – noch Deine Anmerkungen zu ANGRIA; es genügt mir aber, daß dies Kuriosum von ›Gedankenspiel‹ (es ist ja ausgesprochen in Verbindung mit BERECHNUNGEN II zu lesen) Dir gefallen hat. / Inzwischen habe ich ja nun den JOYCE an Heißenbüttel abgeliefert; er hat ihn auch schon akzeptiert; für November. Da bin ich ja nun noch neugieriger, was Du sagen wirst ! / Auf KAFF sei nicht allzusehr gespannt : man drehe STEINHERZ und GELEHRTENREPUBLIK durch ein= und denselben Wolf; tue etwas Barg(f)eld und Mondschein dazu; werfe den Umschlag von Imre Rainer weg; und stelle das Ganze dann ins Regal, hinter den NACHSOMMER. – Du wirst jedenfalls enttäuscht sein; und nur, wenn Du bedenkst, daß ich 10% meiner Zeit ›eigenen Produkten‹ widmen kann, nicht mehr, ist es allenfalls noch als ›passabel‹ zu bezeichnen. / (Daß 1961 dann ein neuer Band vom DYA=Typ erscheint – BELPHEGOR, Nachrichten von Büchern und Menschen – schrieb ich wohl schon ? Da kommt dann auch der WALDBRAND rein; den, was mich etwas verwundert, kein Mensch haben will – schade; wieder 2 Monate gratis gearbeitet.) / Als nächstes übersetze ich, ab übermorgen, wieder mal einen Schinken für den NANNEN=Verlag (ZEIT plus STERN durch 2; ich weiß).

Meine FAULKNER=Klage wirst Du Dir erklären können, wenn Du erfährst, daß es sich um seine ›frühesten‹ Prosaarbeiten handelt; einen Kurzgeschichten=Band, ebenso frisch ausgegraben wie himmelstinkend=sentimental. Es ist der Punkt, weißt Du, wo ein Lyriker – und nich ma'n guter! – auch mal was ›in Prosa‹ probieren will; und da wird's denn ja auch danach. Der ›Ton‹ ist meist so unpassend, falsch, ja verlogen!, daß ich, hätte ich 'ne ›Unruhe‹ drin, wie Du, mehrfach beim Übersetzen die Geduld verloren hätte – so aber habe ich nur steinern gegrinst; und den Klang meisterlich nachgeahmt, täuschend=ähnlich. Im ganzen Buch ist 1 einziges gutes Stück; es heißt 'The Liar'. / (Daß FAULKNER später wesentlich Besseres geleistet hat, ist mir bekannt.)

Filmkritik? – Das ist ein Gebiet, auf dem ich überhaupt nichts zu sagen weiß. (Das letzte Mal war ich – warte, – ich glaube, es war 1956 – ›im Kino‹; und auch damals nur, weil es hieß, das Drehbuch hätte WERFEL geschrieben; wie hieß das Dings gleich?, – ›Damm=Da=Dámm=Da und der Oberst‹, (den ersten Namen weiß ich nicht mehr; aber er war 4=silbig, und hatte den Akzent auf der penultima). Das Thema war bedeutend genug; leider ›fehlte es nicht an Humor‹, und zwar in einem solchen läppischen Grade, daß ich mich für Verfasser, Regisseur & Spieler schämte.) – Falls Du mal ein Drehbuch schreiben solltest: das würde mich natürlich interessieren. –

Was Deine Frau & Ihre Arbeit anbelangt, so bitte ich Dich, nicht noch einmal zu unterstellen, daß ich fürchten könnte, meine Stahlfeder »mit einer gänzlich anonymen Bemühung zu verbinden«: ich halte Frau Gisela Andersch für 1 bedeutende Malerin! / Laß mich jedoch gleich zum ›aber‹ kommen:

a) ich ›weiß‹ viel zu wenig von Ihr & von Ihren Arbeiten: bitt' Dich, ich habe 2 Mal nur, und jedesmal nur einige, Ihrer Bilder gesehen! Ich wäre ein Schwätzer, wenn ich mich da auch nur entfernt für fähig halten würde, etwas ›über Sie‹ zu schreiben!

b) Was nun speziell Ihre neuesten Bemühungen anbelangt, so weiß ich davon nur das, was Sie mir 5 Minuten lang auf meinem Schreibtisch hin=skizzierte. Ich antwortete Ihr damals schon, daß ich die ganze Entwicklungsreihe kennen müßte, um nur annähernd etwas Schlüssiges darüber zu sagen – ich habe sehr wohl verstanden, worum es sich handelt: aber in diesen Dingen genügt es ja nicht, sie ›gewollt‹ zu haben; sondern man muß die Ergebnisse zur Diskussion stellen.

c) Ein weiteres, ich nenne es ›Hindernis‹, liegt darin, daß die Denk= und Arbeitsweise Deiner Frau die, mit Recht so genannte, ›diametral=verschiedene‹ ist – sie fragte mich einmal in Stuttgart, (und meinte es ›gut‹ mit mir; es sollte der Anfang einer künstlerischen Verständigung sein), ›ob ich auch VISIONEN hätte‹ ? / Nun habe ich aber bekanntlich keine. Bin vielmehr ein ›verlängerter Lessing‹; und hause, steinern nicht=nomadisierend, auf einem ganz anderen Kontinent. (Vielleicht sollte man HERDER sagen ? – Ist jetzt nicht zu entscheiden.) / Nun könnte es natürlich eine ganze Anzahl Leute geben, die, genüßlich, gerade eine solche ›Verbindung‹ als ›pikant‹ empfinden möchten : solche Bilder ! Und solcher Text=dazu ?! / Es bliebe, meinem Gefühl nach, immer 1 gefährlich Experiment. Abschließend also zu diesem speziellen Punkt : zumindest zur Zeit nicht möglich. (Das darf Euch nicht betrüben; ich bin nun mal gewissenhaft, und garnicht=Bense in diesen Beziehungen – womit ich jetzt meine, daß Allah mir die Gabe versagt hat, mich auch über Sachen, von denen ich nichts verstehe, ebenso impressiv wie irrelevant zu ›äußern‹ : was er damals, in Stuttgart, zur Ausstellungseröffnung, von sich gab, habe ich immer für viel zu allgemein=unindividuell gehalten. (Vielleicht wird, was ich meine, verständlicher, wenn ich auf den ›Schlotter=Katalog‹ verweise : da habe ich mir Mühe gegeben Textleins zu verbrechen, die nur auf dieses 1 Bild ›passen‹ : Vermeidung des bestialischen ›Allgemeingültigen‹ !).). –

* * *

So. Und nu wieder rinn in die Tretmühle ! (Der STANISLAUS JOYCE, seinerzeit, hat wenigstens noch einigen Spaß gemacht; aber das Zeugs jetzt.....).

Gruß ! : Arno

Brief A4, 2 S., M.
Rainer : recte Reiner
Schlotter=Katalog : Ausstellungskatalog ohne Druckvermerke; siehe Bock'sche Bibliographie Nr. 1. 3. 57. 3.
Textleins : Drei Texte auf drei Bilder : ›Aufgang der weißen Tafel‹, ›Bugwelt‹ und ›Drinnen und draußen‹.

229. Alfred Andersch an Arno Schmidt

berzona, 18. 9. 1960

Lieber Arno,

wenn ich zu der Studie über die Brontës nichts schrieb, so ist dies nur auf meine Gewohnheit zurückzuführen, mit Dir imaginäre Dialoge abzuhalten, wobei ich das im Geiste stattgefundene Gespräch wohl bereits für den geschriebenen Brief hielt. Das ist natürlich eine Methode, mit der man den Empfänger betrügt. Ich finde aber, daß ANGRIA UND GONDAL zu den Spitzen in Deinen kritischen Schriften gehört, ein abgefeimtes Stück psychologischer Realismus, das in diesem Falle den Gegenstand nicht entlarvt, sondern erhöht, sodaß man die Schwestern sehr gern hat, wenn man Deine Nachrichten über sie las ... Du bist doch ein sehr galanter Mann. Übrigens haben besagte Schriften ein spezifisches poetisches Gewicht – wenn ich einmal zu dem großen A.S.-Essay schreite, der mir schon lange in der Feder liegt, so werde ich begründen, warum.

Nun wird im Moment freilich alles in den Schatten gestellt durch das pyramidale GEHEIMNIS VON FINNEGANS WAKE. Ich bin einigermaßen sprachlos über das, was Dir da gelungen ist. Es ist eigenartig, wie Arbeiten von solcher Bedeutung durch ihr bloßes Existieren schon Wirkung haben: obwohl die Sendung erst am 7. November ist, hatte Enzensberger (das ist allerdings einer, der das Gras wachsen hört) sie schon gelesen, und auch sonst scheint man schon im Bilde zu sein. E., der mich hier besuchte, war mit mir der Meinung, daß diese Untersuchung Dich vor allem in England schlagartig zum berühmten Mann machen müßte. Ich bewege mich bewußt in unzulässigen populären Abbreviaturen. Es wäre – darauf läuft's hinaus – nach einem Weg zu suchen, der Dir für Deine Entdeckung das geistige Urheberrecht sichert, und zwar wäre dies Aufgabe von Herrn Krawehl. Es ist ja ein Jammer, daß dergleichen überhaupt im Wege einer Rundfunksendung verschossen werden muß, statt, wie es sich gehört, mittels einer wissenschaftlichen und entsprechend stipendiatisierten Veröffentlichung. Auf jeden Fall muß Dein Verlag folgendes tun:

1.) er muß das Manuskript unter jeden nur denkbaren Copyright-Schutz nehmen und darf einen auch nur auszugsweisen Nachdruck nicht gestatten, wenn er sich nicht über die Zusammenhänge, in denen er erfolgen soll, genau orientiert hat. (Also nicht ohne Deine Zustimmung.) Damit kann er jede böswillige Zitiererei strafrechtlich verfolgen, ganz abgesehen vom Schutz gegen geistigen Diebstahl durch die Herren Anglisten.

2.) er müßte (beachte den Konjunktiv gegenüber dem Indikativ in 1.) sogleich einen englischen Verleger bitten, die Veröffentlichung Deiner Untersuchung in England zu übernehmen (das ist finanziell ganz unerheblich), wobei man sich über die Form zu einigen hätte. Das Beste wäre es, wenn Stahlberg und ein englischer Verlag Dich bitten würden, die Studie in Klartext (also nicht in der durch die Funkform erzwungenen Dialogfassung) auszuarbeiten, wozu ja ein kleines Stipendium von sagen wir DM 1000.– (kein Vorschuß!) genügen würde. – Herr Krawehl wird sich ohne weiteres ausrechnen können, wozu eine literarische Sensation "in the nutshell" dieses Ranges für seinen Autor und seinen Verlag gut ist.

Falls Du Dich nicht überwinden kannst, in solchem Maße pro domo zu wirken, stelle ich es Dir frei, ihm diesen Brief zu zeigen – Du kannst ja so tun, als hieltest Du ihn (den Brief) für nonsense. Was Du ja vielleicht wirklich tust. Nun, ich halte das Geheimnis von Finnegans Wake, ja von Joyce, wirklich durch Dich gelöst (wenn nicht gänzlich, so doch in einem der entscheidenden Aspekte), durch die Methodik eben jenes psychologischen Realismus, von dem ich oben sprach, und für den Du natürlich, besonders in Deutschland, vorläufig nicht honoriert werden wirst (aber in England gibt es dafür ein Publikum!). Es wäre natürlich sehr interessant, Dein Charakterbild Joyces einer Reihe von Leuten vorzulegen, die Joyce gekannt haben (davon gibt es zum Beispiel in Zürich sehr viele), man wird dann natürlich so viele Meinungen hören, wie es Menschen gibt, aber selbst wenn es sich herausstellen würde, daß Joyce der feine Mann gewesen wäre und sein Bruder ein Schubiak, so würde damit der Kern Deiner Deutung nicht berührt werden – daß es sich nämlich beim FINNEGAN um den Konflikt zwischen Bruder und Bruder handelt. – Für sehr bedeutend halte ich auch, was gleichsam am Rande mit abfällt, die Gedankensplitter, die Kristalle im geistesgeschichtlichen Material, wie etwa Deine Definition des Unterschieds zwischen einem Heiden und einem Ketzer. Das war auch für mich persönlich erleuchtend. Ich bin ein Ketzer, kein Heide. Und wenn Du ein Heide bist, dann fress' ich 'nen Besen, oder Du mußt eine Definition Deines sehr speziellen Heidentums erfinden. Viel Antikes und Griechisches ist nicht um Dich, umfangen in Deinen nördlichen Moorstimmungen und Deiner hochpoetischen Sprach-Metaphysik.

Quisquilien: Gisela Andersch bestreitet energisch, Dich nach VISIONEN gefragt zu haben. Ich kenne die Dame sehr gut und bezweifle das auch. Es muß also irgendein Mißverständnis vorliegen. Lassen wir das vorläufig ganz ruhen – das Projekt der mathematischen Kompositionslehre (also in sich das Konzept einer a-visionären Malerei) liegt sowieso vorläufig auf Eis und es entstehen dafür mathematisch-poetische Bilder von feinster ›peinture‹.

Die ENZYCLOPEDIA von Gsellius für 250 Mark steht in meinen Bücherfächern und erinnert mich jeden Tag an Dich.

Zuletzt fällt mir noch etwas Wichtiges ein: Enzensberger, der ja Hauptlektor von Suhrkamp ist, sagte mir, Du habest einen Vorschlag, die bei Rowohlt liegenden Sachen in der Bibliothek Suhrkamp in einer einmaligen Auflage neu erscheinen zu lassen (Rowohlt hatte diesem Plan zugestimmt), abgelehnt. Wenn diese Mitteilung stimmt, dann kann ich mir als Grund für Deine Entscheidung nur vorstellen, daß Du ablehnen mußtest, weil Stahlberg noch Einiges mit diesen Sachen vor hat. Denn an sich könntest Du Dir ja nichts Besseres wünschen.

Heute ist eidgenössischer Buß- und Bettag (unter uns: die haben ihn auch nötig!) und darum schließe ich, mit herzlichen Grüßen an Deine Frau und von der meinen. Dein Alfred

Brief A4, 2 S., B.

230. Arno Schmidt an Alfred Andersch

Bargfeld, 5. 10. 1960

Lieber Alfred !

Inzwischen ist Deine ROTE eingetroffen : schönen Dank dafür; ein gutes Stück ! ›Filigran‹; aber aus Stahldraht; und vor allem Deutschland, wie sich's gebührt, als Nicht=Nabel Europas behandelt. Mir, wie stets bei Dir, besonders erfreulich : daß man so reinlich die Trägerkonstruktion erkennen kann; dann feurige Mennige als Rostschutz, und endlich fein säuberlich hellgrau gestrichen : nicht das ist ja entscheidend, daß Einem Gutes gelingt, sondern daß man es macht !

* * *

Von hier wenig Neues. / Abends sieht ein bleiches molkichtes Gesicht unbeweglich aus bunten Bäumen. Kühe mit Ketten um die Gesichter. (Viel Gesichter hier). Zur Zeit müssen längere Spaziergänge leider ausfallen, da die britische Panzerdivision 'Iron hand' 14 Tage lang im Kreisgebiet manöveriert, (›größere Schäden, wie Erdaushub bezwecks Anlage provisorischer Verteidigungsstellungen, sowie Entnahme von Unterholz zu erwarten‹); die Schwalben sind auch schon geflohen. – Zumindest kannst Du aus solchen Nachrichten auf den hohen Stand der Unschuld & Einfalt unseres Lebens hier schließen. / Ansonsten übersetzen wir rüstig; zu eigentlichen ver=schmidt=sten Stücken ist weder Zeit noch Energie. / Was mit FINNEGAN wird – d.h. außer der Sendung – weiß ich nicht; (vermutlich nichts; ich will froh sein, wenn noch irgend ein anderer Sender ›übernimmt‹; und dann werde ich versuchen, ein möglichst umfangreiches digest an eine möglichst zahlungsfähige Zeitung loszuwerden : cash=as=cash=can !). / Ich breche ab; denn ich gerate ins Faseln. Ich wollte Dir ja im Grunde auch nur für DIE ROTE zunicken ! –

Gruß

Briefdurchschlag A5, 1 S., B.

Lieber Arno Schmidt! *Uetikon bei Zürich, den 26. Oktober 1960*

231. Alfred Andersch an Arno Schmidt

Sie finden in der Anlage den Text eines Briefes an den gegenwärtigen französischen Minister für Kultur, Herrn André Malraux. Wir bitten Sie, sich zu überlegen, ob Sie sich in der Lage sehen, diese Petition zu unterstützen. Wenn ja, so bitten wir Sie, uns dies an die oben angegebene Adresse mitzuteilen und uns zu ermächtigen, daß wir den Brief auch in Ihrem Namen und Auftrag an Herrn Malraux übersenden. Als Bestätigung erhalten Sie eine französische Übersetzung, also den Originaltext der Petition.

Der Wortlaut des Briefes und die Namen der ihn Signierenden werden bei Absendung der Presse übermittelt werden.

Die namhaftesten italienischen Schriftsteller sind bereits in der gleichen Angelegenheit an Herrn Malraux herangetreten. Wir hoffen, daß es auch Ihnen möglich sein wird, diese Aktion der Hilfe für viele unserer französischen Freunde und Kollegen zu unterstützen.

Da die Sache eilig ist, bitten wir Sie, uns Ihre Antwort so schnell wie möglich, spätestens aber bis zum 5. November 1960, an die oben angegebene Adresse zu übersenden.

Wir begrüßen Sie freundschaftlich:

Alfred Andersch Max Frisch

Brief an S. Exz. Herrn André Malraux
Minister für Kultur der Französischen Republik

Sehr geehrter Herr Minister,
die unterzeichneten Personen verfolgen mit hoher Anteilnahme die Vorgänge, die sich als Folge der Unterzeichnung einer »Déclaration sur le droit à l'insoumission dans la guerre d'Algérie« in Frankreich abspielen.
Es liegt uns fern, uns in Ereignisse der französischen Geschichte einmischen zu wollen oder zu Fragen Stellung zu nehmen, die von Franzosen und von Franzosen allein entschieden werden müssen. Wenn wir uns heute an Sie wenden, so nicht, um zu der erwähnten »Déclaration« Stellung zu nehmen, sie zu befürworten oder sie abzulehnen.
Was uns mit Sorge erfüllt, ist jedoch die Tatsache, daß französische Schriftsteller, Journalisten, Künstler, Beamte, Lehrer und Philosophen von der Regierung Ihres Landes, der Sie, hochverehrter Herr André Malraux, angehören, verfolgt werden, weil sie die »Déclaration« unterzeichnet haben. Diese Verfolgungen erstrecken sich sowohl auf einzelne Persönlichkeiten, wie die Journalisten Robert Barrat und Jean-Claude Silbermann, die man eingekerkert hat, wie auf den gesamten Personenkreis der Unterzeichner. Die ihm angehörenden Beamten sind von ihren Stellungen suspendiert worden, während man dem französischen Rundfunk, dem Fernsehen und den staatlich subventionierten Theatern und Filmproduktionen verboten hat, die Schriftsteller, Schauspieler und Künstler zu beschäftigen, welche die »Déclaration« unterzeichnet haben. Offenbar ist es die Absicht, diese Menschen in den wirtschaftlichen Grundlagen ihrer Existenz zu treffen, ehe man prozessuale und polizeiliche Maßnahmen gegen sie einleitet.
Wir müssen gestehen, daß es uns überrascht hat, zu sehen, daß in Frankreich Menschen verfolgt werden, weil sie eine Meinung geäußert haben. Wir wiederholen nocheinmal, daß wir mit unserm Brief an Sie nicht zu dieser Meinung Stellung nehmen; einige von uns halten

sie für richtig, andere für unrichtig, viele von uns kennen sie gar nicht genau. Uns interessiert lediglich die Tatsache, daß in Frankreich, einem Land, von dem wir gewohnt sind, es als Vormacht der Geistesfreiheit zu betrachten, solche Verfolgungen der freien Meinungsäußerung überhaupt möglich sind. Insoferne sind auch wir von diesen Verfolgungen betroffen. Denn das Maß der Freiheit wird nun einmal, mindestens für das kontinentale Europa, von Ihrem großen Lande und seinen freiheitlichen Traditionen bestimmt, und Einschränkungen der Freiheit in Frankreich öffnen der Unterdrückung in andern Ländern Tür und Tor. Zum mindesten bieten sie den Feinden der Freiheit Anlaß, ihre Forderungen nach einer Unterdrückung des freien und kritischen Geistes mit dem Hinweis auf französische Maßnahmen höhnisch zu begründen.

Aus dieser Sorge heraus und aus dem Wunsche, unseren französischen Freunden und Kollegen zu helfen, wenden wir uns heute an Sie, einen der großen Dichter Frankreichs, mit der Bitte, den Unterzeichnern der »Déclaration« Ihren Schutz und Ihre Hilfe angedeihen zu lassen. Wir erwarten von Ihnen, daß Sie die Regierung, der Sie angehören, davon überzeugen, wie sehr jeder Akt der Unterdrückung das Ansehen Frankreichs schwächt, weil er der französischen Tradition unwürdig ist.

Mit dem Ausdruck des Dankes dafür, daß Sie unsere Petition zur Kenntnis nehmen werden, verbleiben wir mit vorzüglicher Hochachtung:

(Der Brief wird von Alfred Andersch und Max Frisch abgesandt werden, die namens und im Auftrag der Unterzeichner signieren werden. Die Unterzeichner werden in alphabetischer Reihenfolge und mit Nennung ihrer Staatsangehörigkeit aufgeführt werden.)

hektographierter Brief A4, 4 S., B.

232. Arno Schmidt an Alfred Andersch

Bargfeld, den 27. 10. 1960

Lieber Alfred !

Sehr geehrter Herr Frisch !

Ich habe den Briefentwurf an André Malraux erhalten, und will die Petition gern unterstützen : ich bitte also, den Brief auch in meinem Namen Herrn Malraux zu übersenden. –

Gruß : Arno Schmidt.

Brief A5, 1 S., M.

233. Alfred Andersch an Arno Schmidt

berzona, 19. 1. 1961

Lieber Arno,

»Kaff« beendet. Ein großartiges, wildes, trauriges Buch. Mit der spröden Hertha ist Dir eine Deiner schönsten Figuren gelungen. Dies ist das erste Deiner Bücher, in dem die Position des Ich-Erzählers von einer anderen Figur her sehr nachdrücklich in Frage gestellt wird, was eben diesem Erzähler sehr bekommt. Du bist und bleibst unser größter Sprach-Meister und wie Du nun den gegenwärtigen deutschen Sprachstand auch phonetisch abklopfst, das ist ein grandioses Modell linguistischer Auskultation, das man Dir weder nachmachen kann noch soll.

Es wird sehr böse Reaktionen auf das Buch geben. Ich warte erst einmal ab, was sich so tut, ehe ich eingreife. ("Keep your powder dry.")

Alles Gute, und Grüße an Deine Frau, auch von der meinen.

Stets Dein Alfred.

Brief A5, 1 S., B.

berzona, 1. 12. 1963

234. *Alfred Andersch an Arno Schmidt*

Caro Arno,

endlos, daß wir nicht kon-taktiert haben! Ich nahm an, daß Du die Beziehungen mit mir abbrechen wolltest, als Du, auf die zuverlässige Übersendung meiner letzten opera (Wanderungen im Norden – Ein Liebhaber des Halbschattens) mit tiefem Schweigen und Nichtübersendung Deines vorletzten opus antwortetest. Soeben aber trifft Sitara ein, und sogar mit handschriftlicher Widmung – also waren's doch wohl nur technische Störungen. Ich habe schon mit der Lektüre begonnen und bin gespannt, wie es weiter geht. Bei diesem Buch interessiert mich nichtsosehr das Hauptthema, wie die Nebengleise. Daß May ein Hinternfetischist war ist ja recht interessant und ich glaub Dir's ohne weiteres (obwohl ich annehme, daß Du im Fortschritt des Buches noch auf Weiteres wirst hinauswollen), aber wichtiger sind für mich die Nebenthemen, die Du so ganz lässig mit anspielst – Dinge der Psychoanalyse, der Traumdeutung, die anzeigen, daß neue Interessen in Deine Arbeitsfelder eingezogen sind.

Hans Dieter Müller, der inzwischen Lektor »meines« Verlages wurde, möchte Dich gerne für einen Titel (mindestens) der Walter-Drucke, einer neuen Reihe dort, gewinnen. Man hat mich gebeten, bei deren Edition ein wenig mitzumischen, und natürlich würde ich es sehr wünschen, wieder einmal in Deiner Nähe zu erscheinen. Müller gibt sich der irrigen Meinung hin, ich hätte Einfluß auf Dich. Seinen Vorschlag, Du mögest nocheinmal Deine Stimme zum Fall Joyce erheben und vielleicht sogar etwas aus Deiner Übersetzungsschublade zu Finnegans Wake herausrücken, halte ich in der Tat für vorzüglich.

Wir waren den vergangenen Winter in Rom, gaben den Scherz aber dann in Ermangelung des nötigen Kleingelds wieder auf. Es ist möglich, daß wir das kommende Frühjahr in Berlin verbringen, obwohl das nach dem jähen Ende der Ära Kennedy eher riskant ist. (Man hatte es ja immer im UBW, daß das nicht lang dauern würde.) Aber schließlich: warum soll ich weniger gefährlich leben als Du? In diesem Falle würde ich alles tun, um wieder einmal in Bargfeld zu erscheinen.

Dir und Mme. Schmidt die herzlichsten Grüße,

auch von Gisela Andersch, Dein Alfred A.

Brief A4, 1 S., B.

Lieber Alfred ! *Bargfeld, den 5. 12. 1963*

235. Arno Schmidt an Alfred Andersch

Ach nein; SITARA sollte eigentlich nur eine Neben=Studie sein, zur ›Geburt des Bildes‹ – noch präziser vielleicht : zur ›Zeugung der Kulisse‹ ? – sowie zur Erkennung der drogenhaften Wirkung von unbewußt ausgesendeten, und ebenso traumhaft aufgenommenen Materialien. Alles an Freund MAY dämonstriert, weil er eben der durchsichtigste dieser gewaltigen Pfuscher war, und das am leichtesten & billigsten zugängige Modellobjekt. (Übrigens keine ganz so neuen Betrachtungen, wie Du zu meinen scheinst : in KAFF habe ich dergleichen Techniken bereits ausgiebig verwendet; ja, sogar schon in der alten GELEHRTENREPUBLIK.) Genug hiervon. / (Morgen kommt übrigens Krawehl, und wir werden vermutlich über 2 neue, schon fertige Bände abschließen – 1 Sammelband mit 10 Geschichten, zwischen 20 und 100 Seiten Umfang, (im Ganzen rund 400), der größere Teil ist noch ungedruckt. Und für 65 dann wieder einen Band mit ›Nachtprogrammen‹. / Dies Dir vorab; damit Du Dich nicht etwa über meine Faulheit wunderst : ich würde wahrlich gern ein umfangreiches Stück geschrieben haben; aber meine Sachen ›gehen‹ noch immer so miserabel, daß ich es einfach nicht verantworten konnte. Wir haben hin & her gerechnet – es ging nicht. Da habe ich eben bei Walter=Olten den Vertrag über die POE=Übersetzung unterschrieben, die mich nunmehr anderthalb bis zwei Jahre naja ausfüllen wird. Genug auch hiervon.) –

Die von Dir erwähnten ›Walter=Drucke‹ interessieren mich schon; (Müller hatte nur 1 winzige Andeutung gegeben, und mich ansonsten auf Dich verwiesen). Daß Ihr auf FINNEGANS WAKE verfallen seid, wundert mich eigentlich; Müller hatte mir nämlich gesagt, daß der Rhein=Verlag in Zürich, (der ja leider die Rechte besitzt, sprich ›blockiert‹), ihm früher schon einmal mit sofortiger Klage gedroht hätte ?! (Ich habe übrigens grade vorigen Monat die Übersetzung des zweiten Buches von STANISLAUS JOYCE, also JAMES' Bruder, an Suhrkamp abgeliefert; mich ergo wieder einmal intensiv mit dem ganzen Komplex befaßt.) – Will Walter denn, für den Fall daß er ein Stück übernähme, nun gleich das volle & uneingeschränkte Copyright haben ? Oder würde er sich mit einem zahlen= & zeitmäßig begrenzten Vorabdruck begnügen ? (Ich hätte ein Dings von 100 Seiten daliegen, ›CALIBAN ÜBER SETEBOS‹; aber das ist so rasend kompliziert, daß ich es wahrscheinlich in den o.a. Sammelband einschmuggeln muß, (der übrigens einen möglichst versimpelten Titel erhalten soll; so ›Bargfelder Beiträge‹, oder ›Des Schäfers Kalender‹, ›Poor Robins Almanack‹)).

Es wäre sehr schön, wenn Du mich wieder einmal besuchen

würdest; und Berlin ist ja nicht allzuweit. / Lange habe ich Deinen Ausdruck vom »gefährlich leben« angeschaut – : ich hatte gar nicht den Eindruck, daß ich so kühn sei. (Sicher, im Frühjahr bin ich wieder mal als Schmutz=&Schundschriftsteller angezeigt gewesen – wegen unserer alten=schönen ›Pocahontas‹ übrigens – und von einer [bevorstehenden] neuen Anzeige beim Staatsanwalt, daß SITARA doch die ›reine Pornografie‹ wäre, bin ich auch schon telefonisch avisiert.) Dennoch ist es mir (und Dir ja auch) schon wesentlich schlechter gegangen; meine Zettelkästen bersten schier, und die Bücherreihe wird immer länger : satis est. –

Also noch einmal : Ihr seid immer willkommen ! –

Gruß, (auch an Deine Frau und von der meinen) : Arno

Brief A4, 1 S., M.
2 neue Bände : ›Kühe in Halbtrauer‹ und ›Die Ritter vom Geist‹
im Frühjahr angezeigt : Einzelheiten nicht zu ermitteln. Dem Briefwechsel zwischen Arno Schmidt und Ernst Krawehl ist zu entnehmen, daß die Anzeige im März 1963 in Berlin erfolgt war; nach dem Hinweis des Stahlberg Verlags auf das Verfahren der Jahre 55/56 (siehe Brief Nr. 53) war das neue Verfahren Ende April 1963 eingestellt worden. Arno Schmidt am 18. 3. 63 an Ernst Krawehl:
1 Leben für die Deutsche Literatur; und immer finden sich Mistviecher, die mir Schwierigkeiten machen ! Ich protestiere hiermit feierlich dagegen, jemals als ›Deutscher Schriftsteller‹ von dieser Nation von Stumpfböcken vereinnahmt zu werden ! Deutschland hat mich immer nur von Ort zu Ort gehetzt, und miserabel für meine cyclopische Schufterei entlohnt !

236. Alfred Andersch an Arno Schmidt

berzona, 25. 12. 1963

Lieber Arno,

herzlichen Dank für Deinen Brief vom 5. 12. Ich gab ihn zur Einsicht an Müller weiter, wir telefonierten daraufhin miteinander, ich stellte ihm auch meinerseits Deine Einwände der Joyce-Rechte wegen vor, er sagte, sie würden sich aber wahrscheinlich doch mit dem Rhein-Verlag deswegen einigen können (offensichtlich realisiert er nicht ganz, wie sehr und schmerzhaft Du doch den Rhein-Leuten wegen Goyert auf die Nerven gegangen bist etc.), so daß ich ihn erst einmal machen lassen muß.

Dabei habe ich das Gefühl, daß in einer persönlichen Konferenz mit Dir noch allerlei andere (und sehr gute) Möglichkeiten für einen Band in den Walter-Drucken sich eröffnen würden. Aber sehen wir erst einmal zu, wie weit Walter in der Finnegans Wake-Sache kommt. (Schweizer unter sich!)

Es ist nun definitiv, daß wir in der zweiten Januarhälfte für ca. 3 Monate nach Berlin gehen. Ich will unbedingt versuchen, Dich während dieser Zeit oder vielleicht auf der Rückreise zu besuchen. Um es exakter zu sagen: darauf freue ich mich sehr. (Oder kommst Du einmal nach

Berlin? Ich weiß noch nicht genau, wo wir wohnen werden, aber wir sind zu erreichen über das Büro der Akademie der Künste, Berlin W. 21, Hanseatenweg. Meine Frau hat nämlich für 1 Vierteljahr eine Atelierwohnung zur Verfügung gestellt bekommen, als Stipendium, deswegen gehen wir dort hin. Sowas gibt's!)

Dir, Deiner Frau, dem Haus 37 alles Gute zum neuen Jahr!

Dein Alfred

Brief A4, 1 S., B.
wegen Goyert : Siehe Schmidts Kritik der Goyert'schen ›Ulysses‹-Übersetzung: ›Ulysses in Deutschland‹.

237. Alfred Andersch an Arno Schmidt

berzona, 17. 1. 1964

Lieber Arno,

es ist so weit: ich übersiedle vom Sonntag an für 3 Monate nach Berlin (mit Frau, Kind und Hund). Da besagte Frau von der dortigen Kunstakademie ein Atelier geliehen bekommt, lautet unsere Adresse: Akademie der Künste, Hanseatenweg. Ich werde bestrebt sein, spätestens auf der Rückreise bei Dir vorbeizukommen, es wäre aber auch superb, wenn Du einmal nach Berlin kämest. Ist doch nur ein Katzensprung von Bargfeld! Es gäbe einiges zu reden zwischen uns: (zum Beispiel)

1.) die Inselbücherei-Edition der »Umsiedler«, weil der Insel-Verlag mich bat, dafür ein Nachwort zu schreiben. Hoffentlich gelingt es mir! Der Insel-Lektor Christoph Schwerin, der, glaub' ich, ein sehr netter Mann ist, machte mich auf eine Titel-, bzw. Untertitel-Diffikultät aufmerksam, die nur Du lösen kannst. Er wird Dir schreiben und ich bitte Dich, ihm die Titelei einzurichten.

2.) die Walter-Drucke. Müller (Olten) übersandte mir seinen Brief vom 8. 1. an Dich. Im Gegensatz zu ihm bin ich radikaler Anhänger der Edition eines erzählerischen Prosastücks von Dir in diesen Drucken, wenn Dir das nur irgend möglich wäre. Ein so absolutes Meister- und Artistenstück wie WINDMÜHLEN wäre für diese Reihe auch das absolut Optimale. Ich weiß, WINDMÜHLEN geht nicht, weil es schon Krawehl gehört, also müßte es etwas Neues sein.

3.) noch vieles andere. Zum Beispiel über Deinen, im KAFF erstmals ganz deutlich einzuschauenden Versuch, an die Stelle der Sprache etwas anderes, nämlich ein visuelles Signalsystem zu setzen, wozu ich gern einiges von Dir gehört hätte.

Dank für Deinen Brief und entschuldige die Kürze des meinen. Ich hocke mitten im Packtrubel. Herzlichst Dein Alfred

Brief A4, 1 S., B.
Titelei : Die Insel-Ausgabe der ›Umsiedler‹ hat keinen Untertitel; das Nachwort ist von Helmut Heißenbüttel.

Berzona, 18. 1. 64

238. Alfred Andersch an Arno Schmidt

Buona Continuaziona   Alfred Andersch

Telegramm, B.

Bargfeld, den 22. 1. 64

239. Arno Schmidt an Alfred Andersch

Lieber Alfred !

Schönen Dank für Deinen Glückwunsch – den ich ohne zu zaudern erwidere : möge Dein Bankkonto stets einen solchen Stand aufweisen, daß Du nur zu schreiben brauchst, wenn & wozu Du Lust hast !

* * *

Du wirst solcher Formulierung unschwer entnehmen, daß den Unterzeichneten sein Kismet immer noch auf recht konträren Wegen an der Nase herumführt; ich werde auch weiterhin aus dem Fleiß eine Tugend machen müssen. / Da wird bis Sommer 65 die Poe=Übersetzung laufen. / Nebenher erscheinen im Frühjahr ›Kühe in Halbtrauer‹ (in denen der früher schon einmal kurz erwähnte ›setebos‹, ein 100=Seiten=Stück, das Wichtigste ist); und der Band ›Studien zur Englischen Literatur‹ (oder so ähnlich) für 65 ist auch schon praktisch fertig. / An Übersetzungen bringt Suhrkamp im Frühjahr das ›Dubliner Tagebuch‹ des Stanislaus Joyce. Bei Goverts schlummert seit Aug. 62 ein Wilkie Collins von 1.000 Seiten im Safe; (aber die Buben forcier' ich in den nächsten Tagen ! Man wird behandelt wie ein Schuhknecht). / Von kleineren Arbeiten für Zeitungen oder Rundfunk will ich schweigen; wie ich denn den ganzen Tinnef auch nur hergezählt habe, um Dir plausibler zu machen, warum ich nach B. vermutlich nicht werde kommen können. Hoffentlich ist Euch auf der Rückreise der Abstecher nach Bargfeld möglich. –

Also noch einmal : wir werden an Deinem 50. getreulich an Dich denken !

Gruß, (auch an Deine Frau)   Arno

Briefdurchschlag, A5, B.
Studien : ›Der Triton mit dem Sonnenschirm‹
Collins : ›Die Frau in Weiß‹ erschien 1965.

Bargfeld, den 13. 3. 64

240. Arno Schmidt an Alfred Andersch

Lieber Alfred !

Gänzlich unerwarteterweise komme ich nun doch noch nach Berlin – die Stadt soll mir den ›Fontane=Preis‹ verliehen haben; und obschon ich vorsichtshalber annehme, daß es sich um eine Verwechselung handelt, werde ich Dienstag Abend dort sein, (und Donnerstag Mittag geht es wieder ab).

Selbstverständlich werde ich nach Kräften zusehen, daß wir uns sprechen können. Das vereinbaren wir dann noch; ich – bzw. Krawehl, der auch mitkommt – sehe zu, daß ich Dich gleich telefonisch in der Akademie d. Künste, Hanseatenweg, erreiche. –

Bis dahin herzliche Grüße, (auch an Deine Frau und von der meinen), Dein Arno Schmidt

Brief A5, 1 S., M.
›Fontane=Preis‹ : Am 18. 3. 64 wurde Arno Schmidt der mit 10.000 DM dotierte Fontane-Literaturpreis der ›Berliner Kunstpreis-Jubiläumsstiftung 1848/1948‹ im Rathaus Schöneberg übergeben.

Herrn Arno Schmidt, Zi 62

241. Alfred Andersch an Arno Schmidt

Lieber Arno
Dir, Deiner Frau und dem Herrn Verleger einen Willkommensgruß! Und statt Brot + Salz diese Stärkung, die Du ja in solchen Stunden wirst brauchen können. Wir sind zu erreichen unter der Nummer 39 50 31 (Akademie) und würden uns freuen, mit Euch den Abend verbringen zu können.

Herzlich Dein Alfred Andersch

handschriftlicher Brief A5, B.
Zi : Zimmer; anläßlich der Preisverleihung wohnten Schmidts im Berliner Hotel Sachsenhof.

Berzona, 29. 4. 1964

242. Alfred Andersch an Arno Schmidt

Lieber Arno,
ich habe Berlin ziemlich fluchtartig verlassen. Das Beste war dort, Dich wieder einmal getroffen zu haben. –

Ich werde dieses Jahr so gut wie immer hier anzutreffen sein, in mein Buch verkrochen. Daneben werde ich nur die neue Walter-Reihe dirigieren. Zweck dieser Zeilen ist, Dir nocheinmal zu sagen, wie sehr ich mich freuen würde, wenn Du mir dafür etwas geben würdest (zum Beispiel diese kürzeren Stücke, von denen Du sprachst). Praktisch wird die Reihe meine Reihe sein (denn ich werde die Arbeit tun!), so daß Du, was die Edition betrifft, beruhigt sein kannst. Ich werde Dich nicht in ein Deiner unwürdiges Unternehmen stellen.

Dir und Deiner Frau die herzlichsten Grüße!

Dein Alfred Andersch

handschriftlicher Brief A4, 1 S., B.
mein Buch : ›Efraim‹

berzona, 4. 7. 1964

Lieber Arno,

243. Alfred Andersch an Arno Schmidt

durch eine klug eingefädelte Intrige meines Freundes Helmut Heißenbüttel mußte ich aus dem Herausgeber-Kollegium der WALTER-DRUCKE ausscheiden, noch ehe sie begonnen haben, zu erscheinen. Das ist ein merkwürdiger Mann. Ich vermute, er kann mir nicht verzeihen, daß ich ihn auf diesen Redaktions-Sessel gesetzt habe, auf dem er sitzt.

Nun werden er oder Otto Walter an Dich herantreten, um Deine Mitarbeit an diesen Editionen zu gewinnen. Es wird eine schöne und reputierliche Reihe werden, auch ohne mich, und ich kann Dir, allen Ernstes, nicht abraten, da mitzutun, und ich nähme es Dir unter keinen Umständen übel, wenn Du es tätest. Ich habe es mir lange überlegt, ob ich Dir das Faktum meines Ausscheidens überhaupt mitteilen sollte, aber schließlich bin ich doch dazu verpflichtet, nachdem ich es war, der Dich mit dem Unternehmen überhaupt behelligt hat.

Irgendwann einmal müssen wir ein Kolloquium abhalten und können uns dann – ganz am Rande – auch darüber unterhalten. Heute nur dies und herzliche Grüße, besonders auch an Deine Frau und von der meinen, Dein Alfred

Brief A4, 1 S., B.

Berzona, 14. 8. 1964

244. Alfred Andersch an Arno Schmidt

Lieber Arno, ich danke Dir herzlich für »Kühe in Halbtrauer«, die mir von Herrn Müller übersandt wurden.

Meinen Glückwunsch zu der schönen Ausgabe. Liest man auf der Rückseite die stolze Reihe Deiner Stahlberg-Editionen, so zieht man im Geiste vor Herrn Krawehl doch den Hut. – Ich schreibe Dir, sobald ich das Buch gelesen habe. Inzwischen habe ich nur die herrlichen »Windmühlen« meiner Frau nocheinmal vorgelesen, und sie werden beim wiederholten Lesen nur noch stärker. – Dir und Deiner Frau herzliche Grüße, Dein Alfred.

handschriftlicher Brief A5, 1 S., B.

4. 9. 64

245. Alfred Andersch an Arno Schmidt

Lieber Arno, der berühmte Liffey ist in Wirklichkeit eine stinkende Kloake. Aber Joyce (und Beckett) versteht man doch ein wenig besser, wenn man Irland, wenn auch nur kurz, gesehen hat.

Grüße, Dein Alfred Andersch

handschriftliche Bildpostkarte 'Dublin – The River Liffey', B.

Berzona, 25. 1. 1965

246. Alfred Andersch an Arno Schmidt

Mein lieber Arno,

ich habe die Weihnachts- und Neujahrstage benützt, »Kühe in Halbtrauer« endlich und gründlich zu lesen, und das möchte ich nicht getan haben, ohne Dir zu sagen, wie sehr mich die Lektüre ästimiert hat.

»Caliban an Setebos« ist natürlich das bedeutendste Stück, aber eigentlich gibt es da keine schwächeren oder stärkeren Stücke – sie sind alle gleich bedeutend und kommen alle aus der gleichen Hand (die ein bißchen schwer auf der deutschen Literatur lastet, was sie – die deutsche Literatur – aber durchaus nötig hat).

Es war gut, Dich in Berlin einmal wiedergesehen zu haben, wenn auch zu kurz und durch zu viele Leute, z.B. den unleidigen Jonsohn beeinträchtigt.

Ich möchte, daß Du weißt, daß ich mit Bewunderung an Deine Arbeit denke. Und mit Freundschaft an Dich. – Herzliche Grüße, auch an Deine Frau und von der meinen, Dein Alfred.

handschriftlicher Brief A4, 1 S., B.
an Setebos : recte über
Jonsohn : recte Johnson

den 27. 1. 65

247. Arno Schmidt an Alfred Andersch

Lieber Alfred ! :

: ›gratuliere‹ zu des Übergangs Übergang zum Übergang : I know !! // Ich habe meinen Anteil an der POE=Übersetzung nun, nach 20 Monaten, fast beendet. / Überschneidend der ›ROTMAN‹, ein verz=x=testes Stück von 1.000 Seiten – : Wenn ich nur endlich einmal Zeit zum (relativ) Sorglos=Schreiben hätte ! / Gruß : Arno

Bildpostkarte, M.
Übergang : Die allgemein verbreitete Fixierung auf ›runde‹ Jubiläen läßt hinter dieser betonten Gratulation als Anlaß Anderschs 50. Geburtstag vermuten – ein Blick auf das Datum zeigt, daß es sich um den 51. handelt. – Ein purer Zufallsfund mag an dieser Stelle einmal demonstrieren, wie weit ein Querverbindungen nachspürender Kommentar etwa gehen könnte. In Arno Schmidts Exemplar der Freud'schen ›Traumdeutung‹ (GW II / III) findet sich auf S. 440 (gegen Ende des Abschnitts VI, G, IV) neben dem Satz »51 ist das Alter, in dem der Mann besonders gefährdet erscheint, in dem ich Kollegen plötzlich habe sterben sehen« in Schmidts Handschrift die Randbemerkung »wieder gelesen Aug '65 – dh mit 51 und bei kümmerlicher Gesundheit«. – Doch »um die 50« beginnt – (so Schmidt z.B. auf S. 236 von ›Zettels Traum‹) – nicht nur der »Körper=Abbau«, sondern auch »die Einsicht in die Etyms«. Und so erscheint in dem Geburtstags›glückwunsch‹ nach der Verfalls-Klage der Hinweis auf *das* Große Etym-Werk: denn ›ROTMAN‹ war Schmidts Arbeitstitel für ›Zettels Traum‹. – Wer mag, kann auch auf der Rückseite der Gratulation beide Themen angedeutet finden: Arno Schmidt schickte Alfred Andersch eine Bildpostkarte von Botticelli. Zu Beginn von Freuds ›Psychopathologie des Alltagslebens‹ spielt dieser Name eine Rolle in der sog. ›Signorelli-Analyse‹, die Schmidt auf ZT S. 1204 als Verfalls-Klage, als

Impotenz-Erklärung interpretiert. Nur wenige Zeilen darauf verbindet Schmidt den Namen Botticelli mit dem englischen Wort 'bottom' – was, als Eigenname genommen, nichts weniger ist als der Shakespeare'sche Taufpate von ›Zettels Traum‹.

248. Alfred Andersch an Arno Schmidt

berzona, 1. oktober 1965

lieber arno,

es gibt jetzt eine zeitschrift (bei suhrkamp), die heißt kursbuch. herausgegeben wird sie von einem meiner besten Freunde, hans magnus enzensberger. ich habe ihm versprochen, für ihn bei Dir zu intervenieren. er möchte und braucht Deine beteiligung, unbedingt. da er Dich nie persönlich kennengelernt hat, hat er mich um diese vermittlung gebeten. ich hoffe ja, daß er Dir die erschienenen beiden hefte hat schicken lassen. er schreibt mir heute: »was ich mir wünsche, das weißt du ja: ein substantielles prosastück, kein bloßes feuilleton; am liebsten eine große geschichte wie die seelandschaft für pocahontas, unvergessenes glanzstück aus texte und zeichen.« ich geb dir also diesen wunsch weiter. sie zahlen vierzig mark für die druckseite, das ist etwas besser als die honorare der anderen gazetten. ich würde mich freuen, Dich da lesen zu können.

bin gespannt auf die ritter vom geist. ich freu mich besonders, daß Du Deine herrliche brockes-arbeit darin aufgenommen hast. ich boßle weiter an meinem roman herum, jetzt schon im dritten jahr. er wird dick. der held macht immer neue, von mir nicht vorhergesehene sprünge. gelegentlich werden unsere besucher mit kurzen as-vorlesungen aus ihren dämmerzuständen geschreckt, so neulich max frisch, dem ich die ersten sechs abschnitte der seelandschaft verpaßte. er ging doch recht aus dem konzept gebracht von hinnen.

die herzlichsten grüße an madame. auch von der meinen.

so long. Dein alfred

Brief A4, 1 S., B.

249. Alfred Andersch an Arno Schmidt

13. 1. 1968

Lieber Arno,

dies fand ich unlängst in London.

Dir und Deiner Frau die besten Wünsche zum neuen Jahr!

Dein Alfred

handschriftlicher Brief A6, B.

dies : Nicht mehr zu rekonstruieren; nach Auskunft von Gisela Andersch vermutlich ein Buch.

berzona

Lieber Arno,

250. *Alfred Andersch an Arno Schmidt*

ZETTELS TRAUM heute, den 20. 6. 1970, hier eingetroffen. Mancherlei Irrfahrten; 's trifft offensichtlich niemanden irgendwelche Schuld. Und Hauptsache: das Werklein ist da!

Dies nur zu Deiner allerersten Unterrichtung, mit meinem allerersten Dank!

Dir und Deiner Frau herzliche Grüße, auch von der meinen.

Dein Alfred Andersch

Brief A5, 1 S., B.

berzona, 12.7.1971

Lieber Arno,

251. *Alfred Andersch an Arno Schmidt*

ich hielt es für nötig, einmal etwas a.) Grundsätzliches, b.) Konkretes über Dich zu sagen.

Wahrscheinlich werd ich's im ›Merkur‹ erscheinen lassen.

Solltest Du auf ausgesprochen Falsches stoßen, so wäre ich Dir für Deine Hinweise natürlich dankbar.

Zwei Zitate, das ›rasend kompliziert‹ inbezug auf Caliban über Setebos und der Satz, in dem Homer und Troja vorkommen, sind aus Briefen von Dir an mich.

Ich freue mich sehr über die pure Tatsache, daß ich Dir wieder mal schreibe.

Grüße vom Kastanienwald zur Kiefernheide, herzlich auch an Mme. S von Mme. A. Dein Alfred

Merkur : Der diesem Brief beigegebene Aufsatz ›Düsterhenns Dunkelstunde‹ erschien 1972 im ›Merkur‹, Heft 2.

Bargfeld, den 8. 3. 72

Lieber Alfred !

252. *Arno Schmidt an Alfred Andersch*

Dank für die Übersendung Deiner MERKUR=Rezension ! – (Meine ›Schule d Ath‹ wirst Du vielleicht schon haben ? ; (ich hatt's jedenfalls beim Verlag eilig gemacht).)

Seit vergangnem Herbst übersetze ich wieder mal; einen weiteren, noch um 40% dickeren, BULWER, Titel ›Dein Roman‹ – ich hoffe, im Feb 73 mit den 2.000 Seiten fertig zu sein. / Anschließend sind 2 lit. Dialoge vorbereitet, (die ergo schnell gehen werden). / Und dann ist wieder ein eignes=neues Büchlein, in Gerüst und ZettelFüllung, so weit, daß ich im Sommer 73 damit beginnen kann; wird heißen ›Abend mit Goldrand‹. / Das ist eigentlich alles. (Mein ›Befinden‹ ist der Nachfrage nicht mehr sonderlich wert; ich merk' das Alter doch schon beträchtlich.)

Gruß ! – (auch von meiner Frau, und an die Deinige) – Sch

Briefdurchschlag A5, 1 S., B.
2 Dialoge : Arno Schmidts letzter Funk-Dialog ›Der Vogelhändler von Imst – Gespräch über Carl Spindler, sowie über die Historie im Roman‹ wurde am 27. 2. 73 fertig. Von einem weiteren Funk-Dialog über Gustav Schilling fanden sich im Nachlaß nur Vorarbeiten in Form von Exzerpten.

253. Alfred Andersch an Arno Schmidt

berzona, 10. 1. 1974

Lieber Arno,
wir werden fast gleichzeitig Sechzig.
Ich habe eine Theorie: das ausgesprochen Widrige sind die fünfziger-, besonders die späten fünfziger Jahre. Eine ganz und gar unerfreuliche Zwischenzeit, Jugend natürlich schon gar nicht mehr, auch die strotzenden Mitteljahre sind vorbei, dennoch nicht Alter, keine Zäsur, die Abstand schafft, zwischen einem selbst und den Jahren vorher. Sodaß mich nun, – es mag Selbstbetrug sein –, das Wort Sechzig ergreift wie ein Epochen-Gefühl. Man hat einiges hinter sich. Jetzt beginnt etwas Neues. Eine neue Erfahrung. Ob sie lang dauert oder schnell vorbeigeht – sie wird neu sein.

Ich wünsche Dir Glück. Ich habe Dir zuletzt in meinem Caliban-Aufsatz meine Bewunderung ausgesprochen und ich sage Dir heute wieder, unter uns, wie aufrichtig ich Dich bewundere. Ohne Dich, ohne Dein Werk, wäre die deutsche Literatur, die deutsche Sprache einfach um eine Dimension ärmer geblieben.

Seit dem vergangenen Februar habe ich 500 Seiten geschrieben eines neuen opusculums im pointillistischen Stil à la ›Providence‹. Dadurch bin ich natürlich zu nichts sonst gekommen. Gewühlt wie ein Ochse. Es wird WINTERSPELT heißen, nach einem Dorf in der Eifel.

Unerfreulich, daß es Dir gesundheitlich nicht gut geht, wie ich von Krawehl höre. Hast Du einen brauchbaren Arzt? Wenn er wirklich brauchbar ist, kann er außerordentlich nützlich sein.

Wir werden vom 25.–27. Januar in Hannover sein, weil Gisela dort eine Ausstellung hat, in der Kestner-Gesellschaft. (Vielleicht hat Deine Frau Lust, zur Eröffnung zu kommen?) Wenn es Dich nicht stört, könnte ich am Sonntag, den 27., auf eine Stunde nach Bargfeld kommen. (Antwort ist nicht nötig, falls es nicht geht.)

Dir und Deiner Frau die herzlichsten Grüße, auch von der meinen. Ich denke in diesen Tagen noch öfter an Dich als sonst.

Dein Alfred

Brief A4, 1 S., B.
Providence : ›Mein Verschwinden in Providence‹

Verehrte liebe Frau Schmidt, Dank für Ihren Brief, sofern Sie nichts Gegenteiliges (aus Hannover) von uns hören, werden wir am kommenden Sonntag (27. 1.) um 14^{30} bei Ihnen sein. Da wir am Abend wieder von Hannover aus in die Schweiz zurückfahren, werden wir uns am späteren Nachmittag wieder verabschieden müssen. – Wir freuen uns sehr! Herzliche Grüße an Arno. Ihr Alfred Andersch

254. Alfred Andersch an Alice Schmidt

handschriftliche Bildpostkarte, B.
Ihren Brief : Am 15. 1. 74 hatte Alice Schmidt ihre und Arno Schmidts Freude über den angekündigten Besuch Anderschs geäußert.

B.', den 10. 3. 74.

Lieber Alfred !
Anbei 1 Exemplar des ›Spindler‹ – gekürzt hat er (der Rübenach) anscheinend nichts : obwohl ich keine absolute Garantie übernehmen kann. Du wirst leicht sehen, daß ich den Text ›gewetzter‹ als sonst wohl gestaltet habe; so ist zB das ›Anfang Schwanziger‹ kein Tippfehler, sondern ein rechter Etym-Witz.) Hoffentlich hast Du Deinen 60. recht ruhig überstehen können.)

255. Arno Schmidt an Alfred Andersch

Herzliche Grüße ! (Die Damen mit eingeschlossen),

Dein Arno

Abschrift Alice Schmidts eines handschriftlichen Briefes, B.
Spindler : ›Der Vogelhändler von Imst‹
Klammern hinter ›Etym-Witz‹ und ›können‹ so in der Abschrift.

berzona, 3. 7. 1974

Lieber Arno,
fast unmittelbar nach unserem Besuch bei Euch wurde ich von einer Gürtelrose (Herpes zoster) befallen, in der schärfsten Form und mit einer Gesamtdauer von 3 Monaten. Die Ärzte bezeichnen diese Krankheit, – weil es keine Mittel dagegen gibt –, nicht als Krankheit, sondern als Katastrophe. März und April fielen für jegliche Arbeit aus, so daß ich WINTERSPELT schon für dieses Jahr ad acta legte, aber dann rief mich ›mein‹ Verleger an, erklärte mit großer Geste »Wir drucken das Buch, wenn Sie fertig sind«, so daß ich zu arbeiten begann wie Balzac, in Lieferungen, mit dem Ergebnis, daß ich vergangenen Samstag fertig wurde und Diogenes das Buch also doch noch ›zur Messe‹ herausbringt. 682 Seiten, und das produzieren die Verlage heutzutage binnen vier Wochen!

256. Alfred Andersch an Arno Schmidt

Dies zur Erklärung meines ansonsten unerklärlichen Schweigens. Dieser Brief an Dich ist der erste, den ich nach meiner Karenz schreibe. Eigentlich möchte ich Dir nur sagen, mit welcher Freude ich an unseren

Besuch in Bargfeld denke. Er war zu kurz. Ich war aber so besetzt von der Vorstellung, Dich nicht stören zu wollen, daß ich den Fehler gemacht habe, ihn an einem Punkt abzubrechen, an dem er nicht hätte abgebrochen werden dürfen. Du hast ganz recht – eine so lange Pause, wie sie zwischen uns entstanden war, sollte in Zukunft nicht mehr stattfinden. Darf ich mich jetzt schon für einen Nachmittag oder Abend im Spätherbst anmelden? Ich werde von Mitte Oktober an einige Lesungen in Deutschland haben, darunter sicher auch welche in Norddeutschland, und diese Gelegenheit benützen, um in Bargfeld hereinzuschauen.

Die Freude, von der ich spreche, ist grundiert von Sorge. Ich hoffe sehr, daß es Dir gelungen ist, oder gelingen wird, Deine Krankheit zu ›stabilisieren‹, wie die Medizinmänner sagen. Dies soll ja bei Alterationen des Herzens möglich sein. –

Wie weit ist Abend mit Goldschnitt? Ich möchte aber eigentlich gar keine Fragen stellen, die Dich zwingen, zu antworten, Briefe zu schreiben etc.

Sehr zu danken habe ich noch für das Spindler-Skript. Es ist immer herrlich, in Deine Sprachbewegung hineinzugeraten (»Die Weiber zwar gelbbleich wie Unschlitt« »Hausend in Kasernen voller Tünnef & Scheel, LeidWährungen tauschend« – nun ja!). Stelle auch ganz neue Affinitäten zum Süddeutschen fest, die es bisher bei Dir nicht gab. (Ich meine natürlich nur das Etymologische.)

Lege einen Brief des Drews bei, den ich nie beantwortet habe. Schreibt windelweich, wohl weil er ein schlechtes Gewissen hat, wegen des Solipsist. Außerdem liegt hier nun noch ein Aktenstück Krawehls wegen des weiland stuttgarter Verfahrens. Was soll ich tun? Es ist selbstverständlich, daß ich in dieser Angelegenheit vollständig Deine Interessen wahrnehme. Vielleicht kann Frau Alice mir einmal kurz dazu schreiben. Ich möchte nichts falsch machen. Falsch war es ja, daß ich Drews seinerzeit, in Unkenntnis seines Verhaltens Dir gegenüber, geschrieben habe, meinetwegen könne er in die Prozeßakten Einblick nehmen, in Stuttgart. Mein diesbezüglicher Brief an ihn, den er zu Beginn seines Briefes erwähnt, war irgendwann im Sommer oder Herbst 1973.

Gestern Nachmittag war Ernst Jünger hier. Schilderte ihm Deine Zettelkästen und hatte den Eindruck, daß ihn leichter Neid ergriff. Auch sonst müssen Dir die Ohren geklungen haben. Ein merkwürdiger Mann. Deutet auf in zwanzig Meter Entfernung vorbeifliegende Insekten und rasselt die lateinischen Namen runter. Der Mann hat jetzt, im Alter, etwas Picasso-haftes.

So long. Dir und Deiner Frau die herzlichsten Grüße von Gisela und mir. Wir denken oft an Euch. Dein Alfred

Brief A4, 2 S., B.

Bargfeld, den 6.7.74

257. Arno Schmidt an Alfred Andersch

Lieber Alfred !

Gleich habe ich über Herpes Zoster nachgeschlagen – mein herzliches Beileid ! (Der Name findet sich zwar irgendwo in meinen Gesammelten Werken; aber nur als fauler Witz : daß es sich dabei mit nichten um eine Griechische Gottheit handele. Die einzige Beschreibung aus der Literatur weiß ich in J.C. Heer's ›An heligen Wassern‹; also auch aus der Schweiz.)

Daß Dein Buch dennoch im Herbst erscheinen kann, ist noch das Beste daran; (vielleicht war es ganz gut, daß Du etwas necessitiert wurdest; ich hatte im Gespräch mit Dir fast den Eindruck, daß Du die Beendigung son büschen zu verschleppen tendiertest – erst noch mal nach Amerika wolltest etc.) / Ich hab meins nun auch seit ein paar Tagen angefangen, und setze die Arbeit in der bekannten phantasielosen – (dh die Priester=Dichter scheltens so; der selige Kreuder wurde immer halb unsinnig, wenn er mich so Zettelchen auf Zettelchen legen sah !) – Weise fort. (Wenn Du mich fragst ? : je nun; es wird nicht viel schlechter als das bisherige Zeugs auch – hoff' ich wenigstens. Nächstes Jahr um die Zeit möcht' ich fertig sein.)

Eine besondere Freude ist die Ankündigung Deines (Eures ?) Besuches im Herbst : Du weißt, daß Du immer willkommen bist !

(Int'ressant Deine Schilderung von Ernst Jünger : erstaunlich, wie rüstig er noch zu wirken scheint; er wird doch, soviel ich weiß, nächstes Frühjahr bereits 80.)

Gruß; (auch an Deine Frau) Arno

Brief A5, 1 S., M.
heligen : recte heiligen

berzona, 29.7.1974

258. Alfred Andersch an Alice Schmidt

Verehrte, liebe Frau Schmidt,

gestern bin ich endlich auf unseren Speicher gestiegen, – ich hatte danach ein Bad zu nehmen –, habe auch das Paket mit den Unterlagen Texte und Zeichen gefunden, darin aber nur Rezensionen und Korrespondenz mit dem Verlag Luchterhand, Leserbriefe und dergleichen gefunden, nichts über die seinerzeitige staatsanwaltschaftliche Untersuchung gegen Schmidt und Andersch wegen Verletzung religiöser Gefühle etc., sodaß ich also Herrn Krawehl und Herrn Dr. Sieger mit dem Aktenzeichen nicht dienen kann. (Ist ja eigentlich allerhand, daß diese stuttgarter Inquisitoren und Aktenhengste sich ihre Faszikel-Nummern von den seinerzeitigen Angeklagten heraussuchen lassen wollen. Ich hätte doch angenommen, diese mit einem Griff zu finden, wäre für sie eine Leichtigkeit. Meine letzten Reste von Glauben an die deutsche Bürokratie schwinden dahin.)

Nur dies für heute. Ich danke Ihnen herzlich für Ihren ausführlichen Brief, über den ich mich sehr gefreut habe. Darf ich Sie bitten, mir Drews Brief an mich gelegentlich zurückzusenden, damit ich ihm in unserem Sinne schreiben kann (ich habe nämlich seine Adresse nicht). Mit Sieger will ich in den nächsten Tagen einmal telefonieren. Ich kenne ihn persönlich sehr gut, aus der stuttgarter Zeit. Dies ist nicht nur kommoder, sondern auch wirksamer, als wenn ich Aktenstücke à la Krawehl anfertigen würde.

Über alles andere, Drews & Consorten betreffend, im Herbst mündlich. Mit den allerbesten Grüßen, vor allem auch von Gisela, verbleibe ich Ihr Alfred Andersch

Brief A5, 1 S., B.
Aktenzeichen: In ihrem Brief vom 6.7.74 hatte Alice Schmidt Alfred Andersch u.a. um das Aktenzeichen des stuttgarter Verfahrens (vgl. Brief Nr. 53) gebeten, das der Rechtsanwalt des S. Fischer Verlages, Dr. Sieger, für sein Bemühen brauche, die Akten vor der verwaltungsgemäßen Vernichtung zu bewahren. – Außerdem hatte der Brief die Bitte enthalten, die Jörg Drews gegebene Erlaubnis zur Akteneinsicht zurückzuziehen.

259. Alfred Andersch an Arno Schmidt

berzona, 29.7.1974

Lieber Arno,

stelle, bei Durchsicht der Kopie meines Briefes vom 3.7. an Dich, fest, daß ich Dein neues opus als ABEND mit GOLDSCHNITT bezeichnet habe. Du mußt das tongue-in-cheek gelesen haben. Also: RAND.

WINTERSPELT ist schon in Druck. Jetzt bin ich in der Phase, in der mir einfällt, was ich alles falsch gemacht habe, was ich noch in das Buch hätte reinschreiben oder darin hätte weglassen müssen. Nur gut, daß die Rezensenten nicht dahinter kommen. Die kritisieren meistens die Dinge, die vielleicht ganz passabel sind.

Mein Besuch in Bargfeld wird mit größter Wahrscheinlichkeit in der zweiten Oktoberhälfte stattfinden. Ich schreib Dir, sobald meine Lesetermine feststehen. (Gisela wird diesmal nicht mit von der Partie sein; was soll sie mich bei dieser Tingelei begleiten?)

Herzliche Grüße, auch von ihr, Dein Alfred

Brief A5, 1 S., B.

Lieber Arno, *berzona, 10.2.1975*

260. Alfred Andersch an Arno Schmidt

Du wirst bemerkt haben, daß es mir nicht gelungen ist, während des vergangenen Herbstes in Bargfeld aufzukreuzen. Zwar habe ich in Hamburg gelesen, aber es erweist sich eben doch als Ding der Unmöglichkeit, in solche Lese-Törns noch irgendetwas einzuschieben, am allerwenigsten einen Besuch bei Dir. Man wird von Ort zu Ort gehetzt, hat übrigens dabei sensationelle Momente, in denen man sich fragt: ist dies schon Gütersloh, oder ist's noch Bielefeld? (ich habe daraus ein Gedicht gemacht, beschäftige mich überhaupt momentan mit Kurzformen rhythmisierter Prosa), aber dies Geschäft des Rhetors ist ein grandioser Quatsch, Du hast das ja von Anfang an erkannt, Dich ferngehalten, ich leider nicht. Mit verglasten Augen zu Dir zu kommen, ist mir leider nicht möglich – ich rechne mit Deinem Verständnis. Daß ich mich aber in absehbarer Zeit wieder einmal bei Dir zeige, ist mein unbedingter Wunsch, und dies möchte ich Dir gesagt haben.

Dir und Alice herzliche Grüße, auch von Gisela,

Dein Alfred

Brief A4, 1 S., B.
Gedicht : ›Wo bin ich‹ in ›empört euch der himmel ist blau‹, S. 51

Lieber Alfred : *Bargfeld, den 24.1.78*

261. Arno Schmidt an Alfred Andersch

ich wage gar nicht, meinen GeburtstagsWunsch anzubringen, wenn ich an die Nachricht von der ›Künstlichen Niere‹ denke ! (Und gerade Dich, den Großen Reisenden, muß das treffen. Ich vegetiere zwar auch nur noch mit HerzAnfällen & 30 Tabletten am Tage; aber mir, als geborener Schnecke, macht's nichts aus, daß ich an das Dorf hier gebunden bin.)

Von mir weiter nichts Neues also. / Im März wird der dritte Band der COOPER=Trilogie erscheinen : die 2.000 Seiten, sprich 20 Monate Arbeit, sind mir länglich geworden ! (Zumal ich mich in amerikanisches GrundstücksRecht, zwischen 1760 und 1840, einzustudieren versuchen mußte – es giebt keinen Menschen hier, der einem helfen könnte; die kennen, wenn's sehr hoch kommt, die recenten §§, aber das ›alte Zeugs‹, mit seinen ständigen Wechseln und Provisorien...ich liebe wahrlich abstruse Lektüre; aber das war mir doch zu dick !). Sobald's herauskommt, schicke ich's Deiner Frau, (die ich übrigens aufs herzlichste zu grüßen bitte, vor allem auch von der meinigen). Kleinigkeiten erwähn' ich nicht. Falls die ›JULIA‹ je fertig werden sollte, wirst Du die prompt erhalten. –

Beste Grüße, von Armstuhl zu Armstuhl, ›auf die Postille gebückt, zur Seite des wärmenden Ofens usw‹, Dein

oft mit Dir Erdachte Gespräche führender Arno

Brief A4, 1 S., letzte Zeile handschriftlich, M.
Künstliche Niere : Am 19.12.77 hatte Gisela Andersch Schmidts geschrieben, daß Alfred Andersch seit Herbst 1977 auf eine künstliche Niere angewiesen sei.
COOPER=Trilogie : James F. Cooper, ›Satanstoe‹, ›Tausendmorgen‹ und ›Die Roten‹

262. Alfred Andersch an Arno Schmidt

Zürich, 19.4.1978

Lieber Arno,
Dein Brief datiert vom 24.1. – Du magst aus der Verzögerung meiner Antwort ersehen, wie es mir in den letzten Monaten ergangen ist. Es war die scheußlichste Zeit meines Lebens – ich würde lieber nochmal in's KZ gehen als die Anfangsmonate einer Hämodialyse-Behandlung nocheinmal durchstehen. – Jetzt ist aber ein Silberstreif am Horizont aufgetaucht – die zürcher Medizin-Fürsten haben mir eine Nieren-Transplantation vorgeschlagen, und ich habe dazu sofort ja gesagt, denn das wäre, wenn sie gelänge, die Befreiung von der Maschine, und dafür bin ich bereit, jedes Risiko einzugehen. – Auf 30 Tabletten, wie Du, habe ich es noch nicht gebracht, aber doch immerhin auf 22, man hat den Eindruck, daß diese ganze Chemotherapie des Teufels ist, aber was soll man machen? Man will ja nicht plötzlich unaufgeklärt sein und sich von der Dorfhexe »besprechen« lassen. Die ganze Chose begann bei mir um die Zeit, als ich Euch unseren Besuch abstattete, wurde aber zunächst einmal falsch diagnostiziert, jedenfalls hat sie verhindert, daß ich mein Versprechen, bald wieder einmal nach Bargfeld zu kommen, wahrgemacht habe. Und das hatte ich mir fest und gern vorgenommen, nicht nur Alices Butterkuchen wegen, an den ich eine fast nostalgische Erinnerung bewahre. –

Natürlich habe ich während der letzten zwei Jahre so gut wie nichts mehr arbeiten können. Habe ein autobiographisches Buch angefangen, dessen erste 30 Seiten seitdem friedlich vor sich hin schlummern. Nun wollen wir aber im Laufe der ersten Mai-Hälfte nach Berzona zurückgehen, Gisela hat ihr Heimdialyse-Training hinter sich, und ich kokettiere mit dem Bild des verwundeten Löwen, der sich in seine Höhle zurückzieht und seine Tatzen leckt.

So kann ich mich nicht mit einem neuen Buch von mir für die Übersendung Deiner Schallplatte revanchieren. Wir haben sie uns schon ein paarmal angehört – es ist angenehm, sich Deine Stimme herzaubern zu können. Der Text vermittelt selbst einem Kenner Deiner Dinge, wie ich mir schmeichle, einer zu sein, neue Aufschlüsse. Falls Du weitere Platten planst (schön wäre ja mal die Lesung einer ganzen Erzählung), so rate ich Dir (als alter Radio-Redakteur, der ich gewesen bin), um eine Spur langsamer zu sprechen. Das Tempo, das Du einschlägst, bezeugt natürlich Deine Souveränität den von Dir behandelten Gegenständen gegenüber, aber andererseits überschätzt Du damit doch ein wenig die Intelligenz Deiner Zuhörer. – Ich finde die Kassette vom Verlag sehr schön gemacht.

Die Cooper-Trilogie hat bis jetzt nur Gisela gelesen. Ich hoffe, in Berzona die Zeit aufzubringen, die für die Lektüre nötig ist, habe mir andererseits bei einem Wochenende-Besuch »Zettels Traum« und »Abend mit Goldrand« auf dem Schrank, der neben meinem Arbeitstisch steht, zurechtgelegt, zu erneuter, systematischer Lektüre.

Lieber Arno, eine »gute Besserung« gibt es wohl bei Fällen wie dem Deinen und meinem nicht, ich kann Dir also nur wünschen, Du mögest die Zeit doch besser durchstehen, als sie Dir sicherlich manchmal in finsteren Stunden erscheinen wird. Am stärksten berührt mich in Deinem Brief die Schlußwendung, in der Du aussprichst, daß Du oft Erdachte Gespräche mit mir führst. Mir geht es genau so. Ich gäbe etwas darum, Dich bei solchen Gesprächen belauschen zu können.

Mit sehr, sehr herzlichen Grüßen an Alice und von Gisela,

stets Dein Alfred

Brief A4, 2 S., B.
Butterkuchen : Vgl. Alfred Anderschs Gedicht auf S. 246 und 247.
autobiographisches Buch : Siehe die Fragmente ›Der Seesack‹ und ›Böse Träume‹.
Deine Schallplatte : ›Vorläufiges zu Zettels Traum‹

263. Alfred Andersch an Arno Schmidt

Berzona, 10. 1. 1979

Lieber Arno,

mein Gruß zum 18. Januar 1979 portiert auch schlechtes Gewissen. Ich hatte Kesting in Hannover und Schütte in Frankfurt laudationes (nein: Feststellungen über Dein Leben, so weit es mir bekannt ist) versprochen, diese Versprechen aber brechen müssen, weil ich ab Mitte November mein zweieinhalb Jahre zuvor unterbrochenes Buch wiederaufnehmen konnte, an dem ich nun sitze, trotz meiner schlechten Augen ›große Bogen weißen Papieres mit reinlichen Zeichen bedeckend‹ (Goethe in der Italienischen Reise über seinen Zeichner Kniep). Es ist mir sehr schlecht gegangen, seitdem wir bei Euch waren. Die chronische Niereninsuffizienz schritt wacker fort und brachte mich schließlich an die Dialyse-Maschine, die Blutwäsche, die mich nur noch am sogenannten Leben erhielt, nicht mehr am Schreiben (oder Reisen oder sonstwas). Dann, in den Nachtstunden des 13. August ein Geniestreich der zürcher Ärzte, die Nierentransplantation, bei einem 64jährigen ein tolles Wagnis. Jetzt also wieder: Schreiben. Ich hoffe, Du erteilst mir die Absolution für die ausgebliebenen öffentlich Glückwünsche.

Die privaten finden ununterbrochen in den grauen Zellen statt. Aber niemand wird nun öffentlich sagen, daß Ihr, Du und Alice, wohl über ein Jahrzehnt lang von dreihundert Mark im Monat gelebt habt. Du wirst solche und andere Feststellungen (siehe oben) aber in meinem nächsten Buch finden, noch ehe der Strom der Zeit alles fortwäscht und die Germanisten des Jahres 2500 so ungefähr alles bei Dir untersuchen, nur nicht, daß Ihr ein Jahrzehnt lang von dreihundert Mark im Monat gelebt habt. Indem ich diese dreihundert Mark und den Text von ›Brands Haide‹ einander gegenüberstelle, habe ich eigentlich alles gesagt, was ich Dir zu Deinem 65. Geburtstag sagen möchte – meine grenzenlose Bewunderung und die Essenz (Sartre würde sagen: die Existenz) unserer nun jahrelangen, und, wie ich glaube, unerschütterlichen Freundschaft.

Meine Wünsche gelten auch Alice. Allerspätestens nach unserem letzten Besuch ist mir definitiv klar geworden, daß ohne sie Dein Werk <u>so</u> nicht zustande gekommen wäre. – Liebe Alice, dafür müssen wir alle Ihnen danken!

Gisela wird Dir ein opusculum aus ihrer Werkstatt senden.

Jetzt sind wir sehr gespannt auf Krawehls Festschrift. Er ist doch ein rührender Mann. – Nein, nicht nur rührend.

Ich hoffe, wir können wieder einmal nach Bargfeld kommen.

Stets Dein Alfred

Brief A4, 1 S., B.
öffentlich : recte öffentlichen
Festschrift : ›Porträt einer Klasse‹

264. Arno Schmidt an Alfred Andersch

22. 1. 1979

Lieber Alfred !

Schönen Dank für Eure Glückwünsche, und zumal Frau Gisela für ihr gar nicht untiefsinniges Blatt ! –

Andere pikante Gaben waren etwa ein telegrafisch Lob von Helmut Kohl (dem CDU=Vorsitzenden; just think of that !); ein Strauch von 65 Rosen, zum Grauen umfangreich; und endlich eine sinister stilisierte Vorladung zum FinanzGericht, wegen Verdachts der Steuerhinterziehung, (ohne den ja auch gleichsam etwas gefehlt hätte). Nun, ›vorüber ihr Schafe, vorüber‹. –

* * *

Nimm Du nun aber auch meine Gratulation entgegen; vor allem wegen Deiner anscheinend doch leidlich restaurierten Gesundheit. Schon daß Du wieder zu schreiben begonnen hast, ist unschätzbar – (ich verspüre immer weniger Lust dazu) – am gewichtigsten aber ist mir die schüchtern aufsprießende Reiselust; hast Du doch etwas von einem Besuch bei mir mit einfließen lassen : das wäre natürlich arg schön, Alfred ! (Ich habe mir eine feuerfeste Camera obsc$\frac{\text{ur}}{\text{ön}}$a bauen lassen; da können Wir sitzen und die Welträtsel über die Schulter ansehen, oder nach Herzenslust mit der Regierung schmollen.) Aber, Spaß apart, es wäre schon Diverses zu ventilieren zwischen Etsch und Belt.

* * *

Was dieses neue Biograhicum anbetrifft, so ist sein Hauptreiz der, daß sich noch 9 Lebende zusammentrommeln ließen, die mit mir vor rund 60 Jahren in die Schule gegangen sind, und sich nun an das Stadtviertel (incl. mich) erinnern – mehr ›Hamburgensium‹ als sonst etwas. Mir war bei der ganzen Chose das Int'ressanteste die Bestätigung meines alten Verdachtes gegen Historie & Historiker : ›man mißtraue allen zeitgenössischen Berichten, zumal denen von Augenzeugen ! ‹ / Was speziell Krawehl angeht, so ist seine Teilnahme nicht halb so rührend, wie Du sie einstufst. Erstens fügt der Mann noch ein weiteres, besonders fatal changierendes, Blendglas hinzu; wird ein miserables Register liefern, (mit dem ein solcher Haufe von Namen und Orten=Straßen steht oder fällt); und überdem : he is having the time of his life ! Was denkst Du, was der Mann reist & mit Leuten schwätzt, an die er sonst nie herankommen würde; den Telegrafen spielen läßt und die ZugTelefone – und Allesalles auf S.Fischer's Kosten ! Neenee; wenn Der wünschen könnte, ginge dieser Auftrag so für die nächsten 10 Jahre weiter.

* * *

Nun pflege Du Dich nur möglichst gesund – (was mich betrifft, findest Du mein KrankheitsBild unangenehm genau im ersten Absatz des alten Dickens=Funkdialoges beschrieben) – und seid Beide noch einmal herzlichst gegrüßt von Eurem Arno

Brief A4, 1 S., M.
Blatt : Eine Arno Schmidt gewidmete Federzeichnung mit dem Titel ›dunkle strömung‹, datiert 10. 1. 79.
Camera : 1977/78 hatte Arno Schmidt sich auf seinem Bargfelder Grundstück ein zweites Haus bauen lassen, das ihm als Archiv- und Arbeitsraum diente.
Biograhicum : recte Biographicum
Dickens=Funkdialog : ›Tom all alone's / Bericht vom Nichtmörder‹, TmS S. 101/2

Bargfeld, den 25. Januar 79

265. *Alice Schmidt an Alfred Andersch*

Sehr geehrter, lieber Herr Andersch!

Den guten Geburtstagswünschen schließe ich mich an. Wie freuen wir uns, daß diese so risikoreiche Operation allem Anschein nach Ihnen so große Hilfe gebracht hat! Ich hoffe mit Arno auch sehr, daß wir Sie und Frau Gisela recht bald einmal bei uns wieder empfangen dürfen.

Auf meine Seele aber drücken mich die mir gewidmeten Worte Ihrer Geburtstagsgratulation an Arno. Sie verwundern und beschämen mich und so muß ich Ihnen widersprechen: ich meine, Arnos Werk wäre so wie es ist, immer zustande gekommen, ganz gleich was für eine Frau Arno geheiratet hätte und auch, wenn er gar nicht geheiratet hätte. Und geschrieben hätte er es auch, unter fast allen Bedingungen.

Mit guten Grüßen, bitte auch an Frau Gisela, bin ich

Ihre Alice Schmidt

handschriftlicher Brief, 18 × 25 cm, 1 S., M.

9. 4. 1979

266. *Alfred Andersch an Arno Schmidt*

Mein lieber Arno,

ich war entschlossen, Deinen und Alices Brief vom 22. 1. immediat zu beantworten, aber dann geriet ich in einen solchen Pallawatsch (ich mag dieses österreichische Wort für Durcheinander, Towubawohu und dergleichen, weil ihm ein Geruch von Schlamperei anhaftet), daß ich zu nichts mehr kam.

Dabei enthielt Dein Brief mindestens zwei Gründe, deretwegen ich sofort hätte antworten müssen. Grund 1: Deinem Zwei-Zeilen-Hinweis, diesem Modell eines understatements folgend, habe ich sogleich den ›Triton‹ aus meinen Büchern geholt und den Anfang von ›Tom all alone's‹ wiedergelesen – Du leidest also an Symptomen von Vorzeichen einer linksseitigen Lähmung. Wie sehr uns das erschreckt, wirst Du Dir denken können. Ich kann nur hoffen, daß Du Dich nicht in guten, sondern in erstklassigen ärztlichen Händen befindest. Die Therapie von Blutkreislauf und Blutdruck hat ja so enorme Fortschritte gemacht, daß man sich mit solchen Dingen nicht mehr, als wären sie ein Schicksal, abzufinden braucht. Grund 2: Dein sich auf's Schreiben beziehender Satz »ich verspüre immer weniger Lust dazu«. Das ist, von Dir geäußert, natürlich alarmierend. Es bringt mich auf die, – aus Deiner Sicht –, sicherlich wahnwitzige Idee, Du solltest mal 'ne Pause machen und, anstatt mich nach Bargfeld einmal Dich und Alice nach Berzona einladen. Ein Vorschlag, aus dem Du auch wieder meine Opposition gegen anscheinend Nicht-Auszuweichendem ersehen magst. Doch ganz abgesehen von allem Metafieselnden – ich kann mir Dich als Reisenden vorstellen, am besten in London oder New York. Ich hab mal in New York etwas ganz Verrücktes gemacht, bin mit dem Bus durch den ganzen abgründig verbrecherhaften Bronx-Bezirk gefahren, bis zur Endstation, wo man das altertümlich-amerikanische Blockhaus konserviert hat, in dem Poe sich zu Tode gesoffen hat, drei winzigste Zimmerchen, und heute steht darum ein Bezirk hoher scheußlicher Altersheime, und die Alten sitzen eng aneinandergedrückt in Reihen auf den Bänken des kleinen Parks – daran hab ich mich erinnert, als ich unlängst wieder den Pym in Deiner Übersetzung las.

Bin jetzt auf Seite 60 meines neuen Buches, einem Gebilde aus ›freien Assoziationen‹, in dem Du eine große Rolle spielen wirst. Anfang Januar hatte ich in Zürich den Besuch eines amerikanischen Professors (Peter Ott von Harvard), der mich um ein Interview über Dich gebeten hatte. Ein angenehmer Mann, der natürlich in Krawehls Netz gegangen war. Ich erzählte ihm, wie Du, wie Ihr, jahrelang von 300 Mark im Monat gelebt habt, und von Deinen ja an Raserei grenzenden Arbeitsmethoden. Er wußte das alles nicht. Er hatte gehofft, irgendwas Literar-Ästhetisches von mir mitgeteilt zu bekommen. Daß hinter Deinem Werk ein Leben von unvergleichlicher Aufopferung steht, das wissen sie alle nicht. Sie haben auch nicht die Phantasie, es sich vorzustellen. Schließlich raffte er sich auf und sagte, in der heutigen Literaturwissenschaft sei die ›biographische Methode‹ wenig gefragt. Was soll man dazu noch sagen? – Aber er ist intelligent und freundlich und hat mir jetzt, offenbar wegen dieses plötzlichen Auftauchens der ›biographischen Methode‹ an seinem geistigen Horizont, einen ganz existentiellen Brief über sich selbst geschrieben. Ich werde demnächst noch Psychoanalytiker, da werde ich dann wenigstens endlich reich.

Gisela wird Anfang Juli operiert – zum drittenmal am Hüftgelenk, das jetzt (das künstliche!) neun Jahre lang gehalten hat, nun aber reapariert werden muß. Aber sie macht Bilder! (Maschinen-Collagen, Mischtechnik). Anfang 1980 stellt das Museum in Eindhoven, Holland, ihre Dinge aus – da müßtet Ihr eigentlich hinkommen!

Sag bitte Alice, ich dankte ihr für ihren Brief und widerspräche ihr in jedem Punkt. Sie ist Dein Schatten und Dein Schutzengel – dagegen kann sie sich gar nicht wehren.

Herzliche Grüße von uns Beiden, aus einem Land noch graugrüner Wiesen, schwarz-kahler Kastanienwälder und Häuser aus Granitsteinen.

Briefdurchschlag A4, 2 S., M.
Towubawohu : recte Tohuwabohu
reapariert : So im Briefdurchschlag

267. Alfred Andersch an Alice Schmidt

Berzona, 28. 9. 1979

Liebe Alice Schmidt,
Gisela und ich, wir denken häufig an Sie, fragen uns, wie Sie die Probleme, die nach Arnos Tod auf Sie zugekommen sind und noch zukommen werden, bewältigen – das ist jetzt sicherlich kein ganz leichtes Leben für Sie. Wenn ich Ihnen in irgendeiner Weise, mit Rat oder Tat, behilflich sein kann, so sagen Sie es mir bitte!

Was uns natürlich besonders interessieren würde: haben Sie die Erlaubnis zur Beisetzung im Garten von Bargfeld erhalten? Ich lese ja schon seit Jahren keine deutsche Zeitung mehr, weiß also nicht, ob ich da nicht irgendeine Nachricht versäumt habe. Hoffentlich, hoffentlich haben die Behörden ein Einsehen und lassen Arno dort ruhen, wo er im Gedächtnis aller Leser seiner Werke ruhen sollte. Das wäre dann eine der würdigsten deutschen Dichter-Grabstätten. (Wenn Arno diesen Satz lesen würde, würde er nur grimmig lächeln – aber sei's drum.)

Seit Juli haben wir versucht, unsere Einladung an Sie zu realisieren. Aber unsere Ärzte haben durch alle unsere Pläne einen Strich gemacht. Gisela geht, nach ihrer Hüftoperation im Juli, noch immer an zwei Stöcken, wird erst im Spätherbst sich wieder normal bewegen können, vor allem bin ich aber ein Opfer, nicht meiner Krankheit, sondern der Behandlungsmethoden, die bei ihr angewendet werden müssen. Daß ich Ihnen zum Beispiel diesen Brief schreiben kann, ist nur möglich, weil die Folgen der Cortison-Behandlung, der man mich im August unterzogen hat, erst jetzt langsam abklingen – fast zwei Monate lang befand ich mich dieser Roßkur wegen in einem Zustand der Apathie, den ich nicht beschreiben kann. So muß ich unseren Wunsch, Sie wiederzusehen, Sie zu einer Reise zu uns zu bewegen, noch eine Weile verschieben. Es ist ein absolut aufrichtiger Wunsch!

Schreiben Sie uns bitte, wie es Ihnen geht, jetzt in Bargfeld? Ich las soeben wieder einmal das ›Steinerne Herz‹. Was für ein Riese ist da von uns gegangen! – Mit den herzlichsten Grüßen, auch von Gisela, bin ich

Ihr Alfred Andersch

Brief A4, 1 S., B.

Alfred Andersch
An Arno Schmidt

1.

deine wortkonzentrate
intramuskulär
intravenös
subkutan
injiziert dem leib unserer sprache
sind keine drogen
sondern heilmittel wenn auch
toxisch

mir persönlich sind
deine 22 erzählungen
lieber als
deine 4 typoskripte

ich mag eben kleine elefanten lieber
als mammute

aber das ist natürlich eine rein
subjektive auffassung

schreib also weiter deine wälzer

du bist der größte
muhammad ali arno
sage ich feixend
meine es ernst
und schlage dich
für den nobelpreis vor

2.

begonnen hast du
als wilder rebell
entschlossener atheist

deine sprache selbst
war die revolution

aber deine
– na ich untertreibe mal –
vorliebe für
poe und cooper
verriet uns schon früh
daß du auch
ein konservativer warst

jahre lang hast du gehungert
als der ruhm kam
bliebst du auf deiner klitsche hocken
ein krautjunker der literatur

grimmiger squire
lord of bargfeld
noch immer die masse verachtend
revolutionär der sprache aber kein
genosse

den arbeitern mitteilend
sie arbeiteten zu wenig

reaktionär wie dostojewski

und wie er
anwalt
aller erniedrigten
und beleidigten

3.

mönch klausner
komm jetzt mal raus
aus deiner zelle

tritt hervor
hinter deinem zwei meter hohen
zaun

mach mal halblang

nischt wie arbeit'n ist auch nicht
abendfüllend

und auf die dauer ist fernsehen
kein ersatz für die
realität

spiel nicht weiter
den bitteren
alle rühmen dich
viele lieben dich

quatsch mal ein bißchen
mit den leuten

mach mal 'ne reise
nach london oder
flieg in die usa
und die udssr
oder treib dich wenigstens
vier wochen
im ruhrgebiet rum

das wär gut für dein herzleiden
und deine literatur

oder besuch mich mal
wir liegen dann in liegestühlen
trinken einen trockenen valpolicella
und betrachten den verlöschenden herbst
der kastanienwälder
unter dem südlichen licht

mensch   arno
das wär doch mal
was anderes

sogar dein zettelkasten würde sich
riesig freuen

alter egoist
du willst bloß
bei deinen manuskripten
bleiben und bei
alices butterkuchen

zugegeben
dem besten der welt

4.

mein blöder glauben
an die vernunft

als ob ich dich
ändern könnte

kreist du doch
wie die sterne und planeten
nach dem gesetz
nach dem du angetreten

ANHANG

VERZEICHNIS DER ABKÜRZUNGEN

AA	Alfred Andersch
AS	Arno Schmidt
A4	Papierformat DIN A4
A5	Papierformat DIN A5
B	Brief-Aufbewahrungsort Bargfeld, Archiv der Arno Schmidt Stiftung
DYA	›Dya Na Sore‹
EA	Erstausgabe
FAZ	Frankfurter Allgemeine Zeitung
GR	›Die Gelehrtenrepublik‹
HR	Hessischer Rundfunk
M	Brief-Aufbewahrungsort Marbach, Deutsches Literaturarchiv
R&P	›Rosen & Porree‹
RvG	›Die Ritter vom Geist‹
S	Seite
SDR	Süddeutscher Rundfunk
St	Brief-Aufbewahrungsort Stuttgart, Archiv des SDR
SWF	Südwestfunk
T&Z	Texte und Zeichen
ZT	›Zettels Traum‹

EDITORISCHE NOTIZ

Zu den Briefen:

Der vorliegende Band enthält den kompletten Briefwechsel zwischen Arno Schmidt und Alfred Andersch – soweit er erhalten ist und aufgefunden werden konnte. Der Nachlaß Anderschs im Deutschen Literaturarchiv Marbach und besonders der Nachlaß Schmidts im Archiv der Arno Schmidt Stiftung Bargfeld zeichnen sich durch eine in der Literaturgeschichte nicht oft zu findende große Vollständigkeit und Geschlossenheit aus; dennoch sind im Bestand der Briefe Arno Schmidts, vor allem in denen der frühen 50er Jahre, erhebliche Lücken zu beklagen. Andersch hat diese nun fehlenden Briefe offensichtlich nicht aufgehoben; und Arno Schmidt hat in dieser Zeit, wohl aus Geld- und damit Papiermangel, von seinen Briefen keine Durchschläge gefertigt. Einige der Lücken konnten durch in Bargfeld erhaltene Briefentwürfe geschlossen werden. Ein Vergleich der Briefe Nr. 67 und 68 zeigt jedoch, daß Entwurf und tatsächlich abgeschickter Brief unter Umständen erheblich von einander abweichen können.

Korrespondenz über die Arbeiten für den Süddeutschen Rundfunk wurde oft von Schmidt mit Andersch begonnen, dann aber mit Anderschs damaligen Assistenten Hans Magnus Enzensberger bzw. Helmut Heißenbüttel fortgeführt. Auch diese Briefe aus dem Archiv des SDR Stuttgart sind hier vollständig wiedergegeben; der Briefwechsel zwischen Schmidt und Heißenbüttel nach Anderschs Ausscheiden aus der Redaktion wird in dem späteren Band ›Kleinere Briefwechsel‹ erscheinen.

Aus den Briefen Gisela Anderschs und Alice Schmidts wurden diejenigen ausgewählt, die entweder zum Verständnis anderer Briefe notwendig oder für die Beziehung zwischen Schmidts und Anderschs bezeichnend sind.

Für alle Briefe gilt, daß sie ohne Striche, Kürzungen oder Veränderungen des Textes wiedergegeben werden. Die in einigen Briefen Anderschs geübte radikale Kleinschreibung wurde übernommen. Auch die Orthographie blieb unangetastet: Bei einem Autor wie Arno Schmidt, der den Tippfehler zur »Verschreibkunst« stilisierte, will der sonst übliche Brauch, Fehler ›stillschweigend‹ zu verbessern, nicht adäquat erscheinen. Auch wenn die Verschreibung im Einzelfall keinen Doppelsinn birgt, kann sie doch u. U. psychologisch aufschlußreich sein. Um dem Leser die Möglichkeit zu geben, zwischen Fehlern des Autors und eventuellen Fehlern des Setzers zu unterscheiden, werden die ersteren in den

Anmerkungen durch ein *recte* verbessert. Dies mag oberlehrerhaft erscheinen – doch war eine philologisch sauberere Lösung nicht zu finden.

Die einzige vorgenommene Normierung ist die Schreibung ›ß‹ für ›ss‹. In den Briefen Schmidts schien dies legitim, da Schmidt ›ss‹ für ›ß‹ nur so lange schrieb, wie er nicht im Besitz einer Schreibmaschine mit der Type ›ß‹ war. (Brief Nr. 77 ist der letzte auf der alten Maschine geschriebene.) In den Briefen Anderschs kann sich der Leser die Normierung noch leichter rückgängig machen: Andersch schrieb grundsätzlich, auch handschriftlich, ›ss‹ für ›ß‹.

Eingriffe des Herausgebers in den Text gibt es nur da, wo zwischen den Briefzeilen der Vorlagen oder an deren Rändern handschriftliche Ergänzungen der Autoren stehen. Diese Zusätze wurden in eckigen Klammern an sinnvoller Stelle in den fortlaufenden Text eingefügt.

Zum Kommentar:

Wo es zum Verständnis notwendig erscheint, wird in den Anmerkungen aus Briefen an Dritte zitiert. Hier, und nur hier, gibt es Kürzungen, die durch (...) gekennzeichnet sind; in eckigen Klammern stehen hier Zusätze des Herausgebers.

Seitenangaben zu Werken Alfred Anderschs und Arno Schmidts beziehen sich (soweit nicht anders angegeben) auf die jeweiligen Erstausgaben; alle bibliographischen Angaben finden sich im Register. Ebenfalls auf das Register sei der Leser verwiesen für biographische Angaben zu Personen, die in den Briefen erwähnt werden; mit einem knappen Stichwort soll dort bei Bedarf das Suchen nach weiterer Information erleichtert werden. Bei Zeitgenossen Schmidts und Anderschs wurde als Berufsbezeichnung diejenige gewählt, die in der fraglichen Zeit die zutreffende war.

Es kann nicht Aufgabe der Anmerkungen zu den einzelnen Briefen sein, das letztlich immer zufällige Wissen des Herausgebers zu dokumentieren oder eine Handbibliothek von Nachschlagewerken zu ersetzen. Die Anmerkungen beschränken sich daher – mit einzelnen, begründeten Ausnahmen – auf Stellen, die dem Leser ohne Kenntnis des im Bargfelder Archiv liegenden bio- oder bibliographischen Materials dunkel bleiben müssen. Dabei wird einige Male aus Arno und Alice Schmidts Tagebüchern zitiert. Dies geschieht *nicht* aus der Lektüre der gesamten Tagebücher heraus; vielmehr wurde zu den entsprechenden Daten gezielt nachgelesen. Die Tagebücher werden zu einem jetzt noch nicht abzusehenden Zeitpunkt veröffentlicht werden.

Bernd Rauschenbach

DIE ARNO SCHMIDT STIFTUNG DANKT

Frau Gisela Andersch für die Abdruckrechte an den Briefen Alfred Anderschs; Herrn Hans Magnus Enzensberger und Herrn Helmut Heißenbüttel für die Abdruckgenehmigung ihrer Briefe; dem Deutschen Literaturarchiv Marbach und dem Archiv des Süddeutschen Rundfunk Stuttgart für freundlichst gewährte Hilfe bei der Komplettierung der Briefe; Herrn Rolf Tiedemann für die Erlaubnis, aus bisher unveröffentlichten Briefen Theodor W. Adornos zitieren zu dürfen.

REGISTER

Die Zahlen beziehen sich auf die *Briefnummern;* kursive Zahlen bezeichnen Erwähnungen in den Anmerkungen. Mit aufgenommen (jedoch nicht extra gekennzeichnet) wurden auch indirekte Erwähnungen.

Das Register teilt sich in die Abschnitte

A) Werke Alfred Anderschs
B) Werke Arno Schmidts
C) Rundfunkanstalten, Verlage, Zeitungen, Zeitschriften
D) Personen.

In A) und B) werden die Erstdrucke bzw. Erstsendungen der Arbeiten genannt. Die Kurzerläuterungen zu den Personen in D) sollen nur eine erste Orientierungshilfe sein.

A) WERKE ALFRED ANDERSCHS

B) WERKE ARNO SCHMIDTS

C) RUNDFUNKANSTALTEN, VERLAGE, ZEITUNGEN, ZEITSCHRIFTEN

D) PERSONEN